刘浩睿 著
陈润 主编

中国楚商

华中科技大学出版社
http://www.hustp.com
中国·武汉

图书在版编目(CIP)数据

中国楚商/刘浩睿著;陈润主编. —武汉:华中科技大学出版社,2022.6
ISBN 978-7-5680-7827-6

Ⅰ.①中… Ⅱ.①刘… ②陈… Ⅲ.①商业史-湖北-1978—2020 Ⅳ.①F729

中国版本图书馆 CIP 数据核字(2022)第 091274 号

中国楚商
Zhongguo Chushang

刘浩睿 著
陈 润 主编

策划编辑:亢博剑 孙 念
责任编辑:林凤瑶 孙 念
封面设计:琥珀视觉
责任校对:曾 婷
责任监印:朱 玢

出版发行:华中科技大学出版社(中国·武汉)　　电话:(027)81321913
　　　　　武汉市东湖新技术开发区华工科技园　　邮编:430223
录　　排:华中科技大学惠友文印中心
印　　刷:湖北新华印务有限公司
开　　本:710mm×1000mm　1/16
印　　张:22
字　　数:291 千字
版　　次:2022 年 6 月第 1 版第 1 次印刷
定　　价:58.00 元

本书若有印装质量问题,请向出版社营销中心调换
全国免费服务热线:400-6679-118　竭诚为您服务
版权所有　侵权必究

从改革开放史中追寻楚商

当灵魂失去庙宇,雨水就会滴在心上。
　　　　——赖内·马利亚·里尔克,《给一个青年诗人的十封信》

1

一念起,万水千山。一念灭,万籁俱寂。

这两句话在我的朋友圈作为个性签名留存过很长时间。创作有关楚商历史的图书"一念起",然而我不曾想到图书从策划、筹备到出版竟然耗时14年,可谓"万水千山"。今夜夏风微凉,百感交集中我提笔为本书作序,长吁一口气,总算完成了一桩宽心释怀的大事。我的办公室正对着京杭大运河北端的航标燃灯塔,流水潺潺,万籁俱寂。

2008年,财经作家吴晓波写作《激荡三十年》致敬改革开放三十周年,一时之间洛阳纸贵。这一年,我刚入行从事财经写作,满怀信心地想要创作讲述中国商业历史与全球企业家生平的通俗读物。作为刚入职场、"北漂"的湖北人,我内心激荡起创作一部"湖北版的《激荡三十年》"的梦,真可谓"初生牛犊不怕虎,一入'楚商'深似海"。

第二年春天,我见到来北京出差的《鄂商》杂志创办人、杂志总编辑李玉申,两个初次谋面的财经媒体人因为楚商与文字聊得热火朝天。李玉申如同我的兄长,大度与谦逊,他鼓励我研究楚商历史,积极创作,并表示可以在素材与访谈方面给予我大力支持。此后,无论是《鄂商》还是更名之后的《新楚商》《楚商》,不管对接人如何变化,我都能如期收到最新出刊的杂志。这不仅让我得以长期保持对湖北商界的关注与了解,也给我提供了完成这份夙愿的精神力量。这份情义弥足珍贵。

我当时怎么都想不到,这部作品需要漫长的等待与足够的缘分才能面世。过去十多年里,我每年至少要创作一部企业授权的官方传记,在企业定制出版与企业文化研究方面我越走越顺,却与创作楚商历史相关的作品渐行渐远。一方面,商业写作占用了我大部分的时间,接二连三的创作订单让我无暇他顾,尤其是创办润商公司以后,我的创作时间被经营管理等琐事进一步挤压。另一方面,随着研究视野日渐开阔、商业洞察愈发深入,我对创作楚商史的信心开始动摇。不仅是因为楚商在粤商、徽商、晋商、浙商、苏商等中国商帮中不突出,而且很长时间内湖北没有出现重量级的企业家。更何况,有关楚商的选题几乎无人问津,"经济价值与社会价值严重不匹配"。

在此期间,我曾鼓励湖北本土的财经媒体同行完成这部意义深远的作品,并告知策划与写作思路,主动分享手头积累的资料。在我看来,如果有才华又有情怀的年轻人能完成此事,比我自己创作该作品更令人欣喜。然而,所有人都明白这是一件吃力不讨好的事情,没人愿意动笔。即便如此,我对《中国楚商》的选题构思与素材积累从未间断,电脑中关于楚商的文件夹也越来越庞杂。

直到 2019 年,我将"楚商改革开放史"列入润商选题计划,将创作理念与策划方案、资料素材交给同事刘浩睿,由他执笔撰稿。我深知这部作品所获版税不够支付写作报酬,但仍然秉承由刘浩睿独立创作、无须赞助的理念,避免掺杂商业合作影响作品质量。在创作过程中,他查阅了大量关于楚商的图书与报道、案例,因此,书中对楚商人物、楚商故事、楚商精神都有叙述、总结与反思。他以客观、冷静、理性的方式娓娓道来。本书堪称了解楚商、了解湖北的重要作品之一。

2

2022年,"九二派"诞生30周年。2023年,距第一届楚商大会召开10周年。在这两个与楚商紧密相关的、具有纪念意义的重要年份,我们以《中国楚商》全景再现改革开放以来湖北企业家波澜壮阔的奋进历程,鼓励更多企业家、创业者承前启后、继往开来,在书写历史总结历史的过程中创造新的历史。

本书从改革开放的浩荡春潮写起,在湖北,应城杨河公社卫东大队、省沔阳县(今仙桃市)"穷过渡"大队恢复为生产队等典型事迹登上《人民日报》,可算作湖北农村开启改革序幕的先声。"盲侠"郑举选等103人拿到全国首批个体工商户执照的新闻,宣布"汉正街"成为湖北新商业文明的发源地。毛冬声带领武商率先试行股份制并成为"中国商业第一股",刘宝林与4个股东通过挂靠面向全国开展医药流通生意,茅永红创办江夏进口汽车维修中心大获成功,港商梁亮胜将丝宝总部设在武汉……在百花齐放的20世纪80年代,沙市日化、劲酒、白云边、行吟阁、马应龙等一大批湖北品牌脱颖而出,家喻户晓。

1992年,邓小平南方谈话第一站选在武汉,这次具有划时代意义的视察推动了中国历史的进程。改革的春风激励着一大批政府官员、知识分子下海创业,以陈东升、田源、毛振华、郭凡生、冯仑等为代表的有责任感、使命感的"九二派"企业家群体由此形成。此后,罗秋平创办"蓝月亮",武大教授张廷璧和华师大教师谢圣明推出红桃K,阎志成立卓尔,许家印南下创办恒大,沈国军创立银泰百货……"九二派"有专业、有眼界、有资源、有情怀,他们成为推动中国经济增长与商业文明发展的重要力量,在楚商联合会、亚布力论坛等中国最具影响力的企业家组织中有着举足轻重的作用。作为"大学之城",武汉为全国各地培养和输送了数以千万计的企业家、管理人才、各界精英,许多年后,一些校友成为反哺湖北经济的重要力量。

进入新世纪,互联网成为"风口",武汉的科技产业集群从广埠屯转移到光谷,一批新兴产业雨后春笋般迅猛发展。黄立、赖春丽、王洪涛等本土企业家乘风而上,雷军、周鸿祎、陈一舟、于刚等老将新兵享誉神州。2008年以后,移动互联网技术的发展让物联网、云计算、大数据、人工智能、区块链等新兴产业蓬勃兴盛,"微信之父"张小龙、小鹏汽车创始人何小鹏、爱回收创始人陈雪峰等新经济代表者再领创新潮流,斗鱼、卷皮、盛天网络、宁美国度等本土互联网企业崛起腾飞,开启互联网转型的卓尔喊出"中国电商第四极"的口号,以与时俱进的姿态续写辉煌。

滔滔长江水,巍巍黄鹤楼,成功者的荣耀与辉煌被历史记录,发展中的暗流也值得叙述。兰世立、龚家龙、陈九霖、陈浩武、周作亮、张国庆、胡勋璧等轰动一时的楚商人物与故事也引人深思。以大历史观来看,每一位楚商都不过是时间与空间的过客,没有人会永恒不朽。这是世间万物运行的规律。

书中还记录了刘道玉、黄树槐、章开沅、朱九思、周济、张培刚、赵凌云、李崇淮等教育家、经济学家以思想智慧推动楚商发展的故事,甚至还有对许多与经济、商业关联不大的一群"小人物"的记叙,他们可能不会想到自己会在楚商发展史上成为如此重要的角色。

这是关于湖北企业家创业与创新的故事,也是关于一个国家、一个时代、一种精神的真实记录。

3

在跌宕起伏的楚商改革开放史中,最激动人心的部分,莫过于彰显改革开放基因、企业家精神的故事。

改革开放之初,汉正街的管理者与从业者智勇双全,他们把批发改叫批量销售,把长途贩运称为长途运销,价格浮动被包装成随行就市、优质优价。20世纪80年代,武汉宣布"开门迎四方客":"地不分南北,人不分公私,一律欢迎来武汉做生意"。德国人格里希受聘为武汉柴油机厂厂长的创举轰动一时,这是中华人民共和国成立后第一位国营企业"洋厂长"。此后的"两通突破"、建立技术市场、商场改制、打造企业兼并产权交易市场、探索城市圈"两型社会"建设等改革措施与政策不断推出。从"产业第一,企业家老大"到"亲商、利商、留商、暖商、敬商、懂商、悦商",再到"当好有呼必应、无事不扰的'店小二'"。湖北不断改善投资环境、提升服务质量,激活经济社会发展的动力。

楚商千年,英雄辈出,精神长存。"筚路蓝缕,以启山林"的创业精神、"不鸣则已,一鸣惊人"的创新精神……许多专家、学者对楚商精神做过总结,比较趋同一致的表述为"敢为人先、开放包容、崇文尚智、守法诚信、爱国敬业",另外还有艰苦奋斗、守信重义、胸怀天下、开放包容、坚韧执着、与时俱进等表述。其实,楚商精神与其他商帮精神一样,都因传统文化的滋养而枝繁叶茂。随着楚商在世界各地开枝散叶,所涉地域、产业、文化越来越多元化,总结楚商精神的标准答案并非易事。但是,弘扬楚商精神、叫响楚商名号、彰显楚商形象仍然意义非凡,任重道远。

如今,中国正面临经济结构转型和世界新一轮技术革命的交汇期、关键期,越是发展环境严峻、复杂的时刻,越要以改革精神应变局、开新局。我们希望通过本书呼唤湖北的改革精神,重塑楚商精神,也呼吁全社会对企业家、创业者给予更多包容和鼓励。一个尊重企业家的社会,才会诞生卓尔不群的企业家;一个企业家群星闪耀的国家,才会造就领先全球的商业文明与经济实力。在"强国崛起"的征程中,企业家的作用无可替代。

这是一部凝聚了作者心血和汗水的作品，同时也寄托了许多关心楚商发展的仁人志士的信任和期待。我们能够克服许多困难并最终将作品顺利地呈现出来，得益于在策划、创作过程中得到了各方的支持和帮助。在此，我仅代表个人对以下诸位表达诚挚的谢意。

首先感谢所有楚商企业家，他们用所思所想、所作所为给人们奉献了如此精彩的人生故事和商业传奇。在阅读过程中，我深深感受到作为一个湖北人的光荣与自豪，许多楚商的精神品格令人钦佩。我不敢说这本书已经准确、全面地描述了楚商。在未来的日子里，我将继续学习、关注、研究楚商，传播楚商故事，弘扬楚商精神。

2020年疫情期间，中南民族大学管理学院教授余序洲、湖北日报社高级记者戴劲松、长江日报报业集团长江财经传媒研究院院长郑良中、虎投财经创始人李玉申、楚商杂志主编成正茂等老师对选题策划与重大事件的写作提出了真知灼见，华中科技大学新闻与信息传播学院教授、博士生导师王溥及湖北省社会科学院文化研究所研究员、湖北省荆楚文化研究会副会长张硕在选题论证阶段专门撰文鼓励与支持，在此一并表示感谢，你们的智慧与情怀感人至深。

感谢华中科技大学出版社大众分社社长亢博剑对图书出版的大力支持，感谢责任编辑林凤瑶、孙念等老师的严谨和耐心。

在本书的写作过程中，作者查阅了大量的书籍与报刊、杂志，在此感谢所有著作与报道的写作者，书中许多材料的核对和确认都以这些作品为重要参考标准。当然，我始终认为书写楚商、传播楚商精神是大家共同的使命，本书只是诸多关于楚商历史的作品之一，期待未来还能读到更多更好的作品。

在审校过程中，责任编辑向我反馈了诸多修改意见。我最初支持作者保留相关内容，再三权衡之后，出于对作品负责的考虑，我决定尊重专业意见,对可能引发争议的内容进行了删改。即便如此,书中仍然可能存在错漏与不妥之处,也请读者谅解和包涵。

最后,要感谢每一位阅读本书的读者,希望楚商故事、楚商精神以及作者的文字,没有辜负您的时间和投入。

陈润

2022 年 5 月 18 日

目录
CONTENTS

第一章　初识改革 1979—1983 / 1
1979，喜色共春回 / 2
大胆突破 / 8
国有企业活起来 / 24
先行者的样子 / 34

第二章　大胆先行 1984—1988 / 39
武汉敢为天下先 / 40
珞珈山下，东湖水边 / 51
本地品牌崛起 / 59
波澜再起 / 70

第三章　寒流与春风 1989—1994 / 75
寒冬中，持炬前行 / 76
开放的列车 / 87
投奔怒海 / 92
一"股"狂潮 / 104

第四章 摸索新时代 1995—1999 / 115

野蛮生长 / 116

从触"电"到触"网" / 130

反哺者归来 / 141

叩问企业性质 / 148

第五章 崛起与塌陷 2000—2007 / 157

年关难度 / 158

重新发现湖北 / 171

光谷耀东湖 / 179

互联网青春期 / 187

闪转腾挪 / 197

"非典型"的一年 / 208

第六章 碰撞与转型 2008—2013 / 219

楚天航空梦 / 220

名落孙山 / 230

巨兽长成 / 240

从汉正街到广埠屯 / 249

后"四万亿"时代 / 259

新楚商集结 / 267

第七章 大洗牌 2014—2018 / 275

零售破局 / 276

拥抱移动互联网 / 285

资本游戏旋涡 / 294

武汉"洄游" / 303

第八章　凤凰浴火 2019— / 311
　　　扼住命运的咽喉 / 312
　　　"五朵金花"落何家 / 321
　　　湖北新春光 / 329

Chapter 1

第一章

初识改革

1979—1983

1979,喜色共春回

1979年9月7日,日本人佐藤益美很高兴,有一件在他心里记挂了5年的事终于有了结果。

58岁的佐藤益美是日本大分市长。大分市位于九州岛,面向濑户内海,有着悠久的海外贸易历史。佐藤益美一直心心念念着一件事,他想让大分市和武汉市缔结为国际友好城市。

1931年,当时只有10岁的佐藤益美还在上小学三年级,他在课堂上第一次听说了武汉这座城市。老师告诉佐藤和他的同学,武汉由"武汉三镇"组成,与上海一样,武汉也是中国最优秀的城市之一。1927年,国民政府才将武昌、汉口、汉阳三镇合并,定名"武汉",作为中华民国临时首都。一名一生从未踏足中国的日本小学老师,保持着高度的国际视野,并把武汉像一颗种子一样,种在了佐藤的心里。

20世纪70年代,中央提出炼钢要"赶速度",以缩小与发达国家的差距。为此,在1974年,武钢与日本新日铁株式会社签订了合约,决定引进当时日本最先进的"一米七轧机"项目,其中部分项目的建设由坐落在大分市的新日铁大分制铁所承担。

自己的城市终于和武汉有了些许联系,缔结国际友好城市的想法开始在佐藤心中成形。为了让自己的想法更有机会实现,他专门跑去找了同属日本社会党的同僚、当时代表大分县①担任众议员的村山富市②商量过多次,村山也非常支持这个提议。

借着钢铁项目的合作,佐藤市长多次托人向武汉方面提出两市结好的倡议,并且在亲自到访武汉时递交了倡议文书。当时"文化大革命"尚未结束,中国国内政治形势并不明朗,即使收到了倡议文书,武汉当时也没有立即做出什么回复。

"文化大革命"结束后,中国开始逐步回到正轨。1978年8月,中日两国签订了《中日和平友好条约》,这是自1972年两国邦交正常化后双方迈出的又一大步。之前搁置了许久的结好提议,现在有机会重新拿出来讨论。没过几个月,中国政府批准了三对中日国际友好城市,分别是:青岛市和下关市、桂林市和熊本市、武汉市和大分市。

旧日的风尘还在脸上没有来得及擦拭干净,中国就一刻不耽搁地开始了下一段旅程。1979年9月5日,刘惠农率团飞赴大分市。两天后,刘惠农和佐藤益美共同签署了武汉、大分两市缔结为国际友好城市的协议书,大分市成为武汉历史上第一个国际友好城市。

一个多月后,10月31日,湖北省与俄亥俄州签署建立友好省州关系的协议,这是中美正式建交后双方建立的第一对友好省州关系。俄亥俄州州长罗斯带着50多名企业家携项目来到湖北,其中就有派克密封件公司的老板。1981年12月6日,总投资99万美元的湖北派克密封件厂落地武昌,破土动工,一年多后投产。这是湖北省首家中外合资企业。

1979年,十一届三中全会刚刚过去不到一年,湖北,乃至中国,正在以一种开放的姿态打开面向世界的大门。

---

① 日本的"县"相当于中国的"省",大分市隶属于大分县行政区划下。
② 村山富市于1994年6月至1996年1月担任日本首相。1995年,村山首相发表"村山谈话",对日本的侵略行为表示反省和歉意。日本社会党1996年4月更名为日本社会民主党,简称"社民党"。

这一年的 2 月 19 日,湖北省沔阳县①登上了《人民日报》头版,报道的标题为《沔阳县抓紧把"穷过渡"大队恢复为生产队核算安定人心促进生产》。标题很直观,高度概括了这篇新闻稿的内容。

农村人民公社的制度提出后,逐步形成了在人民公社、生产大队、生产队的三级结构中,以生产大队作为基本结算单位的制度。然而在此后的十多年的时间里,由于激进的政治运动,极左派提出,即使在生产力水平没能跟上的前提下,也要将基本结算单位,由生产队"穷精神过渡"到大队,这就是所谓的"穷过渡"。实际上,生产大队之下,每个生产队的生产力发展水平各不相同,有"穷队",有"富队","穷过渡"一刀切地以三级结构里居中的生产大队作为结算单位,在大队内部的各生产队中造成了"平均主义",挫伤了农民劳动的积极性。

根据 1979 年 2 月 19 日《人民日报》的报道,截止 1977 年年底,沔阳县实际"过渡"为生产大队核算的生产队有 195 个。在"实践是检验真理的唯一标准"的大讨论以及十一届三中全会后,沔阳县终于将 126 个生产大队恢复为生产队核算。2 月份正赶在春播之前,群众和干部"心情舒畅,集体生产积极性非常高涨"。

刚好两个月后,4 月 20 日,沔阳县又出现在《人民日报》上。一个县级行政单位连续两个月登上"寸版寸金"的《人民日报》,显然背后有更深的含义。在这篇副标题为《沔阳农村见闻》的手记里,记者描述"社员出勤率高,农活进度快,肥料积得多",很多近十年耍赖不出工的队员主动向队长要活做。

事实上,在 1979 年的《人民日报》里,到处都彰显着"反左""纠偏"的决心。学界积极论述国民经济方针,各级领导班子认真学习落实十一届三中全会精神,基层主动解决历史遗留问题。

---

① 1986 年,经国务院批准,撤销沔阳县,设立仙桃市。

沔阳县抢着干活的生产队队员们这时还不知道,在一年前,安徽小岗村的18户居民偷偷签下了"生死契约",一种全新的生产责任制在中国悄悄生根。从1979年秋天开始,湖北农村大部分推行了定额计酬制度,同时,也有少数生产队开始实行"联产到组责任制"——包工包产到作业组、联产计酬。

1980年春,在相当一部分干部对"联产到组"还心存疑虑的时候,临近省份四川、安徽农村实行联产承包责任制的消息传到了湖北,省内的部分边远山区和少数贫困队也大胆地推行起了包产到户责任制。

农村春色渐显,如何调动企业的积极性也早就摆上了政策制定者的会议桌。税制改革,特别是国营企业税制改革的问题,成了亟须解决的重点。1979年初,财政部下属的税务总局提出对国营企业征收所得税的设想。5月,国家经委①圈定湖北光化县②、广西柳州市、四川省的部分国营企业,以及上海的三家国营企业为全国扩大企业自主权的试点单位,实行利改税制。

这是一次考究的选取。从行政级别来看,试点中含有县、地级市、省、直辖市,包含了我国各级别、种类的行政区划单位;从地理位置来看,内陆、边境地区、西南部、沿海全覆盖。通过试点的143家"利改税"企业,国家急迫地想要摸清新型税制可能对全国企业带来的影响。

一年之后,成绩单交了上来。1980年同1979年相比,这些试点企业的销售收入增长了9.3%、利润增长了23.7%,上缴财政收入增长15.9%,企业留利增长了59.2%。改革迅速收获了成效,坚定了决策者的决心。1980年第4季度起,"利改税"试点初步扩大。1981年,试点企业的经营表现依然亮眼:与前一年相比,销售收入增长了12.4%,利润增长了9.7%,上缴财

---

① 国家经委于2003年撤销,其职能分别整合到新设立的国资委、国家发展和改革委、商务部等部门。

② 光化县,旧县名,1983年撤光化县建制,老河口市、光化县组建成新的老河口市。

政收入增长了5.4%,企业留利增长了11.9%。于是试点范围进一步扩大。

改革开放初期的政策尝试,是比"摸着石头过河"更为小心的试验,岸边的决策者面对时代大潮,只能一次次伸脚试探水的寒凉、深浅,才敢站在河里,去摸下一块石头。这个国家在过去的一个世纪里错过了太多发展的时机,已经不舍得因为冒进而再次原地踏步。每一步都要扎实,每一步都要向前行。

1983年春,湖北省全部实行了"大包干"。同年7月,国务院决定在国营企业中普遍推行"利改税",新的制度调动了生产者的积极性。

1979年6月30日,郑举选在家人的架扶下才能走出看守所大门,他是被无罪释放的。一年半之前,他因为"投机倒把",在"大割资本主义尾巴"的政治风浪中被捕,年幼就患有眼疾的郑举选在监狱中丧失了残存的一点视力,彻底变成了盲人。走出看守所的郑举选成了一只惊弓之鸟,失去了叱咤汉正街20年积攒下的锐气。他想,实在不行,就靠讨饭捡垃圾过完下半辈子。

1979年,此时的茅永红在湖北省援外办公室基建处当炊事员,这已经是他干这一行当的第5年了,在未来6年的时间里,体制依然是茅永红的安身立命之所。

1979年11月,武汉的叶家降生了一个男婴,家人给他取名叶聪,希望他能成为一个聪慧的孩子。

39年后,这三个人在北京人民大会堂相聚。他们的身份分别是:武汉市汉正街市场商会名誉会长郑举选,小商品市场"汉正街"模式的主要开创者;百步亭集团董事局主席茅永红,社区党建和治理创新的探索者;中船重工七〇二研究所副所长叶聪,他曾经50次参与"蛟龙号"深潜。三人入选2018年"改革开放杰出贡献"名单,被授予"改革先锋"的称号。这是改革开放40周年之际中共中央和国务院授予的最高殊荣。

波澜壮阔的大潮里,每个人都贡献了自己的浪花。

"我坚信人们对于我们的脊骨,那无数次的探索、迷途、失败和成功,一定会给予热情、客观、公正的评定。"诗人食指在1968年的诗作《相信未来》里写下的句子,11年后终于开始实现了。

1979,未来已来。

大胆突破

1976年,19岁的杨小运从大队企业回到生产队,开始担任六房生产队的队长。

六房生产队隶属于应城杨河公社卫东大队,杨小运火线上任后,首要解决的问题就是,要带领生产队完成上面下达的粮食定购任务。六房生产队有122个人、226亩地,加上各家房前屋后可以种植庄稼的土地,人均差不多两亩地,高于全国人均"一亩三分地"的耕地标准,按照这样的耕地配置,是不应该完不成生产任务的。生产大队认为六房生产队的产量不尽如人意,症结是前任队长领导不力,导致大家吃不饱饭,因此将杨小运任命为新的生产队长。

不信邪的杨小运带着生产队苦干一年,没有完成任务;第二年继续干,任务还是没有完成。

这时候杨小运发现,生产效率低下,根本原因不是地,而是人。生产队依然延续"大锅饭"的生产模式,队员就没有生产热情,出工不出力,用力不用心。用当时的话来说就是"人哄地皮,地哄肚皮"。

1979年,杨小运提出想要通过分田到户的方式,调动队员的积极性。正在筹划阶段,公社党委书记就找上门说:"中央没这个政策,不能分。"但书记也知道,让社员们吃饱饭很重要,他拿出中国基层施政者的政治智慧,向杨小运提出,可以试着先分到组,"闷着搞"。从这一年秋播开始,杨小运把生产队分成3个小组,再将田分到组。

新的劳动组织形式对粮食产量的影响立竿见影,到了1980年夏收,六房生产队一下子就完成了全年粮食定购任务,群众有了饭吃。看到分田到组有了效果,杨小运更加坚定了分田到户的想法。公社党委书记依然开明且谨慎,这一次他同意了六房生产队分田到户的想法,不过还是要求"私下分"。

回过头来看,杨小运和公社党委书记其实并不用这么谨慎。就在不久前,当六房生产队还在为夏收而忙碌的时候,这一年的5月31日,邓小平同中央负责同志作了一次谈话,专门谈到了当时争议很大、受到重重阻力的包产到户政策。会上,邓小平说:"农村政策放宽以后,一些适宜包产到户的地方搞了包产到户,效果很好,变化很快。安徽肥西县绝大多数生产队搞了包产到户,增产幅度很大。'凤阳花鼓'中唱的那个凤阳县,绝大多数生产队搞了大包干,也是一年翻身,改变面貌。"①

只不过,这个讲话依旧属于内部讲话。要到1982年的中央一号文件,国家才第一次正式肯定了包产到户、包干到户等农业生产责任制。

1980年10月起,六房生产队开始试行分田到户。杨小运家一共6口人、3个劳动力,分到27亩地。

1981年8月,六房生产队用夏粮和早稻完成了全年4万公斤粮食订购任务,这时候田里还有110多亩中稻和140亩晚稻没有收。区里鼓励农民多向国家卖余粮,县干部来生产队做调查,杨小运向县干部表示,自己今年还可以向国家多卖一万多斤粮食。

对于杨小运的豪言壮语,县干部将信将疑,但杨小运心里却很有底:当时地里12亩中稻、11亩晚稻长势很好。估算一下收成,杨小运一家的地再

---

① 《邓小平文选(第二卷)》,人民出版社,1994年10月。

收一万两三千斤稻谷不成问题。有了底气的杨小运干脆和县干部打起了赌:"如果我超卖一万斤粮食,就卖给我一辆'永久'牌自行车。"

当时人们结婚要配好"三转一响","三转"指的是缝纫机、手表、自行车,"一响"指的是收音机。正在筹备婚事的杨小运,其他三样都置办齐了,就差自行车还没有着落。自行车供应紧俏,要凭票购买,全县共享固定的供给配额。

杨小运的要求一定程度上代表了广大农民最基本的生活需求,为此,县委、县政府决定从全县不多的自行车指标中拿出50辆,加上农民同样需要的缝纫机等工业产品,奖售给全县超卖粮食较多的农户。

杨小运没想到的是,此时他的故事才刚刚开始。

1981年9月5日,《孝感报》刊发了一条百余字的消息——《杨小运愿向国家超卖万斤粮——只求买到一辆"永久"牌自行车》,并配发评论,提出"农民超卖粮食增收,要买紧俏工业消费品,我们怎么办?"紧接着,《孝感报》又登出应城县委、县政府满足杨小运要求的答复电。随后,杨小运的故事引起了各大媒体的关注,《人民日报》、新华社、《湖北日报》分别进行了报道。杨小运一下子成了全国新闻人物。

9月20日,杨小运卖了10380斤稻谷。一周后,公社通知他去开会,奖售给了他一辆"永久"牌自行车。这辆卖给杨小运的自行车是上海自行车厂厂长王永昌专程送到应城来的,龙头上还扎着红绸花。多年以后杨小运还记得买到自行车那一天的场景:"花了169元。有人让我骑一圈,一骑就倒了,大伙儿都笑了。"

杨小运如愿买到了自行车并没有终结媒体对于此事的进一步讨论。9月29日,《人民日报》在头版头条刊发了上海自行车厂写给《人民日报》编辑的信——《农民兄弟要"永久","永久"工人要尽责》。信中正面回应了以杨小运为代表的农村市场对于自行车的需求,并承诺,凡是当地农民超卖万斤粮的,都将奖售一辆"永久"牌自行车。

《湖北日报》编辑部派出记者赶赴上海,跟踪采访了相继公开"应战"的上海自行车一厂、上海缝纫机一厂,发现工厂为了应对突增的市场需求、补齐产量,都是利用节余的计划工业材料为应城农民助威的。

实际上,当年应城县①交粮最多的并不是杨小运,但"想买一辆自行车"的朴素愿望让他成了名人。到年底,该县超历史纪录地向国家提供商品粮一亿多斤。12月10日,应城县隆重召开奖售兑现大会,对贡献大的141个生产队和单位、2186户农民共奖售自行车2600多辆。

1982年,《参考消息》刊载了美联社记者对"杨小运超卖万斤粮"事件的评述,题为《中国的农业向工业提出了挑战》。

这个标题切中要害地概括了事件背后的现实意义:以杨小运为代表的农民并不是"包产到户"政策的破冰者,但是他们第一次集中展现出了,当农村的生产力随着改革的推进而逐步获得解放后,其所带来的农民收入增加,必然会导致对工业产品的需求增加。当二者间的矛盾凸显时,单纯地依靠当地政府对本已紧俏的供应计划进行再分配,或者依靠工业生产者利用"运动式"的生产模式突击生产,虽然能满足像应城县这样的单个地方、单一时段内的需求,却不足以满足整个社会日益增长的工业需求,一场针对工业的自下而上的改革迫在眉睫。

就在杨小运买到自行车的两年后,1983年,以"利改税"为起点,一场针对工业产业的改革轰轰烈烈地开始了。1984年,一本名叫《农业与工业化》(*Agriculture and Industrialization*)的学术著作出版了中译本,这其实是湖北籍经济学家张培刚1945年在美国哈佛大学攻读经济学博士学位时用英文写就的博士论文。这一著作被视为发展经济学的奠基之作。经济学家胡鞍钢甚至认为,如果这本书的观点有机会早一点进入中国,中国的历史可能会改写。在《农业与工业化》中,张培刚对于农业国家如何利用资

---

① 1986年,经国务院批准,撤销应城县,建立应城市。

本、如何利用农村剩余劳动力、何时引入农业机械化等问题作出了前瞻性的预测,可以说中国改革开放的发展路径没有超出张培刚早年的预言。正是由于实施了工业化、城镇化、农业产业化的转型,中国的市场供给才会极大繁荣,让杨小运式的"求购自行车"成为历史。

许多年后,杨小运已经开上了越野车,像他这样以汽车做代步工具,在农村早已不是新鲜事。他人生中的第一辆"永久"牌自行车,已经被应城市档案局收藏;超卖万斤粮的原始发票,则被保存在了中国历史博物馆。

后来获颁"改革先锋"称号的郑举选,最早的"威名"是在"文化大革命"中建立起来的。

1946年,6岁的郑举选从乡下的一场天花中侥幸活下来了,病毒夺走了他正常的视力和五个兄弟姐妹的生命。灾难过后,郑举选随着父母迁居到位于武汉硚口区的汉正街。由于两眼只能微弱地看到一些模糊的事物,郑举选没有机会读书,做小生意成了他唯一可以尝试的工作。

20世纪60年代初,刚刚经历了三年困难时期,国家生产逐步恢复、供应增加,老三镇的市场也慢慢活跃起来。这时做生意并不违法,汉正街的国营商店、合作商店、个体摊位一家挨着一家,一度发展到3000多户。

好景不长,"文化大革命"开始后,汉正街首先受到冲击。郑举选家的"成分不好":郑举选的祖父是个地主,三叔新中国成立前去了台湾。为此郑举选没少受到红卫兵的骚扰。但除了做生意,郑举选身无一技之长,他只能硬着头皮,冒着被批判的风险偷偷摸摸地倒腾南北货。为此,他没少被拉到学习班去接受处罚和批判。

1970年春天,郑举选因为在街上售卖"文化大革命"期间很受欢迎的纪念章和军书包,又被通知去学习班"交代问题"。

郑举选为人仗义,头脑灵活,对商机把握得很准。在政治运动袭来之前,盲人群体更为"传统"的就业方向一是算命,二是唱戏。可前者是宣扬封建迷信,后者是鼓吹"封资修",相较之下,"投机倒把"反而成了较轻的

"罪名"。郑举选把一些同样生活没有着落的盲人聚到一起,大家冒险做生意寻个出路,也逐渐在汉正街积累下了名气和影响力。

1978年1月,又一场声势浩大的"打击投机倒把"运动开展起来,郑举选因为投机倒把数额巨大、认罪态度不好、屡教不改,被列为"第一号资本主义大尾巴"。这是他人生中最后一次被捕,他在看守所里待了一年半。

1979年6月30日,郑举选被无罪释放时,距离党的十一届三中全会召开已经过去了6个月。"萧瑟秋风今又是,换了人间。"汉正街的街头巷尾开始有商贩公开地支棚搭摊做生意了。

1979年9月,武汉市政府(革委会)率先发布红头文件,提出恢复和发展集市贸易、恢复和发展个体经济,并准备给个体工商户颁发营业执照。汉正街被选为试点。表面上汉正街已经恢复了正常经营,可是这条街经历了太多政策更替,大半年过去,只有不到100户办理了营业执照。

街上的小贩依然胆小,他们希望能看到郑举选这样的标志性人物带头申领营业执照;工商局也希望郑举选能勇敢地站出来,以彰显政府推行新政策的决心。为此,硚口区工商局分管市场的副局长专程上门拜访郑举选,鼓励他"大胆地干",甚至支持郑举选把摊子摆在全国闻名的国营老字号谦祥益的店铺对面,隔街竞争。

郑举选性格里那股不羁的火苗就这样再一次被一点点催燃了,他到工商局办理了营业执照。他是汉正街开放后第103户办理营业执照的个体户,在中国经济逐步开放的历史上,汉正街的第一批103户个体户成了我国商品流通体制改革的先行者、探索者,为汉正街的个体民营经济发展作出了开拓性的贡献。

1979年11月初的一天,郑举选的新摊开张了。这是"文化大革命"开始之后,郑举选第一次在汉正街光明正大地"公开亮相"。他真的把摊子支在谦祥益百货批发商店对面的巷口了,破旧的门板上摆放着他的全部家当——两个装着日用小商品的玻璃瓶子。

一旦放下了心障,做起买卖来的郑举选自信万分,轻车熟路。郑举选从6岁起就在汉正街摸爬,已经有了自己的一套:鱼钩鱼线几十种,摸一摸质地、大小,就知道产自哪里;打过一两次交道的人,隔了很久不见面,只要听声音就能喊出对方的名字;眼睛虽然看不见东西,心算起来却又快又准。天生一块做生意的料子,终于回到了属于他的世界。

汉正街向个体工商业者敞开了大门,但不得不注意的是,它的定位依然是一个改革"试点",它未来的命运走向,依然需要中央有关部门定性。特别是随着市场的发展,汉正街的交易规模明显扩大,出现了批发、长途贩运、价格浮动等新现象。这些在今天看起来很常见的商业现象,在20世纪80年代初却挑动着每一根敏感的神经:这些现象属于"投机倒把"的明显特征,那汉正街呢?它到底算不算"投机倒把"?

为了避嫌脱敏,汉正街从小贩到管理者都开始发挥智慧,利用哲学辩证的方式为自己打鼓壮气:批发不叫批发,改叫批量销售;长途贩运不叫长途贩运,改叫长途运销;价格浮动直接改叫随行就市、优质优价。

小聪明归小聪明,汉正街早晚要面临一次严肃的定性。1981年,北京一家权威报纸刊载了一封工人来信——《汉正街投机倒把多》,向汉正街射出了第一发利箭。身处靶心的时任硚口区工商局副局长的任正运对此回复道:汉正街是扶植个体经济。这样的答复显然无法让质疑者满意,媒体再次向硚口区工商局发出质问,来来回回搞了八次。其间,有报纸甚至发义质问:"汉正街是社会主义吗?"[①]刀锋尽现,寒意逼人。

为了解决汉正街的定性问题,1982年4月,武汉市工商局组织了一个十多人的调查小组,对汉正街市场进行摸底调查。经过十几天的调研,调查小组写成《汉正街小商品市场调查》。调查小组认为,开放汉正街市场,

---

① 《汉正街弄潮——"商品流通改革第一街"汉正街发展记事》,郑明桥,《经济日报》,2018年7月4日,第13版。

有利有弊,利大于弊,主流是好的,应当允许存在。

报告上报国家工商行政管理局后,被全文刊载在6月20日出版的《工商行政管理》半月刊上,引起新闻媒体的重视。新华社湖北记者站记者采访武汉市工商局后,写了三篇调查稿件发往总社,总社随即以《新华社内参清样》的形式上报到中央政治局常委以及相关领导。国务院领导在《新华社内参清样》上批示:"新的改革,新的突破。"①

1982年7月22日,由国务院派出的一个四人调查小组专程来到武汉,调查、核实汉正街市场情况。武汉市工商局局长金邦和在向调查小组汇报时提出,针对汉正街,可以"允许存在,加强管理,继续观察"。调查小组组长黄洪年插话道:"允许存在、加强管理是正确的,可以保留,继续观察就不要啦。"②黄洪年的这番话让武汉方面感受到,调查小组来汉的本意已经不是"调查",而是带着一丝吹风通气的意思。

不过,在汉正街的问题上的一锤定音还要等到1982年8月28日。这一天,《人民日报》在头版头条发表《汉正街小商品市场的经验值得重视》的文章,对汉正街现象给予充分肯定和高度评价。文章引用马克思"交换的深度、广度和方式都是由生产的发展和结构决定的",为汉正街的定位争论彻底画上了句号。

到了10月,国家工商行政管理局干脆把全国小商品市场现场会搬到了汉正街召开,并在会上提出了"允许批量销售、长途贩运、价格随行就市"的政策。汉正街就此成为商品经济条件下个体经营的阵地和策源地。在汉正街的示范效应下,20世纪80年代,武汉又自发形成滑坡路、扬子街、京汉街、交通路等经营小商品的个体摊群或集贸市场。

冬天之后,春天总是会到来的,是到来得早一点还是晚一点,在哪里最

---

① 《汉正街小商品市场开放前前后后》,金邦和,《工商行政管理》,2008年第19期。
② 同上。

先到来,这样的问题在改革初期,考验着主管者的勇气。对于长期处于计划经济体制下的中国而言,向着市场化方向的尝试,有可能被戴上"走资本主义道路"的帽子;过往的政治运动余压犹在,已经耗尽了太多人的热情和勇气。围绕汉正街的争论正是这样的社会大背景的集中体现。始发于1978年5月11日《光明日报》的《实践是检验真理的唯一标准》第一次让"后毛泽东"时代的中国突破了"两个凡是"的禁锢。理论与实践的统一是马克思主义的一个最基本的原则,以此为原点,热切期盼生活水平提高的人们有了尝试的动机和勇气。

换句话说,1978年之后的中国迅速进入一个"勇气导向型"的时代,而勇气恰好是湖北这片土地不缺乏的,这让湖北在改革初期进入一个快速的发展通道。汉正街的勇气和党中央、国务院、国家工商系统上下一心的突破,使汉正街得以成为一个个体工商经济最早的改革样本,在武汉存续下去。

时至今日,汉正街所代表的,已经不仅仅是一种商业现象,汉正街成为一种独特的地区文化的代表,融入湖北的基因。汉正街的变迁也将在一个漫长的历史脉络里延续下去。

1982年年底,浙江人毛冬声被任命为武汉商场总经理。

47年前,毛冬声出生在浙江余姚。浙江的商业传统是被环境逼出来的,在以农耕为主的封建王朝时代,浙江可耕地面积少、地势不平,当地人转而以贸易为生,形成了强韧的商业文化。余姚市由宁波代管,近代工商企业家辈出,宁波商人自成一派,被称为"甬商"。毛冬声的前辈与同乡宋炜臣和沈祝三,在清末年间就已经在上海完成了财富积累,又先后来到汉口创业。二人对汉口的基础城镇建设贡献良多,不仅被视为汉商代表,也是近代实业救国的杰出民族资本家。

虽然毛冬声从15岁起便离开家乡来到武汉,甬商"穷则思变、敢闯敢拼"的底色还是留在了毛冬声的性格里。

落脚武汉不久的毛冬声通过了武汉市百货公司的招工考试,在工作中表现积极。1955年时,实际年龄20岁的毛冬声当上了武汉市商业局的团委书记。两年后,"反右"浪潮袭来,毛冬声因"不当言论"被打成"右派"。

毛冬声自此被投放到商业系统基层进行劳动改造,长达22年之久。在这期间,毛冬声参与了友好商场的建设,而友好商场就是武汉商场的前身。背水泥、扛砖头,工地上的毛冬声迎着武汉的炎热将汗水滴在土地上,这些汗水筑成了气派的建筑和他对武汉商场特殊的感情。多年后毛冬声回忆起自己和武商的渊源时说道:"我一生没有离开过这里。"

1979年,毛冬声摘掉了"右派"的帽子,可他钟情的那个刚刚年满20岁的武汉商场展现出来的却是一派沉沉的暮气:规模小,设施陈旧,货物堆积,灯光暗淡。当然,它依然是全国十大百货商场之一,也是武汉最大的百货商场,可是与它遍布全国的兄弟姐妹们一样,在计划经济搭建的低矮温室里,它们可以以一种营养不良的形态长得很大,但也注定早衰。习惯了"短缺经济"的中国老百姓,顾不得什么购物体验,能够在商场里买到想要的东西就已经很不错了。计划经济年代,武汉全市所获国家分配的日用物资,至少10%经由武汉商场售出。

1982年,毛冬声出任武汉商场总经理的时候,国门已开,有远见的人见识过香港和国外那些现代化商场,立刻明白了国内大型商场的必然发展方向。毛冬声由此萌生了改造武汉商场的想法。

"武商要改造,就得营造现代商场的氛围,所以装修公司一定要具有前沿的思维。"在毛冬声构思的"蓝图"中,新武商不但要有升降电梯、塑胶地板,还要有咖啡厅、游乐厅和验光配镜等看起来跟百货没关系的玩意。毛冬声坦言,这些"洋玩意"都是从美工室订的海外画册上看到的。

由于武商属于国营性质,企业没有自留金库,要装修只能向政府要钱。毛冬声估算了一下,装修武商的计划费用大约在1800万元。政府一边则有着自己的担忧:武商是武汉的利税大户,拥有超过1700名员工,长期停业,社会风险很大,因此不敢让地方银行贷款给武商。

想改造武商却拿不到银行的贷款,这时毛冬声"穷则思变、敢闯敢拼"的性格起了作用:他听到消息说,当时国家已经拥有了一定量的外汇储备,于是便动起了外汇贷款的心思。毛冬声直奔北京,找到当时的商务部部长刘毅。此前两人并不相识,但刘毅十分开明,当即将武商的改造报告批到中国银行总行信贷部,让毛冬声顺利拿到了 120 万美元的外币贷款。

按当年的政策规定,这笔美元贷款不能在国内使用,也不能兑换成人民币,毛冬声通过武汉贸易促进会找到香港的一家装饰公司承揽改造工程。香港公司一方面具有国际化视野,能够将武商装修成毛冬声理想中现代商场的模样,装修质量有保证;另一方面香港公司接受美元结算。

放在今天,企业负债经营是常见的运营手段之一,可是在 20 世纪 80 年代初,毛冬声担任总经理的武商不但负债经营,还负美元债找香港公司装修,两个带有明显"资本主义色彩"的行为引发了很多质疑。为了查清问题,武汉市两位人大常委会副主任带着审查组进驻武商。

调查持续了两年,事无巨细。细到毛冬声要回忆和外商吃了几顿饭——一共五顿,其中三顿是毛冬声做东,在武商食堂吃的,另外两顿则是外商买单;抽了什么烟——外商能抽得起"三五"牌香烟,这比毛冬声烟盒里的烟高级很多,于是每次见面毛冬声干脆抽外商的烟。调查结束,没有查出任何问题。对于毛冬声而言,选择谁来施工既没有政治性,又没有目标性——"如果当时通过贸促会联系到的是美国公司,也就找美国公司来干了。"

与武汉商场紧邻的武汉展览馆原名中苏友好宫,它在很长一段时间里都是武汉市的地标建筑。为了在装修期间不影响武商的正常运营,武商租用了武汉展览馆 4000 平方米空地搭建了简易的经营场所。终于,1985 年 9 月 1 日武汉商场迎来了第一次改扩建工程后开门迎客的日子。

当天,湖北省省长黄知真、武汉市委书记王群、市长吴官正等 2500 多人出席了新大楼的开业庆典。新的武汉商场大楼总面积达 3 万平方米,比改建前扩大了 1 倍多;开业第一年销售总额突破 2 亿元大关,是大楼改建前的 2 倍。武商的美元贷款当年就被还清了。

1986 年 5 月,在商业部(1993 年撤销)的牵头下,全国 150 家大中型商企领导组团来汉考察,学习武商经验。受到武商改扩建成功的影响,武汉本地、北京、上海、沈阳、南京等地的大商场纷纷学习效仿,中国商业界的改扩建热潮一浪高过一浪。

毛冬声敢贷美元,在胆大的背后是他内心的坦荡。武商对于外币贷款的应用,最终服务于经济建设。回顾武商改扩建的过程,遇到的困难很多,遇到的阻碍很少,这又是勇气至上为湖北改革史带来的又一个破冰纪录。

外汇储备并非洪水猛兽。从 2003 年开始进行的国有商业银行的股份制改革中,正是由于国家大胆动用了外汇储备 450 亿美元向国有商业银行注资,才顺利地降低了其不良资产比率,两家经营状况较好的国有商业银行补充了资本金,否则仅仅靠它们自身的力量,WTO 限定我国银行业开放的最后期限前,我国国有商业银行是不可能完成股份制改造及创造条件上市的。

比起后面恢弘的故事,毛冬声和武汉商场贷款外币负债改建的突破,就像是被春风吹拂后抽芽的第一片新叶。

下游的销售环节迎接着变革,处于上游的生产环节也亟需思变。

在 20 世纪 80 年代至 90 年代中期,产自武汉的"荷花"牌洗衣机不仅是老武汉人的自豪,还成为全国市场争相抢购的紧俏产品。

然而事实上,洗衣机作为一种技术壁垒不算很高的轻工业产品,其市场很早就进入了搏杀阶段,20 世纪 80 年代初,全国相继涌现了近 400 家洗衣机厂。"荷花"牌洗衣机几乎是刚刚出生,就像斯巴达的婴儿一样迅速加入了一场惨烈的淘汰赛,面临生死考验。

1978 年,武汉洗衣机厂的前身武汉铁工厂开始研制洗衣机。根据 20

世纪 60 年代就进入武汉铁工厂的老员工回忆，研制的过程走了很多弯路，直到 1979 年 11 月才研制成功技术上稍微简单的单缸洗衣机。1980 年，最早出厂的一批"荷花"牌洗衣机全是手工制造，最先下线的 40 台洗衣机是提供给老红军和老领导试用的。用这样的方式，"荷花"牌洗衣机打开了第一批市场。

没过多久，时任中共湖北省委第一书记的陈丕显到武汉洗衣机厂调研时发现，"荷花"牌洗衣机已经出现了积压，仓库被塞得满满的。陈丕显很困惑："这么好的产品，为什么会销售不出去？"答案在市场里。1982 年，产自北京的"白兰"牌洗衣机每台成本为 161 元，同型号的"荷花"牌洗衣机成本为 166.2 元，一台洗衣机成本上就高了 5.2 元，自然在市场竞争中不具备优势。

1981 年和 1982 年，武汉洗衣机厂的账面盈利都是 40 多万元，然而这是在国家对洗衣机厂提供税收减免政策扶持下达成的。从 1983 年起，国家将不再对洗衣机厂实施税收减免，面对全国 400 多家洗衣机厂的激烈竞争，武汉洗衣机厂前途难测，对于未来的焦虑在厂内蔓延。

陈丕显找到了在武汉大学担任校长的刘道玉，希望武大能够派一些专家到洗衣机厂去，帮助"荷花"牌洗衣机摆脱困局。武汉大学经济管理学系[1]旋即成立了一个 8 人咨询小组，组内成员包括经济学家余杭、杨小凯等人。

咨询小组在调研中发现，一台洗衣机的配套零部件有 150 多种，其中 69% 的零部件属于要从其他单位进货的"外购外协件"，这些外购外协件的成本弹性较小，导致洗衣机厂没有办法享受到随着产量提高而成本降低的规模效应，相反，产量越大，扼在洗衣机厂喉咙上的锁套就越紧。在"荷花"

---

[1] 1981 年，武汉大学分设经济学系与经济管理学系，后几经合并重组，2005 年起，正式更名为武汉大学经济与管理学院。

牌洗衣机的166.2元成本中,外购外协件成本高达103.43元,占比62.2%,加上其他不可控成本,一台洗衣机的总不可控成本占比高达70%。

曾经担任武汉洗衣机厂厂长的袁继鹏回忆,在计划经济体制下,外部采购多是由行政主管介入组织干预的,什么原料从哪里采购,已经一个萝卜一个坑地有了各自的"指定户"。自然,其中也不乏"关系户"。

现有的模式不仅让身为采购方的洗衣机厂失去了议价权,甚至连采购到手的原材料的质量都没法保证。武汉大学咨询小组发现,外购外协件次品率达到45%左右,次品占满了仓库,甚至堆到了食堂。咨询小组建议,引进竞争机制,通过招投标的方式突破危局。

国务院在1980年颁布的《关于开展和保护社会主义竞争的暂行规定》中指出,"对一些适宜于承包的生产建设项目和经营项目,可以试行招标、投标的办法。"虽然有政策在先,中国还没有企业敢于尝试招投标。有了国务院的政策作为依据,招投标的提议少了很多"姓资姓社"的争议,但咨询小组和武汉洗衣机厂需要跨越的,是让一项政策从红头文件上跳出来,进而呱呱坠地的过程。此前还没有企业进行过招投标尝试。

武汉大学、武汉市经委、武汉洗衣机厂对于招投标的方案来了一个"三堂会审"。武大校长刘道玉认为,公开招标是国际通行做法,符合中国企业的改革方向,首先表态同意。市经委主任也认为可以试试看。洗衣机厂内部却有人对这个方案表示顾虑,一方面担心造成经济损失,一方面引入竞争机制等于对利益进行了重新分配,影响了一些人的财路。

僵持之际,刘道玉再次出来表态:"如果搞失败了,虽然我们学校没有钱赔你们,然而给我们武汉大学声誉带来的损失要超过你们工厂的损失;如果成功了,你们得到的好处比我们多得多。"话已至此,市经委主任和厂领导也同意实施招投标方案。

按照咨询小组成员余杭的想法,武汉洗衣机厂应该将全部的采购零件都拿出来进行招标,但是为了减少新规则带来的冲击,只得一批一批试着开放。余杭记得,在圈定拿出哪些采购零件进行招标时,厂供销科科长表现出了明显的不满,他眼睛盯着天花板,随便在采购单上勾了几项。余杭引用明代小说集《醒世恒言》中的喜剧标题"乔太守乱点鸳鸯谱"来形容他。

1983年1月21日,武汉洗衣机厂将对"荷花"牌洗衣机外购外协件进行公开招标的消息登上了《湖北日报》和《长江日报》。第一批开放招投标的零件占外购外协件总价值的30%。短短一个多月的时间里,有200多个厂家前来投标。

为了中标,前来投标的不少企业都带来了优越的条件:铁道部武昌车辆厂希望承担木包装箱的制作任务,他们提出木料不算成本,可以免费使用制作火车箱剩下的边角料,只收加工费;浙江慈溪的一家工厂为了取得洗衣机厂的信任,提出在接收订货时预先缴纳2万元的保证金,如若未按招标条件执行,以保证金作为赔偿。

3月5日,在公证机关的监督下,武汉洗衣机厂招标开标揭晓,共有省内外51个单位预先中标,使每台洗衣机成本下降3.66元。收到成效后,武汉洗衣机厂又分别在7月、10月、次年12月进行了三次招标。1983年,在正常征收工商税后,武汉洗衣机厂实现利润122.51万元,比上年底增长1.77倍,其中仅招标一项纯利润就增加58万元。

武汉洗衣机厂前后四批次共拿出90%的外购外协件向全国公开招标,使单台洗衣机的成本下降了9.97元。

"荷花"牌洗衣机的"新中国第一标"引发了经济主管部门和媒体的关注。1983年12月,国家经济体制改革委员会(于1997年撤销)派人调研武汉洗衣机厂招投标后,以"跨地区协作生产的一个突破"为题向中央和全国介绍武汉洗衣机厂的经验。媒体将之誉为"荷花模式"。

招投标降低了"荷花"牌洗衣机的生产成本,提高了整机质量;媒体的传播为荷花品牌带来了全国性的美誉度。自此之后,"荷花"牌洗衣机进入快速发展的道路。1985年,"荷花"成为全国十大洗衣机品牌之一。1986

年5月,"荷花"牌洗衣机甚至一路突袭到"白兰"牌洗衣机的"老家"北京城,在王府井东风市场举办的"荷花"牌洗衣机展销会上,1850台洗衣机在两天半的时间就被首都消费者一抢而空,创造了商场展销洗衣机的纪录。

1999年《中华人民共和国招标投标法》颁布实施,标志着我国的招投标进入更加规范化的发展阶段,余杭作为"新中国第一标"的参与者,成为该法的主要起草人之一。

1983年3月,武汉汽车发动机厂产品试验组组长陈启发回到老家黄陂探亲,他发现田间麦苗长势喜人,乡亲们个个干劲十足。此时陈启发所在的武汉汽车发动机厂已经停工有一段时间了,工厂资不抵债,工人们也对未来充满迷茫。陈启发很疑惑,城市中的国企原本是无数人向往的地方,为什么此时城乡间的精气神竟发生了逆转?他很快找到了问题所在——家庭联产承包责任制。

陈启发灵光一闪,能不能把家庭联产承包责任制的思路用到工厂里,由工人们承包工厂?

5月,陈启发拉着产品试验组的11名工人,以小组的名义与工厂签下"自保饭吃"的承包合同,几次尝试后,他们决定成立汽车维修中心。当年,陈启发的小组向工厂上缴了1.1万元利润,此后小组的创利逐年增加。1986年,陈启发干脆将汽车发动机厂整体承包,成为中国企业租赁经营的第一人。在工厂的职工代表大会上,陈启发提出了一句口号——"不找市长找市场。"一时间广为流传。

陈启发的大胆尝试将一个问题摆在了世人面前:国有企业应该如何适应改革时代?

国有企业活起来

1979年年初,中越边境自卫还击战爆发。在战事惨烈的前线,官兵们特别喜欢来自湖北十堰的第二汽车制造厂出产的越野车,管它叫"工程车""英雄车",有的战士甚至说它是"邓小平的神车"。

时任二汽厂长的黄正夏在回忆录中记录了一个小故事:一辆二汽产的越野车从山上摔下来,驾驶室都摔变了形,照样开着跑。事后有个指挥员告诉黄正夏,因为这个车的性能比其他的车都好,很多部队的指挥部都要这个车,"在前线,只要看到二汽的越野车,就能判断那里离指挥部不远"。二汽的人把这些事情讲给邓小平听,他一笑:"(车的)质量高,部队当然高兴啊。"[1]

二汽的军用越野车在战场上大发神威,却挽救不了企业自身的亏损。黄正夏是在1978年接任二汽厂长的,他同时接下的职位还有十堰市市长。1973年起,十堰市与二汽政企合一,统称为"十堰二汽",直到1982年才再次政企分离。这样的安排在中国并非孤例,当年的大庆也是市政府和石油局合而为一。政企合一,在中国计划经济时代看来并不算意外,反而是将国企,特别是大国企的社会职能公开化了。

---

[1] 《二汽教父黄正夏》,黄正夏口述、葛帮宁整理,《汽车商业评论》,2008年08期。

黄正夏履新的这一年,国家给二汽定下的指标不是计划盈利多少,而是"计划亏损"3200万元,这让二汽成了湖北省最大的亏损户。一家企业,盈利是职责,亏损却让企业背上原罪。

1978年3月,湖北省召开工业大会,省长韩宁夫希望黄正夏能够在会上表个态,至少保证当年亏损不会超过3200万元,不给财政增加负担。在全省大会上"认亏",这让初来乍到的黄正夏很不好受,发言中,他首先表态亏损不会超过预期,同时提出争取超产3000辆5吨民用车,力争扭亏为盈。在计划生产时代,上游生产与下游需求直接对接,企业超产也需要有政策的支持。韩宁夫看到黄正夏志笃力行,便向他承诺,超产的部分省里会照单全收,并且保证生产过程中的用电和物资。

决定二汽日后命运的是发生在1978年的两件事。

第一件事是1978年5月11日《实践是检验真理的唯一标准》一文在《光明日报》的发表。文章发表一天后,《人民日报》便转载了这篇文章。《人民日报》很少转载其他报纸的文章,尤其是全文转载,对政治敏感的黄正夏瞬间明白事情不简单。6月,邓小平在全军政治工作会议上的讲话发表,讲话中,邓小平阐述了实事求是、一切从实际出发、理论和实际相结合,这是毛泽东思想的出发点和根本点,是做好一切工作必须遵循的原则,再次批评了"两个凡是"的错误观点。

二汽随即动员全厂党员认真学习这篇文章,学习邓小平的讲话,统一思想认识。这是二汽后续发展的思想基础。

第二件事是,二汽制造的民用载货车EQ140在这一年试制完成,形成生产力。这是二汽继EQ240之后的第二款车型。EQ240就是次年在对越自卫还击战中立下战功的军用越野车,EQ140在EQ240的基础上发展起来,反映了当时"以军为主、军民结合"的生产原则,奠定了二汽后续的发展方向。

1978年,二汽生产汽车5120辆,比计划超产3120辆,有史以来第一次没有要国家的补贴,反而上缴 131 万元,全面实现扭亏为盈。到 1979 年,二汽生产汽车总量达 14541 辆,上缴利润 5734 万元。

1980 年初,国家财政紧张,一些国企被列入"停缓建"名录,名录上的企业会被停发一切基建及设备购置费用,只发职工工资及设备维修费,实际上就是企业"休克",共渡国家财政的难关。二汽也在名录之列。这时的二汽已经有了盈利能力,贸然停缓建,将会打破二汽的发展节奏。不幸中的万幸是,在几个月前的 1979 年 9 月,湖北省将二汽、华新水泥厂、大冶钢厂等省内 50 家企业列为扩大自主权试点单位,这让二汽有了更大的自由度。由此,黄正夏提出"自筹资金、量入为出、续建二汽"的设想,具体来说是将二汽经营中上交国家以外的一部分费用留存,由企业自行安排续建。从分配角度来看,这一思路与农村正在悄悄铺开的家庭联产承包责任制十分相似,只不过是应用在工业领域。黄正夏的提议得到了国务院的许可,二汽提出的这种模式,后来被称为"内涵式扩大再生产"。

1980 年 7 月,邓小平视察湖北,停留了 12 天。这是新中国成立后邓小平在湖北的最长一次停留,其间他视察了武钢、二汽、葛洲坝建设工地等一批与国家经济建设密切相关的企业和项目。7 月 22 日,邓小平到二汽视察。视察过程中,黄正夏请教了一个问题:"二汽是以建造军车起步的,关于二汽的发展,究竟是以军车为主还是以民车为主?"

"你们注意军车很好,但是从长远、从根本上来说,还是要发展民品。"[①]邓小平果断地说。

这句话使黄正夏下定决心进一步调整产品方向,把原来军用、民品 4.5∶5.5 的比例调整为 1∶9。

1981 年 2 月,国家机械委员会批准以二汽为基础成立"东风汽车工业联营公司"。这是我国第一家汽车工业联营公司,标志着汽车工业开始进

[①] 《二汽教父黄正夏》,黄正夏口述、葛帮宁整理,《汽车商业评论》,2008 年 08 期。

入联合、改革、发展的道路。春潮涌动的1992年,东风汽车正式改名为"东风汽车集团"。

主力发展民用车和自筹资金发展建设,两个关键选择盘活了二汽。1997年7月1日,中国人民解放军首批驻港士兵通过落马洲口岸和文锦度口岸进入香港,乘坐的就是东风产的EQ140。这成为EQ140和二汽历史上的高光时刻。

湖北自近代就是我国工业发展较早的地区。在新中国成立后,由于优越的地理位置,湖北依靠自身的工业基因,成为全国重要的工业基地。"一五"期间,国家确定的156项重点工矿业基本建设项目中,有8项位于湖北。从1959年一直到改革开放初期,武汉的工业总产值仅次于沪京津,位居全国第四。

在湖北的"共和国长子"里,能与二汽相提并论的只有武汉钢铁厂。20世纪70年代末80年代初,武钢是全国重工企业的明星。

20世纪70年代初,随着中美关系正常化,中国逐步回到世界大家庭中。借此契机,中央决定三五年内引进一批国外的先进技术设备,预算总计43亿美元,被称为"四三方案"。"四三方案"最终引入了26个大型工业项目,所有项目中,武钢的"一米七轧机"单项投资最高。耗资6亿美元"迎娶"来的"一米七轧机"达到了当时的国际先进水平,热轧速度最大可达到每秒23.26米,25台电子计算机监控着长达3公里的生产线,可以实现无人值守、自动化生产。1978年12月12日,"一米七轧机"生产线正式投产,全厂欢腾,可是,计划经济时代武钢的效率难以匹配这条具有很高技术含量的生产线。

40年后的2018年,负责武钢项目的日方总工程师龟山弘还能用中文写下"没关系""没办法""铁饭碗"9个汉字,并且用中文念出来。这是他在中国员工嘴里听到最多的几句话。"没关系""没办法"是遇到问题后的托词,"铁饭碗"则解释了为什么效率低。

1980年底,联邦德国《世界报》记者赫伯特·克伦普写了一篇武钢的通讯文章,题目叫《在冶金大街上鸡在火车头下咯咯叫》。显然,经历了战后重建和经济高速发展的他难以理解武钢所展现出的低效:"建筑工地看起来就像一场激烈的炮战之后的战场一角……上午11时,工人们还在钢板或车床上酣睡。上班两个小时后,就有人敲着碗筷去吃饭……"这与龟山弘的感受是相似的。要知道,赫伯特·克伦普笔下的武钢在五个月前刚刚送走前来视察的邓小平。

工人事不关己的精神状态像是带毒的藤蔓,它先是攀附在任何可以看到的空间,占据人们的视野,然后勒进企业的皮肉里,危害企业的安全。1980年和1981年,武钢共漏流钢水8000多吨,损失100多万元。其中最严重的是1980年12月20日,一只38吨重的大钟从64米的高炉上坠下,造成6死7伤。武钢事故频发让中央震惊,中央派出冶金部部长李东冶来武钢坐镇指挥。部长刚落脚武钢,第二天,又有60吨钢水泄漏。见到此景的李东冶怒不可遏:"你们好大气派,把一炉钢水泼在地上来欢迎我?!"

就是在这个背景下,1981年8月,湖南华容人黄墨滨调任武汉钢铁公司经理。黄墨滨一生都在与钢铁打交道,先后在唐山钢厂、天津钢厂、石景山钢铁厂、太原钢铁公司、包头钢铁厂担任一把手。摆在黄墨滨面前的急迫任务有两个,一是把拥有12万员工的武钢带回正常企业的轨道,二是让国家重资引进的"一米七轧机"项目顺利投产。

黄墨滨到任后,严抓纪律和管理,颁布了"20个不准"。"不准上班迟到早退""不准上班睡觉""不准上班喝酒"等等。这些现在看起来已经属于常识的公司管理规定竟然遭到了工人的抗议,人们背地里管黄墨滨叫"黄扒皮"。"黄扒皮"也不含糊,既然现代化的管理要求难以推行,黄墨滨干脆发起干部改革,"扒"下附在武钢这个庞然大物身上的"老皮"。改革中,400多名处级干部"下野",340名大中专知识分子"上台"。4000名科级干部中变动了2000多人。整个干部队伍调整面达到60%,公司大专以上文化程度的干部由20%上升到83%。曾为武钢撰写报告文学的记者马金山在武钢看到,年轻的父母面对啼哭不止的幼儿时,会大声训斥:"再哭就叫黄墨滨来!"

1982年,结束武钢的指导任务两年后,龟山弘再访武钢,发现设备的老朽超乎想象,生产量提升慢,成品率低。龟山弘做出预测,如此下去,不出三年,武钢的"一米七轧机"生产线就要报废。因为看着轧机项目一点点建起,龟山弘对项目充满感情,他没有选择作壁上观,而是写了一份长达8页稿纸的建议书,从管理意识、业务分担、奖金制度等6个方面毫不客气地指出武钢的种种问题。龟山弘不必顾忌中国的政治气氛,但一个日本人否定了中国的重大工业项目并提出了一系列建议,对于收到建议的中国人而言,建议本身可能就附带着巨大的政治风险。龟山弘没想到的是,黄墨滨完全接受了他的建议,而经历干部改革后焕然一新的武钢也做好了让"一米七轧机"投入高效生产的准备。

1985年,武钢钢产量由1980年的276万吨增长到398万吨,废品的绝对量由27.6万吨减少到10万吨,"一米七轧机"项目达到设计水平,利税每年增长1亿以上。1990年,"'一米七轧机'系统新技术开发与创新"项目获得国家科技进步奖特等奖。

在国企规范企业制度,实行更严格的管理,让一部分散漫成性的员工碗里的饭变少了,但还算不上打破了他们的"铁饭碗",更加彻底的国企改革要等到20世纪90年代中后期。从国企的层面来看,这类改革可以很快将企业拉出泥潭,带来收益,而且改革的对象也只是工人们长期以来形成的散漫习惯,这更大程度上削弱了改革的阻力。

社会上企业的改革方兴未艾,对于那些意图在市场上大显身手的企业来说,随着编制被锁定在他们手里的人才已经不够满足需求,他们的目光望向那些依然萧瑟的地方——可能是一家还没有热火朝天进行改革的企业,可能是学术风气浓厚又不知如何将知识转化成效益的学校或研究机构。在一个市场化的时代，单个企业的人才需求存在缺口，人才便会自由流动来填补这个缺口；但在一个还没有摆脱计划经济思维定式的时代，一个企业的人才缺口就像是精密机器上齿轮突然缺掉的一个轮齿，它会和这台叫"制度"的大机器产生摩擦。这样的摩擦在所难免，全国皆有。但在1982年，武汉工程师韩庆生和他所在的武汉仪表厂之间的摩擦，声音大到全国都在侧耳倾听。

韩庆生大学毕业后就进入武汉仪表厂工作。"文化大革命"打碎了无数张安静的书桌，韩庆生却和同事潜心研究电镀污水处理。当时的工人享受不到基本的劳动保护措施，在武汉火炉一样的夏天里，韩庆生在毒气挥发的试验棚里一待就是几个小时，因此患上了严重的皮炎。在电化学家查全性①教授的指导下，韩庆生的试验终于成功。1972年，污水处理站建成投产。

武汉仪表厂建成的污水处理厂，使用的是我国第一台电镀废水净化设备，填补了我国环保设备方面的空白，建成十年间，为该厂创造了1400万的产值。

1978年3月，国家召开全国科学大会，邓小平在会上强调"科学技术是生产力"，这次盛会标志着我国科技工作终于迎来了春天。武汉仪表厂接到通知，"双极性电解电极法处理含铬废水"在全国科学大会上获了奖，需要派人参加湖北省科学大会。

厂里的人都知道这个项目能够做成，韩庆生是大功臣，至少他身上那时常发作的皮炎就是无法抹去的证据。当厂里要求票选参会代表时，韩庆生毫无疑问地当选。结果党委负责人不同意，要求重新选举。重选依然是韩庆生当选。最终厂领导按照自己的意志指定了一位车间负责人出席大

---

① 在1977年8月邓小平在北京召开的科教座谈会上，正是担任武汉大学代表的查全性教授，向邓小平当面提议应该恢复高考招生，以此培养建设人才。这个提议得到了邓小平的支持，即使已经过了时间，国家还是一刻不敢耽搁地在当年冬天就恢复了高考。

会。大会过后,仪表厂员工从广播里听到,这名车间负责人成了受到大会表彰的电镀污水处理设备的"发明人"。

韩庆生受到的明显排挤还不止于此。1978年底,一批净化设备配件不齐,韩庆生认为不能在这样的情况下把设备发给客户,车间负责人却坚持发货出厂,二人的矛盾进一步加深。年末发奖金时,其他同事得到10元,韩庆生只得到5元,车间负责人和他的图书管理员夫人每人却得到了20元。

随着生产净化设备的工厂越来越多,韩庆生希望改进一下本厂的产品。厂领导没有理睬他的提议。愤怒的他又提出调离仪表厂,厂领导却说他这是"要挟""讨价还价"。

就是在这样的大环境下,当韩庆生在1980年接到武汉市洪山区九峰公社的聘请时,欣然同意利用业余时间为他们设计产品、提供技术服务,把自己无法在单位实现的改进设想换一个地方实现。韩庆生和其他三名工程师为九峰公社农机一厂设计了两套生产污水净化器的图纸,编写了两万多字的产品技术说明。在前往九峰公社进行技术援助前,韩庆生也曾犹豫过,后来他想起在《人民日报》上读到过,纺织部在改革中允许国营工厂的科技人员从事业余设计,这给了他一些勇气。不过韩庆生始终小心翼翼,每次指导结束,农机厂开着拖拉机送韩庆生回家,韩庆生总是让拖拉机停在离仪表厂一公里外的地方,自己步行回家,以防被厂里人怀疑。

韩庆生此前在武汉仪表厂供职21年,全职月工资只有50元,加上他妻子每月35元的收入,要养活一家8口人,日子过得紧巴巴的。农机一厂付给四名工程师的设计费是每人400元,此外每人每月还接受厂方提供的"辛苦费"50元,韩庆生额外得到了说明书封面设计费10元。1981年4月起,韩庆生和其他三位工程师一致决定不再领取报酬,算下来韩庆生一共领了5个月"辛苦费",得到的总报酬为660元。

此前,九峰公社农机一厂已经濒临倒闭,在接受四位工程师的帮助之后,厂子起死回生,盈利超过19000元。

韩庆生等人的行为触怒了仪表厂,他们以党委名义发布"案情报告",指责韩庆生等人"窃取科技成果,收受重金贿赂"。1981年9月24日,经武汉市检察院批准,韩庆生被捕。

1981年1月,国务院科学技术干部局就已制定了《聘请科学技术人员兼职的暂行办法》。办法规定,聘请单位可根据工作任务量和工作成绩,对兼职人员给予适当的职务(技术)津贴。辩护律师据理力争,认为韩庆生耗费了一千余小时的业余劳动,获得六百余元的报酬,这种利益是劳动所获的正当合法收入,没有造成社会危害性,国家、集体、个人三方受益。

1982年8月14日,武昌区人民法院宣判韩庆生无罪释放。武昌区检察院向武汉市法院提出抗诉。

1983年1月3日,韩庆生接到中组部落实知识分子政策办通知:中央已经派出代表团到武汉解决问题。三天后,没有开庭,便由湖北省高级人民法院宣告韩庆生无罪,仪表厂被要求恢复韩庆生的名誉并道歉,并返还已经上缴的全部报酬。

韩庆生作为全国第一个因为兼职行为被"判刑"的技术人员,让本案超越了一般的司法腐败案,获得了穿透时代的影响力。当时,国营企业技术人员利用业余时间在乡镇企业兼职是一个普遍的社会现象。有统计显示,当时国内技术人员有800万人,其中1/3无事可做,与此同时,随着改革开放,刚刚创办起来的乡镇企业正处在用人之际。让包括人才在内的资源流动起来、合理配置,正是市场经济要讨论的根本问题。

当时还没有双休日,技术人员只有在全天休息的星期日才能够整日服务兼职企业,社会便把这些人叫作"星期日工程师"。

如果人才的流动没有企业设下藩篱,那么工程师就是工程师,在每一周的每一天都是工程师,而不仅仅是"星期日工程师";如果国有企业能够将这些技术人员很好地利用起来,那么对于技术人员而言是人尽其才,对于企业来说则能创造出生产活力。

1983年,素以爱才著称的武大校长刘道玉将韩庆生调入武汉大学专职搞科研。1983年9月,韩庆生的科研工作取得重大进展。他发明的新技术被转让给武汉第二拖拉机配件厂,技术转让所得的5万元,按照规定,90%纳入学校的科研经费,10%为研究团队所得[①]。韩庆生在今后的日子里终于用自己的技术为家人换来了舒适的生活。1987年3月,"星期日工程师"一词第一次登上《人民日报》。1988年1月,国务院专门发文,允许科技干部兼职。韩庆生以一种被动的方式,推动了国家人才制度的改革。

国有企业是新中国成立后最原生的企业形态。虽然在改革开放后的40年时间里,国有企业一直处于漫长的改革、改制过程中,40年过去仍然没有到收尾之时,但是在改革之初,国有企业在自有的框架下先行活跃起来,对于蓄势待发的以乡镇企业为代表的其他公有制企业和私营企业,具有极大的带动作用。

在改革开放初期的几年里,湖北省工业总产值中,国有企业占比由1978年的77%下降到1984年的71%,集体企业由1978年的23%上升到1984年的29%,以公有制为主体,多种所有制共同发展的格局初步形成。此外,省内轻工业占工业总产值的比重从1978年的46%上升到1984年的48%;产业结构趋于优化,轻工业落后于重工业的局面开始改变。1983年,湖北打破了工业企业执行了30年的"大锅饭"式的平均主义工资分配制度,企业职工的工资首次与企业效益挂钩;1985年起,政府不再统一安排企业职工的工资调整,企业职工的工资与本企业的经济效益同步增减。一种更轻盈、市场化的风气已经在荆楚大地吹拂。

这样的经济环境,为一批白手起家的企业家铺好了舞台。

---

① 关于科研人员在科研成果转化后的分成比例,国内也是由武汉第一次以制度的方式明确下来。详见第七章"拥抱移动互联网"中提及的光谷"黄金十条"。

先行者的样子

从一无所有起家,周作亮身上有着楚地先人"子男五十里创业"的气息。与在汉正街上呼风唤雨的盲商郑举选相似,周作亮也是在童年就落下了残障。9 岁那年,一场大病让他的左腿弯曲、右腿萎缩,双腿无法正常直立。

周作亮生活的村子叫幸福村,位于湖北潜江市张金镇。1969 年建村的时候,村名按照中国传统定得很讨彩,叫幸福村。幸福村的村民并没有多幸福,问题出在土地上:以村里的土地,搞好农业只需要全村一半的劳动力就够了,那些后来被社会称为"农村剩余劳动力"的村民成了"幸福"的分母。1979 年,周作亮找到村支书,提出村民不能光搞农业,还是要办企业、搞副业。他的建议得到了村支书的支持,搞企业是提高村民收入的必然选择。

周作亮儿时只念了两年私塾就跟人学习裁缝手艺了,已经做了半辈子的"土裁缝",想要搞企业,还是得从自己最擅长的行业下手。1979 年夏天,周作亮带着四处凑齐的盘缠和粮票,带着 13 岁的儿子挑着行李艰难地前往武汉求学。周作亮打动了国有红旗服装厂的总工程师,后者破例收下了这个远道而来的跛足学徒。经过系统的学习,周作亮回到村里成立服装厂。1979 年年底,"幸福服装厂"的牌子挂了出来。在创业初期,全厂只有

7名职工、7台缝纫机,一年下来创下2万元产值,盈利5000元,这让村子真真切切地看到了走向幸福的希望。

此后的四年,周作亮通过向财税部门借款扩建厂房,走出去学习新技术、了解新的市场信息,招收技术人员为村子里的年轻人进行岗位培训,幸福服装厂越做越大,拥有了一条自己的服装生产线。到1987年,周作亮作为"全国最佳农民企业家"走进中南海受到党和国家领导人接见的时候,幸福服装厂的员工规模已经达到1200人,产值突破2000万元,实现利税310万元。

另一个后来以创办乡镇企业闻名的湖北企业家是周宝生。

他和周作亮几乎同时起步:1979年,周宝生辞掉化肥厂的工作,回到嘉鱼县官桥八组担任生产队队长。1980年,周宝生在《人民日报》上读到了题为《阳关道与独木桥》的文章,这篇文章的小标题为"试谈包产到户的由来、利弊、性质和前景",由新华社记者吴象所写。1984年,中国第一次评出了我国经济学领域的最高学术奖"孙冶方经济科学奖",《阳关道与独木桥》一文在发表4年后以论文的形式获奖。周宝生把这篇文章翻来覆去地看了很多遍,决定实行分田到户,走在了湖北省全面推开家庭联产承包责任制的前头。

与周作亮一样,当周宝生开始带着村民搞企业时,最开始搞的也是小卖部、熟食店、冰棒厂这样体量轻、启动快的服务业或初级轻工业,可是不久,周宝生又做出了一个大胆的决定:开矿办厂。他到处跑批复,用个人资金作保,开设煤窑,带头下井,让项目当年投产,当年获益。此后,周宝生率领八组的村民利用"滚雪球"的办法陆续办起砖瓦厂、铸造厂、钉丝厂、手套厂、家具厂、沙发厂、金属结构厂等十多家企业,每年利润都在100万元以上。1985年,村民们过上了楼上楼下、电灯电话的日子。

从两个人的发展起步来看,似乎周作亮的幸福村更加稳健,只专注于服装行业;周宝生率领的官桥八组则在短时间内涉及过多的领域,犯了商业领域常见的忌讳,可是他们的经营理念却在未来的十多年里发生了调转:周作亮的幸福集团在急速扩张的过程中没有等到新世纪到来就轰然倒掉,它的故事将是湖北商业史在20世纪90年代留下的浓墨重彩的一笔,本书的后面还会讲到。而完成了原始积累的官桥八组却开始稳步前行,到2019年底,集体总资产稳步突破了30亿元,村民人均纯收入6.8万元,被誉为"神州第一组"。

周作亮和周宝生创办乡镇企业,实际上是在回应杨小运的需求。那个超卖万斤粮食、只求购买一台自行车的青年人,他的需求已经成了中国数以亿计的消费者的共同需求。华中师范大学研究农村问题的学者徐勇认为,由于当时我国宏观经济处于短缺状态,特别是生活消费型产品供不应求,这样的市场环境为乡镇企业提供了良好的生存土壤。

在湖北改革开放的历史上,除了国企负责人,其他白手起家的企业家起步的时间和完成财富积累的方式,与同期国内的其他地区的企业家相比并没有明显的优劣势。也就是说,大家都是站在同一条起跑线上的。显而易见的是,湖北在20世纪末至21世纪初有过一段经济逐步掉队的时期,其中更加值得思考的是,湖北的大型国企、"共和国长子"们在国企改革大潮中步履艰难几乎是不可避免的,但在经济上和市场上,对大型国企起到有利补充的乡镇企业、民营企业并没有在此时迎头赶上。其中的原因隐没在更多湖北商人的命运里。

为了探寻这个原因,本书至少还会介绍两位企业家:他们都起步于1982年,他们也都创造了后来享誉全国的湖北品牌。

1982年的春天,31岁的蔡宏柱抬起头,门口站着村支书。蔡宏柱是村里的"能人",村干部经常请他帮忙。村干部的请求背后,常常关系着全村人的福祉,这是他不能拒绝的理由。他还记得,18岁那年,他所在的宜昌县①青龙生产队队长递给他50元钱,告诉他这是队里一半的家当,希望他能以此为本钱想办法赚点钱回来分给大家过年,他硬是靠着一辆板车一头牛在周边崎岖的山路上拉车运货,凭着一身力气在几个月内挣到了1700元钱。这一次,村支书带来的消息是,村里希望把一间酱油厂交给蔡宏柱打理。蔡宏柱踏破了信用社的门槛,贷到一笔1500元的启动资金,开始用土法酿造酱油。小小的酱油厂越做越大,在20世纪80年代中后期的那一拨"关停并转"潮里,蔡宏柱整合了一批规模小、效益不好的企业,成功地将产品线拓展到汽水、香槟、白酒领域。

同样是在1982年,那年春天的广交会上,港商林捷文希望能够找到一家企业合作。他发现荷兰推出的一种"超浓缩无泡沫化学洗衣粉",经过国外市场验证,已经受到消费者的欢迎,最有影响的品牌是英国皇家协会产的"威洁33"。这个产品当时国内还没有出现,林捷文想找一家国内企业也生产这种类型的洗衣粉。

沙市日用化工总厂厂长滕继新得知了这个消息,主动联系林捷文。拿到配方后,他带领技术人员研制出样品。经香港洗涤用品检测站检测,样品不仅具有同样的效果,且色泽和荧光增白效果甚至超过"威洁33",于是沙市日化决定批量生产。

产品生产出来主要面向香港市场。1982年是香港的"活力运动年",产品的研制时间又耗时28天,于是沙市日用化工总厂模仿"威洁33",给新洗衣粉取名"活力28"。"28"也寓意厂家和商家"你发我也发"。产品概念新颖,质量好,连名字都是按照香港人的喜好取的,"活力28"在香港很快畅销起来。此后,通过一系列在当时堪称超前的营销方式,"活力28"成功地完成了口碑和市场的"出口转内销",闻名全国,也进入了漫长的起起落落的命运轨迹。可以说,"活力28"贯穿了湖北漫长的商业史,这个品牌发生的

---

① 2001年,国务院批准撤销宜昌县,设立宜昌市夷陵区。

每一件大事,或好或坏,都是其所处时代下,湖北商业环境的一次集中体现。

1992年,蔡宏柱关掉了酱油生产线,转而专注白酒产业,他们研发出了一种新的白酒,取名为"稻花香"。这成了全国闻名的白酒品牌。

1982年的蔡宏柱和滕继新不会知道,33年后,正是"稻花香"陪着"活力28"走完了一段旅程。

砰!

改革开放就像是一声发令枪响。一听到枪声,有志于成就一番事业的企业家们奋起一跃,发力狂奔。

可是周围的环境太模糊,他们不知道比赛的规则是什么,不知道赛道在哪儿,不知道要向哪个方向跑。他们以为到了终点线前的冲刺时刻,其实这只是耗尽他们耐力的一段漫长跑道的开始;他们以为前途坦荡正是无惧加速的好时候,突然出现的陷阱正等待着来不及减速而跌落的人。

旧的秩序已经被破坏殆尽,新的秩序还来不及建立。改革开放后的第一批企业家们,带着跟在他们后面上路的一批批追随者,在没有秩序的地方踏出秩序。有人倒下了,后来者会研究他倒下的位置、倒下的方式、倒下的原因,尽量让自己有智慧绕过同样的危险,可是横亘在远方的是那些不确定因素,考验着他们的经验、智慧、勇气,甚至面对人情世故的能力。

筚路蓝缕,以启山林。这句楚国先行者留给后世的话,似乎在商业世界的每一时刻都有用。

地域文化决定了地域性格,正是荆楚文化的深刻影响,来自湖北的商人以性格中的优势披荆斩棘,因性格中的劣势功败垂成。在楚商悲喜人生的背后,一条更不明显的、隐藏在表层之下的脉络渐渐显露——共同的性格基因,正在把楚商慢慢凝聚起来。

Chapter 2

第二章

大胆先行

1984—1988

武汉敢为天下先

刚听完市长在发布会上的讲话,武汉市几个商业部门负责人的脸色就阴沉下来了。

这是1984年6月。新闻发布会是市长吴官正亲自主持的,这个刚刚上任一年的武汉市长平时说话带着浓重的江西口音,让人一听就知道是外乡人。发布会上,他尽量把话讲得字正腔圆,因为他要做一个很重要的宣告:"地不分南北,人不分公私,一律欢迎来武汉做生意。"为了兑现这个承诺,武汉三镇将会拿出24万平方米土地,供国内外客商开发、投资。

吴官正的话音刚落,广州率先表示想来武汉展销轻纺产品。同广州的产品相比,武汉本地的轻纺产品缺乏竞争力。有关部门急得把公文直接递到市领导的办公桌上,表示"坚决反对",担忧"本地企业在家门口竞争,万一真垮了怎么办?"对于这样的疑虑,时任武汉市委第一书记的王群和市长吴官正给出了口径一致的干脆答复:"垮了活该。"①

事后来看,吴官正在1984年6月高调宣布武汉"开门迎四方客",和中央7月宣布将武汉列入计划单列市是有联系的。武汉成为计划单列市,意

---

① 《有胆略的决定——武汉三镇大门是怎样敞开的》,王楚,《人民日报》,1985年5月11日,第1版。

味着在试行综合经济体制改革时,市委、市政府的灵活度更大,更有利于破除旧思维、旧框框,为他人所不敢为。以计划经济的视角来看,如果经受外部竞争冲击,导致某一座城市的一个行业垮掉了,政府有义务保障这个行业的从业者的生计。但计划经济的话语前提不存在了,王群和吴官正心里明白,实行保护落后的措施,只能使本市产品永远落后,落后的企业过得了今天,过不了明天。反之,"他山之石,可以攻玉",开放不是"引狼入室",而是"放虎出城",是武汉腾飞的必经之路。

更长远地看,中国的改革遵循着这样一条脉络:先是中央从顶层设计上松绑,民间最先做出反应的是农村和农民,随后过渡到国有企业,催生乡镇企业。发展至此,改革所释放的第一波自驱力已经完成,想要继续推进改革,需要另一股力量贡献推力,这就是各地地方政府的改革决心。虽然中国自古以来就通过郡县制维持着中央到地方高度集权的管理,但庞大的官僚体制自身便隐藏着大量的信息不对称。越是深入到社会方方面面的大型改革,各级政府对于中央的改革决心、改革目标越容易出现理解偏差。在当时,并不是每一地的地方政府施政者都敢于率先突破,甚至政府官员中依然有人对改革心存犹豫。武汉的幸运是,当一根名叫"胆识"的接力棒传到王群和吴官正的手里时,他们勇敢地接住了它,并把它传递下去了。

根据《人民日报》记者的统计,在开放武汉三镇不到一年的时间里,外省市在武汉办厂办店460多家,外地、本地合资、本地独资兴办的厂、店11500多家,平均每天有36家厂店开业;省外进武汉和经过武汉输往各地的日用消费品品种超过5300种,金额占武汉市总成交额的40%以上;同时,武汉市地方轻工产品10000多种,也源源不断地流向全国各地。

摆开八仙桌,招待十六方。武汉迎来的"客"不仅是外地的企业和商品,几个月后,武汉又迎来了一位让全国大吃一惊的客人。

1984年11月1日,65岁的德国人威尔纳·格里希(Werner Gerich)从吴官正的手里接过了聘书,正式出任武汉柴油机厂的厂长,成为新中国成立后第一位担任国营企业厂长的外籍人士。

"洋厂长"受聘武汉也是国际友好城市结出的果实之一。1982年10月,武汉与联邦德国杜伊斯堡市结成国际友好城市,双方展开多项交流。联邦德国有一个退休专家服务局,宗旨是负责组织具有专业特长、身体健康的退休专家为发展中国家担任技术顾问、提供技术咨询。1983年年末,杜伊斯堡市通过联邦德国退休专家局向武汉派出了第一批专家。1984年9月,机械制造专家格里希也通过这个项目来到武汉,在对口的武汉柴油机厂担当顾问。

1957年,武汉通用机器厂的员工仅依靠图片就制造出了新中国第一台手扶拖拉机,轰动一时。但过往的辉煌已经无法掩盖武柴的衰败。格里希来到武柴后发现,武柴的管理远远达不到现代企业的要求,职工纪律松散,产品质量欠佳。格里希在对武柴进行仔细的研究后,写出了10万字的咨询意见,提出了100多条建议。严谨的德国人显然对武柴的现状恨铁不成钢,每当看到不合理的现象,他就会蹦出一句口头禅——"如果我是工厂的厂长"。

言者有意,听者也有心。中方为格里希配备的德语翻译向武汉市政府汇报了格里希的愿景:如果能够出任武柴厂长,他将会在短时间内使柴油机产量增加,柴油机寿命延长。

巧的是,一年之前,1983年7月,邓小平在同中央几位同志谈话时便指出,要利用外国智力,请一些外国人来参加我们的重点建设以及各方面的建设,应该很好地发挥他们的作用。① 这样一看,引进外国智力符合中央改革方针,是值得一试的好办法;更何况以经营困难的武柴为试点,即使不成功,也不会造成太大的影响。聘请格里希担任武柴厂长的提议上报市委后,迅速得到了批准。市政府外事办在通知格里希这条好消息的时候对他

---

① 《改革开放四十年大事记》,中共中央党史和文献研究院,人民出版社,2018年12月。

说:"只要你不把武柴引向资本主义,什么改革方案都可以实行。成功了是你的功劳,失败了不由你负责。"

领到聘书后,格里希迅速走马上任。虽然已经是一个65岁的老人,但他每天要花上最少半天的时间巡视全厂,随时发现问题,随时解决问题,星期日也不休息。经历了漫长的"大锅饭"时代,中国国企面临的问题都是一样的。相较于黄墨滨对武钢的改造,格里希对武柴的改革看似也是从规范员工日常行为着手,但比起他身为德国人的严谨,对于中国而言更可贵的是,格里希是在西方工业管理的实践下历练出来的工程师,他的严苛不仅仅是将工厂与工人的关系还原为聘任关系,他提出的明确权责意识、严格执行生产流程中的各项标准、让不遵守生产规则的员工付出违规成本,这些措施都是为一套完整的质量管理体系服务的。在还不知道"六西格玛"或是"ISO"的中国制造业,格里希在武柴所释放的"魔法",仿佛是让人目眩神迷的奇门遁甲之术。

1986年11月,在武柴担任厂长两年整的格里希结束任期返回故乡。临行前,他用业余时间起草了26万字的武柴改革系统方案,明确了全厂每一个岗位的人员素质、职责范围、指挥权限、工资级别等,对包括厂长在内的工种岗位分别提出了职业道德规范、岗位行动准则、全方位的考核标准。

格里希为武柴作出的贡献让国人十分感动。1986年出版的图书《格里希在武柴》,由时任国家经委副主任朱镕基作序。朱镕基写道:"我们应该学习他不图安逸,不远万里来到中国,忘我地为武柴工作的奉献精神;学习他从细小而关键的事抓起,说到做到,一抓到底的求实精神;学习他严于律己,永不满足,一丝不苟,认真负责的精神;学习他时时处处精打细算,勤俭办厂的精神。"为了感谢格里希对武柴和武汉的贡献,他先后被授予武汉市荣誉市民和武汉大学经济与管理学院名誉教授称号。虽然离任,格里希依然对武柴心怀挂念,但武柴的发展却没有如他所愿。1998年,武汉柴油机厂全面停产,成了武汉人始终不愿意告诉格里希的一个公开的秘密。

2003年4月17日,格里希在德国逝世,享年84岁。格里希生前希望能够将自己的骨灰撒在长江中,好亲眼看着中国崛起、伴着武汉壮大,却因为种种原因没能如愿。两年后的这一天,2005年4月17日,一座2.78米高的威尔纳·格里希的铜像被竖立在武汉汉正街工业区广场中央。这位德国老人终于可以一直守望着这座他晚年遇到却挂念终生的城市。

2018年12月18日,格里希与松下幸之助、李光耀、萨马兰奇等十位外籍友人获颁"中国改革友谊奖章",这是党中央、国务院在改革开放四十年之际为对中国改革开放事业作出杰出贡献的外籍人士给予的最高荣誉。

对于大部分武汉市民而言,"市长请广州人来做生意"和"武柴出了个洋厂长"的新闻只会出现在报纸上,最多不过是街头巷尾街坊见面聊天时一个可有可无的谈资,但武汉的另一项改革却影响到了每一张饭桌。

1984年7月,武汉市政府打破了一个全国其他地方不敢触碰的"禁区"——宣布打破蔬菜统购包销的供销体制。说它是"禁区"是因为在武汉改革之前,长沙市和广州市越秀区都曾经尝试对蔬菜供销体制进行改革,放开几天后又匆匆改了回去,足见蔬菜作为日常生活中最为重要的一类商品,关于它的供销体制改革有多么敏感和复杂。

武汉自1959年开始对蔬菜实行统购包销,当时处于一个生产短缺、供不应求的市场环境,因此计划经济的统筹方式一定程度上保证了城市居民的生活物资供应。但是20多年过去,蔬菜统购包销的弊端逐步显现:首先是蔬菜市场的供需缺乏弹性,一些稀缺的蔬菜价格无法随行就市;其次,缺乏弹性的价格反馈到从业者身上,让菜农们缺乏生产积极性,商场缺乏经营积极性;再沿着这个逻辑链梳理下去,无法通过市场调节的部分,政府就要用补贴来兜底,因此政策性补贴也逐年上升;最后,由于市场调节缺位,蔬菜生产需要行政手段进行干预,导致生产蔬菜的郊区干群关系紧张。

曾担任武汉副市长的王明权讲了这样一件事:郊区干部为了完成市里下达的指令性收菜计划,强制禁止农户上街卖菜,甚至出动民兵没收农户的板车、杆秤等卖菜工具。结果有一天,武汉洪山一个党支部书记家里失火,被书记没收过卖菜工具的社员在一旁袖手旁观。社员说,既然宪法没有规定社员可以上街卖小菜,就也没有规定书记家着火社员非要出来救。

在蔬菜生产流程的源头,干部群众之所以产生矛盾,其实也是因为干部为了保证市场供应,而对农户采取了一些过激的手段。可是即便如此,处于供应链下游的市场却没有好到哪里去。由于统购价格一样,菜农会追求亩产,等待蔬菜在地里产量大增、长过季了之后再上市销售。当亩产达到1000斤的时候,菠菜口感还很鲜嫩,可是再多种几个月到亩产3000斤的时候,虽然农户销售收入增加到原来的3倍,但菠菜已经变成了没人爱吃的"烂菜"。好菜难寻,"烂菜"泛滥,市场上出现了"劣菜驱逐良菜"的现象。

为此武汉市政府曾经在1984年4月尝试对蔬菜市场实行"管八放二"的政策,对20%的小品类的蔬菜放开管制,随行就市。市场迅速做出了反应:品相好、口感好的应季蔬菜争先恐后地抢占"放二"的窗口流向市场,甚至属于"管八"范畴的统购蔬菜,农户也不愿卖给国营收购站。市场有自己的逻辑,即使想要按照一定的节奏慢慢放开供需管制,机械化的行政指令也没有能力预知市场的变动趋势,反而弄巧成拙。武汉市政府意识到了这一点,开始研究尊重市场规律、全面放开蔬菜供销体质的改革方案。

1984年7月22日,《长江日报》头版头条抢报了蔬菜供销形势实行重大改革的新闻:8月10日开始,生产者和销售者将走出统购包销的框架,按市场需要生产,按市场需要供应。新闻见报的当天晚上,各收购站灯火通明,80多家菜场派出采购员进站采购,乡村干部敲锣打鼓上门祝贺,还没等到8月10日,新型的蔬菜经营体制已经提前开始运转起来。

和改革初期所有被放开的领域一样,武汉的蔬菜供销制度改革也经历过阵痛。1985年春节,刚刚实行蔬菜供销体制改革半年,市长电话就被打爆了,其中90%以上的电话都是在抱怨"没藕下锅"。武汉市民有春节煲藕汤的习惯,可是这一年春节前,商业部门的采购计划没有落实到位,加上突然出现反常的天气变化,导致临近春节,市场上的莲藕储备不足。而藕农早已回家过年,即使政府给予补贴,也没法动员藕农再回去挖藕。这个年,武汉人没过好。

事实上不只是武汉,全国各地在取消统购包销的蔬菜供销制度后都难以避免地经历了副食品供应偏向紧张的时期。从新的市场制度向上推导,它的背后应该有一套新的生产机制作基础,有了生产作保障,政策性力量才能对生产和流通环节进行调控,从而尽量压平市场在波动过程中过大的波峰或是波谷,让国民享有长期供应、价格适中的农副产品。为此,从1988年开始,农业部提出建设"菜篮子工程",重点解决市场供应短缺的问题,最终实现农副食品的人均占有量可以达到或超过世界平均水平。

武汉的蔬菜供应紧张局面一直持续到1995年之前。面对市场上起伏的菜价,市民们编出了"大雪纷纷下,萝卜白菜都涨价","老汉活了六十岁,没见白菜比米贵"等顺口溜。

在改革的每一个时间节点,"改革深水区"所指代的事物是不同的。在1984年,蔬菜供销体制改革就是一个全国各地都感到难以触碰的"深水区"。从商业视角来看,打破蔬菜的统购统销,是继汉正街出现个体工商户之后,武汉为全国改革带来的另一项创举。如果在人民的生活中,蔬菜这一类高频消费的生活必需品尚不能做到价格随行就市,这样的商业大环境便与真正的市场化相距甚远,也很难孕育出大批的商业群体。

"市场化",对于改革初期的人们来说,还是一个太过陌生的词语。归根究底,市场化的一大特征是终端消费者拥有自由选择的权利,即消费者总能在市场上找到更好的商品或者服务的替代品,才能倒逼供给方优化商品质量、降低商品价格、提供优质服务,但是在一个物资紧缺型社会,消费者无法自由选择,市场就会天然地存在着一些具有垄断性质的组织,不用优化商品或服务,依然可以存活得很好。想要用市场手段对这类组织进行改造,会是一个很漫长的过程。需要注意的是,当时中国还没有在市场上

第二章　大胆先行 1984—1988

天然形成的垄断企业，所有的垄断都来自于行政垄断，政府给了它们垄断地位，也自然有责任要求它们在保持垄断的前提下提升产品或是服务的质量。遵循这个逻辑，发生在1985年的一件小事，以一种"运动化"的方式，扭转了武汉市窗口行业服务态度不佳的风气。

3月16日清晨6点，一个皮肤黝黑、披着大衣的男人踱步到了武汉港十五码头，他是吴官正。前一天晚上，两位外地同志找到吴市长家里反映："武汉市有些旅社、码头的服务态度太差了！"担任市长之后，缺少睡眠已经成了一种常态，但这一夜让吴官正格外窝火。早上5点多，吴官正就爬起来，决心亲自探访武汉港。

事实上，对于武汉市窗口行业的服务态度问题，吴官正早有体验。吴官正想不到有同志竟然投诉到家里来了，这一次他决心彻底改变这一面貌。

6点30分，一位旅客匆匆来到码头有礼貌地问道："这是去上海的船吗？"站在那儿的几名服务员没有一个搭理他。吴官正忙上前给这位旅客"帮腔"："这是不是6号轮？""不是！莫讲些鬼话！"一名服务员不耐烦地开口了。吴官正刚要开口反驳，这名服务员反而更凶了，知道顾客遇到不悦第一时间会想到投诉，服务员反而"大方"地拍着胸前的工号给吴官正看，并大声说"省委书记来看都不怕"。见到吴官正呆立不语，另一名服务员把手里的剪刀等检票设备塞了过来，嚷道："站在这里想收票？剪刀给你，你！也不看看你那个样子！"

一大早走了一遭，竟然又挨了一顿数落，当天下午，吴官正便在市政府机关邀请省、市新闻单位的几名记者，向他们征询对服务行业的工作意见。会间，他向记者感叹道："我活了四十多岁，第一次挨这样的骂，不好受。可武汉市的老百姓和来汉的客人该挨了多少这样的骂哟！一些车站、码头、商店、旅社服务态度差，服务水平低，让群众'拿钱买气受'，我感到很难过，我这个当市长的该检讨!"①吴市长在武汉港的遭遇被媒体曝光后,引起社会的巨大反响,由此展开了一场全市人民参与的大讨论。原本,群众被服务人员呵斥之后,会像吴官正早年一样默不作声自我消化,但社会讨论将这一现象变成了一种社会议题,"服务行业从业人员理应态度友好"也成为一条全民参与监督的行业标准。

12年后,1997年2月15日,已经履任江西省委书记的吴官正在武汉《市场指南报》上又看到了当年骂他"讲鬼话"、让他看工牌的服务员熊世祥。这一次,报纸报道了熊世祥和武汉客运总站的先进事迹。吴官正读完报道,专门给该报的总编辑写信,信中说"贵报关于熊世祥同志和武汉客运总站事迹的报道,读后兴奋。熊世祥同志十几年来,以自己的优质服务,树文明新风,赢得了人民群众的称赞和感谢,很值得我学习。祝他们在新的一年里取得更优异的成绩"。

问候转达给熊世祥后,熊世祥也十分激动:"当年我骂他'讲鬼话',他对我没有怪罪,而是勉励;现在知道我取得了一些成绩,他还继续给我以鼓励。我会永远记住人民的好市长。"

改革的本意就是回归市场,因此武汉在改革先行的路上,需要着重做好的就是两点:第一,把应该由市场调控的品类还给市场去调节,开放武汉三镇、改革蔬菜供销体制属于这一类;第二,让不适应市场竞争的市场参与者赶上市场节奏,格里希严格治理武柴、对于窗口行业服务态度的大讨论就属于这一类。武汉敢于改革、在细微处改革,除了施政者的开明,还因为它已经拥有了属于自己的改革时代的城市梦想。

这个梦想叫"两通起飞",是武汉大学教授李崇淮在1983年提出的。李崇淮认为,武汉的地理位置是这座城市的基准优势,也是武汉未来改革的一个前提。武汉的经济体制改革要以交通和流通作为突破口,把武汉建

---

① 《武汉市长"微服出访"——竟遭服务人员辱骂》,《人民日报》,1985年3月24日,第4版。

成"内联九省,外通海洋"的多功能经济中心。按照李崇淮的构想,"两通"包括广义上的交通,就是运输、邮电系统;也包括广义上的流通,就是商流、物流、资金流、信息流。随着改革的推进,武汉将逐步发展成交通运输中心、内地贸易中心、对外经贸中心、工业基地、农副产品集散中心、金融中心、旅游中心、科教中心及信息咨询管理服务中心,最终以武汉多功能中心的城市定位带动武汉地区、湖北地区及周边省份全面迅速的发展。简单来说,"两通起飞"是武汉面向全国,以开放政策促进改革的尝试,它为武汉带来了短期内的兴旺景象。

"工业兴国"的观念还存在在当时大多数人的脑海里,"两通起飞"一提出就遭到了质疑。从现在的眼光来看,李崇淮的"两通起飞"的一个重要内涵是,在武汉的未来发展规划中,第三产业将占据重要比重。这个理念是超前的,武汉市政府采纳了李崇淮的建议。

以"两通"目标为驱动力,武汉在这段时间内拿下了许多全国第一:

1984年7月,李崇淮率先提出运用股份制,出版了建国以来关于招股集资的第一本专著——《股票基本知识与实践》。

1984年9月,武汉在全国率先成立城市信用合作社——汉正街城市信用社。

1986年1月,武汉被定为中国第一批金融体制改革试点城市。

1986年10月,以同业拆借、票据贴现、证券交易为内容,由中国人民银行武汉市分行直接操作和管理的跨地区、综合性、多功能的"武汉资金市场"成立,是全国起步最早、持续时间最长、融资量最大的资金市场之一。[1]

1987年6月,武汉创办了全国第一家为下海科技人员服务的"孵化器"——东湖新技术创业者中心。这里不仅提供场地、帮办执照,还可用银行贷款大胆投资在孵企业。

---

[1] 《武汉金融继往开来再铸辉煌》,《金融时报》,中国金融新闻网,2019年9月26日。

1988年1月,澳大利亚退休专家肯·海思承包了位于武汉的长虹模具厂模架分厂,成为新中国第一个承包中国企业的外国人。

1988年4月,国库券开始上市转让,武汉市被确定为全国第一批7个国库券转让试点城市之一。为适应国库券上市买卖和中介机构间调整库存结构的需要,武汉市试办武汉证券交易所。

1988年5月,武汉市企业兼并市场开业,这是我国第一个以企业产权为交易商品的市场。

……

"两通起飞"为武汉制定了庞大的梦想,但这座城市同时拖动着来自计划经济时代的沉重肉身。理想与现实相互抵消,最终让武汉没能在之后的20年如规划一般发展。现在回看激情改革时代武汉闯下的诸多"第一",有些成了不可重温的旧梦,有些成了这座城市未来重启的基石。一如幽暗时代武汉勇敢擎起的火炬,烧落的灰烬滋养了土地,明灭的微光直抵远方,没有一丝热度被时代忘记。

珞珈山下，东湖水边

1985年到1986年，在中国突然掀起一股"长江漂流热"，在这两年里为了争夺"首次全程漂流长江"的荣誉，11个人献出了生命。1986年，29岁的艾路明并不准备参与这次竞争，他漂流的终点是武汉，而不是专业漂流队所定下的上海。对于艾路明而言，这次漂流只是一次"补票"——早在1981年，他就完成了从武汉漂到上海的旅程，从小在江边长大的他想把上游也漂一遍，给自己拼出一段完整的漂流长江的经历。

湖北社科院主办的杂志《青年论坛》①赞助了艾路明一条皮划艇。艾路明从沱沱河漂流到云南境内，原本他不想错过水势最险恶的虎跳峡，在当地老乡的极力劝说下，他最终决定徒步绕到虎跳峡的下游，再继续向武汉漂流。在蜿蜒的江面上，掌控着他生死的力量不只有他自己的选择。

32年后，已经成为楚商的代表人物之一的艾路明回忆起为什么敢冒险漂流长江，最先想到的就是母校武汉大学的影响。

1981年8月22日，在毫无预兆的情况下，时年48岁的化学家刘道玉被任命为武汉大学校长，成为全国重点大学中最年轻的校长。当天《人民

---

① 这份杂志只存在了3年，1987年因为内容过于激进而停办。在它停刊前，有些首发在《青年论坛》上的文章甚至被《人民日报》《新华文摘》等媒体转载，颇具影响力。艾路明的校友和同门陈东升曾担任《青年论坛》北京记者站站长。

日报》的报道中提到:"有关部门认为,任命48岁的刘道玉担任全国重点大学的校长,这对于在人才济济的高等学校中打破论资排辈的现象,大胆提拔优秀中青年干部到主要领导岗位上来,将会产生积极的影响。"刘道玉上任后,推出了学分制、双学位制、转系制度、转学制度、插班生制度等改革,还大胆地取消了政治辅导员,创立了导师制。这些制度改革让武汉大学在20世纪80年代的全国高校中独树一帜,被称为"高教战线上的深圳",甚至有学生从北京大学、中国科技大学申请转学至武汉大学。尽管当时每一项改革都或多或少地遇到了阻力,在21世纪的今天回过头来看,正是武大的魄力,才能够让这些当时看起来超前的制度进入中国高等教育的视野,成为我国大学的常规制度。

林语堂曾说:"理想的大学应是一班不凡人格的吃饭所,这里碰见一位牛顿,那里碰见一位佛罗特,东屋住了一位罗素,西屋住了一位拉斯基。"20世纪80年代的武大,就是这样一个"不凡人格的吃饭所"。正因为如此,刘道玉对人才求贤若渴,千方百计引进学术人才,成功引入了包括杨小凯、叶汝琏、张尧庭等学术名家在内的近300人,还围绕武大原有的韩德培、姚梅镇、马克昌等法学家重建了法学系。

自由的气氛弥漫武汉大学,每个武大人都用自己的方式倚着珞珈山生长。

1983年的夏天,26岁的陈东升背着从家乡买来的斧凿登上珞珈山,本科就要毕业了,他想在武汉大学留下一点自己的印迹。陈东升出生在湖北天门,多年以后,同样是企业家的海尔创始人张瑞敏告诉陈东升,农家讲究"同心圆",陈家这一脉在天门没亲戚、没祖坟,所以不能算是土生土长。这与陈东升自己的感觉暗暗契合,陈东升的父亲陈万林出身贫苦,9岁时成为孤儿,16岁参加新四军,成为李先念部队第五师麾下的一员,跟随部队的征程让陈万林见证了中国近代史的坎坷,陈万林转业来到天门,在此落户。

1977年恢复高考,陈东升就迫不及待地参加高考,被吉林大学考古系预录取。这似乎是水到渠成的,陈东升从小就喜爱阅读,母亲单位订阅的报纸《参考消息》《光明日报》《文汇报》都是陈东升的课外读物。但可惜陈东升没能在恢复高考的第一年顺利入学。

1979年,陈东升再次参加高考,这一年,武汉大学政治经济系录取了他。武汉大学是陈东升改变人生命运的起点,在这之后的许多年,陈东升一直把武大当家。本科毕业前,陈东升找到天门的一位老石匠学艺,回到学校后,他带着斧凿登上珞珈山,找到一块形状还算平整的石头,把一个"始"字刻在了上面——千里之行,始于武汉大学。

本科毕业后,陈东升留在武大深造,在经济学泰斗董辅礽门下求学。多年后,陈东升先后创立了嘉德拍卖、宅急送物流和泰康人寿,成为武大校友在商业领域的领军人物。刻着"始"字的石头也成了珞珈山上的一处地标。2013年,武汉大学迎来120周年庆典,为了给母校生日献上贺礼,陈东升个人出资1亿元为母校建设了一座艺术馆。艺术馆以陈东升父亲的名字"万林"命名,外观被设计成一块飞来之石的模样,看起来就像珞珈山上的"始"字石被放大万倍,经过现代工业的精心雕琢后,轻轻地放在了珞珈山旁。陈东升的家国情怀、对母校的款款深情、生命深处无根的困惑,和根植在珞珈山旁的归属寄托,全都汇聚在万林艺术馆的结构里。

在同班同学里,陈东升有个要好的湖北老乡——来自石首的毛振华。虽然是同班,但两人的年龄相差7岁,比起有过上山下乡经历的陈东升,毛振华赶上了更好的少年时代。1979年毛振华考上武大时刚刚15岁。得益于刘道玉所推行的跨系选课和学分制,毛振华可以同时接触到经济学巨匠和哲学大师的思想。

"我扛着简单的行李,顺着山的标志,走向这高大的梧桐、幽静的山林;走向这绿色的琉璃瓦,灰白的墙壁,顺着这通向藏书的台阶",创作于大学时代的这首现代诗描述了毛振华从农村步入武大后的精神震撼,诗题为《我已然留在这里》。和陈东升一样,毛振华在珞珈山找到了自己的归属感。毛振华与陈东升同样是董氏门生,又在"九二派"大潮中双双选择下海,毛振华创办了中国诚信证券评估有限公司,这是中国第一家全国性的信用评级机构。

董辅礽招的第一个博士生是田源。在陈东升和毛振华还在读大学的时候,田源已经从武汉大学毕业,并留校教书。1983年,田源被调入国务院发展研究中心工作。该中心是改革初年一个重要的政策中心。1986年,田源随着中国经济体制改革考察团访问美国,在纽约期货交易所,田源第一次近距离地见识了期货交易。那时即使在金融中心纽约,期货行情还是以幻灯片的形式打在幕布上,见过此景的田源,一个念头在脑海中萦绕不散——他想创办一家国家级的期货经纪公司,参与到国际国内的期货市场中去。他为了这个念头奔走了6年。1992年,田源创办了中国国际期货经纪有限公司,成了"九二派"的另一个代表人物,这个刚刚博士毕业的年轻人,从此被认为是"中国期货业教父"。

创业多年后,1995年,艾路明也拜入董辅礽门下攻读经济学博士。由于艾路明本科、硕士阶段都是学习哲学出身,董辅礽给艾路明开出了几百万字的经济学资料,嘱咐他"你得把这些书看完"。

"九二派"忙着下海的时候,1992年和1993年,来自武汉的辜胜阻和来自河南南阳的庹震分别获得了第三届和第四届"中国十大杰出青年"称号。他们是武大经济系78级的同学。辜胜阻一直走在学术研究的道路上,彼时已是年轻有为的国策高参。庹震本科毕业后被分配到《经济日报》,从编辑岗位做起。1991年时,改革开放进入停滞期已经有两年之久,时任安徽铜陵市长的汪洋在《铜陵日报》上发表文章《醒来,铜陵!》,呼吁解放思想,引发了《经济日报》的关注。时任记者部主任的庹震将有关铜陵的文章引发的系列报道标题改为《醒来,不只是铜陵》。这组报道引发了各地的讨论,得到国务院领导的部分肯定。在邓小平起程前往南方的前一年,《经济日报》的报道预热了当时颇具寒意的舆论环境。

20世纪80年代的武大除了培养了一批经济学专业的改革弄潮儿，其他才华横溢的青年们也在这里学到了受用一生的知识。

1982年，毕业于武大物理系的于刚经由李政道主持的中美联合培养项目前往美国留学，先后取得了康奈尔大学物理硕士、宾夕法尼亚大学沃顿管理学院博士学位。毕业后，他在亚马逊、戴尔等国际大型科技公司的副总裁岗位上得到了历练。2008年，于刚感觉时机已成熟，与搭档一起联合创建了电商平台"1号店"。

就读于有机化学专业的罗秋平在学校读书的时候经常逃课，他更喜欢把时间放在学校丰富的课外读物上。随着阅历的增长，罗秋平开始将目光从阅读图书转移到阅读社会，他看到改革开放带来的市场活力和巨大的需求，放弃了继续攻读化学专业博士的机会，在1992年创办了洗护品牌"蓝月亮"。

当时很多学校有"不准谈恋爱、不准跳交谊舞、不准穿奇装异服"的"三不准"，这些在武大都不是禁忌。在校期间，学习法学的黄冈人江黎明结识了一个广东女孩，临近毕业时，江黎明决定为爱南下，进入广州海关工作。后来女孩顺利地变成了"江太太"，江黎明也在1994年下海去了香港。1998年，江黎明创立的佛山利泰贸易有限公司，后来一步步发展成利泰集团。

就在江黎明毕业的这年秋天，仙桃青年雷军进入武大计算机系学习，每天早上他都早早地跑到教室抢占最好的座位。雷军选修了许多高年级的课程，仅用两年时间就修完了所有学分。此后雷军不用再去教室占座，而是每天背着大包小包奔向校门外的广埠屯。随着改革开放，广埠屯已经发展成和中关村一样的电子一条街，雷军在这里可以"蹭"到电脑，帮助电脑城的老板解决各式各样的问题，把自己编写好的软件卖给有需要的人。

与雷军同班的陈一舟只在武汉大学读了一年半就随家人移民美国了，转入美国学校读书。多年后，另一名生在湖北、长在河南的互联网大佬周鸿祎曾经开玩笑地排名:"湖北人第一聪明的当属陈一舟,第二是雷军,我排在最后。"这样算起来,1987年的秋天,武汉大学计算机系拥有的智力资源冠绝湖北。

大三时雷军拉上隔壁学校武汉测绘科技大学的好友王全国和李儒雄开始了第一次创业,与大部分人的初次创业一样,这次创业一败涂地。

2000年8月2日,在全国高校的合校大潮中,武汉大学、武汉水利电力大学、武汉测绘科技大学、湖北医科大学合并组建成新的武汉大学。"武大校友"的花名册进一步更新,不仅纳入了曾经陪伴雷军创业的两个小伙伴王全国、李儒雄,还新增了曾经在武汉水利电力学院就读的融创中国董事会主席孙宏斌。

武汉的学术地图上不只有武汉大学明星闪烁。

在20世纪80年代,几乎同期担任武汉大学、华中工学院[①]、华中师范学院[②]校长的刘道玉、黄树槐、章开沅并称"高等教育三杰"[③],东湖边的三所学校鼎足而立。学生能够在自由的氛围里汲取改革的气息,要归功于几位开明的"掌门人"为他们撑起了足够广阔的天空。

喻家山下的华中工学院是最早从"文化大革命"中苏醒的一批学校之一。

1969年,全国派军宣队、工宣队、军代表进驻学校,负责华中工学院的军宣队指挥长来自武汉空军司令部,名叫刘崑山。刘崑山进驻华工之后首先展开了对校领导朱九思的调查,在明确朱九思不属于"走资派"后,1970年,刘崑山恢复了朱九思的领导职位。这在"文化大革命"的大背景下是极

[①] 创办于1953年的华中工学院于1988年更名为华中理工大学。2000年5月26日,华中理工大学、同济医科大学、武汉城市建设学院合并成立华中科技大学。

[②] 华中师范学院于1985年更名为华中师范大学。

[③] 刘道玉1981年至1988年担任武汉大学校长;黄树槐1984年至1993年担任华中工学院(后更名华中理工大学)校长;章开沅1983年至1991年担任华中师范学院(后更名华中师范大学)校长。

为少见的,也是华中工学院的幸运。朱九思在日后的许多场合一再表示,华中科技大学能够取得如此成绩,刘崑山功不可没。朱九思与刘崑山在特殊时期建立了深厚的革命友谊,在两个人的努力下,华中工学院实现了三个"没有":学校主要领导人没有变、师资队伍没有散、科研教学设备没有烂。老院长朱九思为华中工学院打下的基础,让包括黄树槐在内的后任校长可以将更多的精力专注于人才培养。

1980年,华中工学院物资管理工程专业招收到的新生中,就出现了后来的著名投资人汪潮涌、华裔经济学家石寿永,以及出身钢铁行业曾任宝武钢铁集团董事长的马国强。这一年硕士在读的周济和刚刚本科毕业的谢伏瞻多年后分别担任着中国工程院院长和中国社会科学院院长①。1984年,来自秭归县的少年向松柞考入华中工学院,在随后的学术生涯里,他师从诺贝尔经济学奖得主、货币经济学大师蒙代尔(Robert A. Mundell),又结识了华人经济学大师张五常,成为国内著名的货币学家。

1987年,一名叫宋文芝的复员女兵加入华中工学院。改革开放初期,在华裔物理学家、诺贝尔奖得主李政道的建议下,中国诸多高校开设少年班,宋文芝从进入华中工学院起便一直担任少年班的辅导员。宋文芝加入华中工学院的这一年,一家叫作"华为"的公司在深圳创办。1988年,华中工学院更名"华中理工大学",为了给少年班的学生寻找奖学金资助,宋文芝找到了"小荷才露尖尖角"的华为公司。华为向来重视教育与科研,双方展开紧密合作。以此为桥梁,华中理工大学及后续合校建成的华中科技大学,源源不断地为华为输送技术人才,其中最著名的是一度被视为华为"太子"、后与华为上演"恩怨情仇"的李一男。

华中工学院、华中理工大学,以及合并后的华中科技大学培养的人才

---

① 2010年至2018年,周济担任中国工程院院长。谢伏瞻,2018年起担任中国社会科学院院长。

成了互联网时代一股强势的创业力量,著名的有微信创始人张小龙、PPTV创始人姚欣、前阿里巴巴副总裁涂子沛、罗辑思维创始人罗振宇等。

华中师范大学气质上更偏重于教书育人的人文气息,它培养出了社会活动家、艾路明的胞姐艾晓明,以及在20世纪90年代国内家喻户晓的品牌"红桃K"的创始人谢圣明。

1978年,武汉钢铁学院①从河南周口招来了当地分数排名第三的许家印。毕业后,许家印回到河南,从舞阳钢铁厂的一名工人做起。1992年,许家印揣着两万元积蓄到深圳闯荡,四年后创办了恒大。

1986年,浙江奉化人沈国军从中南财经大学②毕业。同样是看到了中国市场经济的无限可能,1997年,沈国军辞职,次年创立银泰百货,后来发展成银泰集团。沈国军在武汉就读时正赶上武汉商场重新装修盛大开业,也许就是因为见识过武汉百货行业的繁荣绽放,沈国军对武汉百货行业格外留意。

武汉拥有华中地区最为集中的大学集群。幸运的是,在改革开放初期,正是中国最需要市场化人才涌现的时候,以武汉大学为代表的武汉高等学府自由的学风不输其他的名校或地区,源源不断地涌现出许多改革人才。多年以后,这些校友成为反哺武汉及湖北经济的重要力量。

---

① 武汉钢铁学院,现武汉科技大学的前身之一。
② 2000年,中南财经大学与中南政法学院共同组建成中南财经政法大学。

本地品牌崛起

市场的活跃促进了企业的发展,也把品牌推向市场。20 世纪 80 年代,一些湖北本地的品牌风头日劲,"湖北制造"全国知名,成了本地工业的骄傲。

沙市是一个存在于全国人民记忆中的城市。随着 1994 年合市,沙市市并入今天的荆州市,成为后者的一个城区。与此同时,那些 20 世纪让沙市成为全国明星城市的知名产品,随着时代的变迁也变得踪影难寻。

最早为沙市打出城市名片的是沙市第一床单厂生产的鸳鸯牌床单和沙市热水瓶厂生产的荆江牌热水瓶。它们都诞生在 20 世纪 50 年代,经过物资短缺时代的沉浮,在 20 世纪 80 年代迎来巅峰。

荆江牌热水瓶以质量优异而闻名。按照国家部颁指标,一只热水瓶倒入 100℃的沸水,24 小时后,温度不低于 68℃为合格,沙市热水瓶厂把自家的合格线照着国家标准提高了 4℃,只有达到 72℃才算是合格品。有好事者拿着荆江牌热水瓶实际测试发现,24 小时后水瓶中的水温常常能达到 74℃以上。在 1964 年举行的中南地区保温瓶质量鉴定会上,沙市热水瓶厂生产的热水瓶在保温度等 15 项指标的评比中,在与会的 11 家热水瓶评比中获得第一名。

20 世纪 60 年代初,沙市热水瓶厂成立了花样设计部门,设计出近百个不同的花样种类。荆江牌热水瓶众多的花样打动了外商，他们帮助沙市热水瓶厂成为当时全国同行业唯一的外贸专厂，荆江牌热水瓶率先进入了国际贸易市场。进入20世纪80年代，市场需求变得多样起来，沙市热水瓶厂开始拓展产品线，发展出荆江牌冰瓶、热水瓶、保温饭盒和保温杯共215个品种、2290种花色，迅速适应了新的市场环境。1991年10月，沙市热水瓶厂荣升为国家一级企业。在这一年举办的第70届广交会上，荆江牌创汇全行业第一，签约总金额达450万美元，占据行业1/4的份额。

比起荆江牌热水瓶的顺风顺水，鸳鸯牌床单则面临了一些小小的波折。"文化大革命"初期"破四旧"，鸳鸯这种在旧时文学作品里经常用来表现爱情忠贞的鸟类成了"四旧"的象征，不仅不能出现在床单的印花上，更不能作为品牌的名称，因此品牌名称也改成了"向阳牌"。可市场给出的反馈远没有新品牌听起来那样光芒万丈，更名之后，产品声誉一落千丈，外商更是表示只买沙市产的"鸳鸯牌"床单，别的不认。为了打开销路、多创外汇，1968年，"鸳鸯牌"商标恢复使用。

品牌争议到此还没有结束。随着沙市"鸳鸯牌"床单市场口碑的累积，1979年，上海的厂商跑来和沙市打起品牌官司。原来，1960年，上海企业在工商总局注册了"鸳鸯牌"商标，并且分类为"床单专用"。由于沙市生产的鸳鸯花形床单在1956年诞生当年就进入国际市场，以出口市场为重的沙市第一床单厂，手里握着的"鸳鸯牌"一直只是出口商标。商标"撞车"不仅威胁到了第一床单厂，对于沙市而言也是一场严峻的考验。1979年6月，沙市市政府派出一个六人小组，针对商标问题专程进京汇报，据理力争。

沙市自20世纪50年代起，一直生产鸳鸯花形床单，工艺品质皆领先市场。早在1960年11月，该产品就被评为湖北省名牌产品。鉴于历史事实，赴京小组得到了工商总局的支持，承认沙市鸳鸯牌商标床单为名牌产品，"同意继续生产鸳鸯牌床单和继续保留使用鸳鸯牌床单商标"。

1982年，沙市人的心终于放到了肚子里。工商总局正式审批，沙市鸳鸯牌床单商标以"特殊核准"的形式重新注册在案。从而，长期悬而未决的商标注册和"撞车"问题就此结束，"鸳鸯牌"可以再次全心投入生产。

比起这些在改革开放前就积累下市场口碑的老品牌，最让沙市欣喜的本地新生品牌要数"活力28"。此时"活力28"已经在香港市场站稳脚跟，正准备向内地市场进军。

1986年，湖北足球队获得全国甲级联赛亚军，沙市日化将眼光瞄准了在全国巡回作战的湖北队。经过协商，沙市日化以当时堪称天价的10万元冠名湖北队，这支球队全名也成为"湖北活力28足球队"。"活力28"与湖北足球队一直挽手走到1994年，这一年，中国开始搞足球职业联赛，湖北足球队的冠名商也从"活力28"改为"武钢"。但在沙市老球迷心中，那只消逝的"湖北活力28足球队"依然是史上最强的湖北足球队。

1991年，电视广告刚刚起步，为了进一步扩大"活力28"的知名度，沙市日化厂厂长滕继新决定向银行贷款在央视做广告。根据"活力28"产品超浓缩的特点，在广告公司的帮助下，著名的"一比四"广告横空出世："用量少，一比四！去污强，一比四！时间短，一比四！省力气，一比四！省水电，一比四！"1991年11月，央视黄金时段播出了这段广告，伴随着轻快的音乐，一个小女孩抱着白色熊玩偶出现在画面中，穿着新潮、笑容温暖的一家三口，一边唱一边比出"一比四"的手势，最后以广告词"活力28，沙市日化"收尾。"活力28"成了第一个在央视做广告的洗衣粉品牌。广告效果立竿见影，来自全国各地的订单雪片般地飞来，1994年"活力28"的销量达到了鼎盛的9万吨，占据国内浓缩洗衣粉76%的市场份额。

往事只能回味。回看这三个品牌后续的发展，不禁让人唏嘘。

进入20世纪90年代以后，随着床上用品的更新换代，水粉花色的图样不再受到市场的青睐，曾经大红大紫的"沙市风格"床单成了守旧的代名词。2002年，几经调整易名的荆州床单总厂因资不抵债宣告破产，随后被整体出售，鸳鸯牌床单率先停止生产。

好兄弟荆江牌热水瓶的日子也没有好过到哪里去。1997年，亚洲金融危机爆发，荆江牌热水瓶的外贸主战场就是危机重重的东南亚地区，东南亚经济陷入漫长的萎靡，荆江牌热水瓶在外贸市场上也开始节节败退。2003年4月，热水瓶厂负责出口业务的职员蒋汉红正在广交会上接订单，却传来了公司宣告停产的消息，他连夜返回荆州，一路上心如死灰。

两个月后，蒋汉红带领一批老工人成立了民营企业联丰日用制品公司。他们以原来沙市热水瓶厂的一处分厂作为厂址，继承了"荆江"品牌，让这个故事的结尾有了熹微的亮色。

1994年后，见识过山顶风光秀色的"活力28"开始坐上了滑梯。沙市日化的故事成为荆州市商业历史上一根让人不忍忘记的刺，这个故事留到后面慢慢讲。

"活力28"能够迅速实现品牌的"出口转内销"，打入内地市场，实际上是吃到了电视广告所带来的红利。但借着电视广告一举成名的想法，在"活力28"广告登上央视的四年之前已经有湖北人走在了他们的前面。

1987年，31岁的吴少勋被组织安排前往黄石大冶御品酒厂工作。这时，酒厂产值不足500万元，负债却高达700万元，仓库堆满了销不出去的酒，每产1瓶酒要亏损2角钱，酒厂只能通过政府补贴来实现盈亏平衡。酒厂显然对如何发展充满了困惑，原本以纯谷酒作为主要产品的酒厂开始贸然尝试生产味精，还是在主要产品销路不佳、酒厂举步维艰的情况下。当时大冶的印刷厂效益很好，吴少勋刚担任厂长时，有100多名员工盘算着跳到印刷厂去，占了员工总数的一大半。

上任三个月，吴少勋就做了个决定——去中央电视台打广告。即使是20世纪80年代末，电视广告依然是昂贵的代名词，更何况当时家里有电视的家庭不多，员工搞不懂打了广告给谁看。吴少勋的想法却很超前，企业要想脱颖而出，必须做大品牌影响力，其中最有效、最直接的方式就是投放电视广告。吴少勋拎上厂里生产的保健酒,带着积蓄奔赴央视。很多年后,他还记得广告费是多少,有零有整——1.64万元。这一年,酒厂的销售额达到286万元。

与吴少勋本人的低调不同,从1987年开始,他的酒厂就一直是央视广告的座上宾,长达30余年。

熟悉商业发展的人一定知道,央视广告在中国商业史上留下了神奇的印迹——它既可以妙手回春救企业于水火,又可以化身魔咒杀死一个个昨日新星。特别是20世纪90年代中期,自央视开展广告竞标会以来,首届标王孔府宴酒和第二、三届标王秦池酒,都来自白酒行业,它们昙花一现后轰然倒地。吴少勋能够逃过"魔咒",自然有一套内在的经营逻辑。

白酒酿造并不是一个门槛很高的行业,没有壁垒就意味着大量的竞争者都可以涌入。特别是1994年末孔府宴酒一举夺标后,财经作家吴晓波在《大败局》中记录,1995年,全国各地的酿酒厂消耗了2100万吨粮食,酿造出790万吨白酒,已经呈现出畸形增长之势。湖北浠水籍的著名经济学家钟朋荣则警告企业不要掉入"造名陷阱"。很显然,当孔府宴酒和秦池酒在央视梅地亚中心喊出夺标高价的时候,他们是希望能够在这个本无技术竞争壁垒的行业里,用真金白银硬是砌出一道城墙,自己站在城墙上一劳永逸地俯视企图和自己竞争的对手。越是容易垒起的城墙,塌陷也越快;越是高价浇筑的壁垒,塌陷的时候砸起人来也越疼。吴少勋能让酒厂的产品如同钉子一样深深钉进央视黄金档,靠的不是资本壁垒,而是无法复制的独特性。

1987年,通过广交会,吴少勋结识了马来西亚华裔商人李学理。李学理告诉吴少勋,马来西亚民间有泡制药酒的传统,传说这类药酒有补肾壮阳的功效,不过每家每户都是自行泡制,配方五花八门,没有形成一个叫得响的品牌。1989年,李学理正式通过黄石外贸局向大冶御品酒厂下了定制酒的生产订单,并提供了一个家传配方。对于要不要接下这一订单,酒厂内部也有争议：一个民间秘方，究竟有没有实效，甚至有没有风险都是未知的，更何况秘方不是一个成方，从拿到手到配出酒，中间还需要酒厂投入成本去进行研发。吴少勋踌躇不定，表现出了他感性的一面：他信仰人与人之间朴素的相处之道，既然对方舍得把配方放心交给酒厂，作为企业一方就不应该失信于人；随后吴少勋又用道理说服大家，虽然酒厂从两年前开始就在央视投放广告，也见到了收效，但总体来看产品的销售半径依然局限于黄石周边的鄂东南地区，借着外商的机会走出国门，这无论如何都是一个机会，值得尝试。酒厂最终决定放手一搏。

这个配方就是后来的劲酒。为了保证研发成功，吴少勋组织了六名中医对配方进行研究，并且邀请中医药专家、营养学专家和生物工程专家对配方进行完善，前后进行了六次组方，终于在1989年10月研制出了成品酒。第一批劲酒全部通过李学理销往了马来西亚。

1990年春节期间，劲酒开始尝试在大冶周边和李学理的故乡广东梅州进行小范围销售，市场反响良好。由此开始，劲酒一步步扩大销售区域，向全国市场进军。

吴少勋行事风格沉稳宽厚，甚至在面对保健酒同行时也提出"同行不是冤家"的观点，这样的性格让他在行业内不太容易树敌。如果要说最让同行不爽的一件事，应该是劲酒把"过量饮酒有害健康"的概念第一次作为酒类广告的一部分展现在消费者面前。

1993年4月，劲酒在《黄石日报》刊登了仅有11个字的整版广告："酒，请朋友少喝，劝敌人多喝！"这时候的酒厂还是国有企业，劲酒的劝诫性广告让当地的政府官员和社会人士都很不理解，担心广告影响酒厂的销量，进一步影响国有资产的保值增值。

1993年8月，为了拍摄劲酒的新版广告，吴少勋和酒厂的工作人员来到了时任北京电影学院副院长的侯克明家中讨论创意。席间，有人提出用"再好的酒，也不能贪杯"，这种提倡适量饮酒的用语延续劲酒之前的广告所倡导的健康观念,也和社会上劝酒不加节制的风气泾渭相隔,立刻得到了大家的认同。几经斟酌,吴少勋想到了更贴切、更直观的"劲酒虽好,不要贪杯"的广告词。这时,一旁的院长夫人灵机一动,提议应该把语气改得更加亲切一些,于是广告语定为"劲酒虽好,可不要贪杯哟"。

1993年年底,相声名家姜昆为劲酒拍摄了新版广告,在《新闻联播》之前投放。1995年,劲酒还把"过量饮酒有害健康"的警示语首次印在了包装上。劲酒对于"少饮酒"的公共宣传,作为一种反向营销,反而凸显了劲酒保健的概念,最终被消费者接受。

武汉市的经济向来在省内一枝独秀,在本地知名品牌的出产量上也是独树一帜。

除了前面提到的、通过"新中国第一标"顺利打开全国市场的"荷花牌"洗衣机,武汉电视机总厂生产的莺歌牌电视机、武汉市无线电厂生产的长江音响等也都是湖北家喻户晓、红遍大江南北的家电品牌。随着20世纪90年代中期中国家电市场的竞争逐渐白热化,产业分布也趋向集中于专业化的家电企业,海尔、美的、长虹等一批家电品牌攻城拔寨,在大势之下,来自武汉的家电品牌相继落伍。"希岛"牌空调在市场上节节败退之后,只能在破产重组中"牵手"海尔集团,"荷花牌"洗衣机的生产厂商也最终成为小天鹅集团在武汉的一家合作工厂。

20世纪80年代中期,经过多次毁坏的黄鹤楼再度重建。借着黄鹤楼的文化东风,武汉酒厂将旗下生产的特制汉汾酒品牌定为"黄鹤楼牌",武汉卷烟厂也借势恢复生产在20世纪30年代便早已成名的"黄鹤楼牌"香烟。可惜的是香烟的试制很快夭折,武汉人还要等到1995年才能在烟摊上重新见到"黄鹤楼牌"香烟。

最让武汉人念念不忘的还要数夏日火炉里的一瓶冰镇"行吟阁"啤酒。1982年8月,从糖厂旧址改造而成的东西湖啤酒厂投入生产,改建的速度之快让全厂感到惊喜,他们定下了另一个目标:争取在过年之前创造100

万元利润。

市场不是童话故事。一家刚刚入行的啤酒厂,人们连酒厂的名字都是第一次听说,酿造出的啤酒味道自然也比不上同城的武汉啤酒厂,百万利润的梦想在寒冬里破灭,销售人员把背出去推销的啤酒又默默地扛回仓库。

当头棒喝让东西湖啤酒厂开始重视起啤酒的质量。从1983年开始,东西湖啤酒厂生产的"武侯灯""蜂蜜""行吟阁""首义""七叶参"啤酒接连在国内和国际上获奖,东西湖啤酒厂的商誉逐步积累,厂门前也车水马龙,热闹了起来。

1991年,市场表现更好的东西湖啤酒厂经武汉市政府批准,以小吞大,以区属农垦企业的体量兼并市属国有企业武汉啤酒厂,成立了武汉东西湖啤酒集团公司。"行吟阁"品牌也从东西湖啤酒集团庞杂的产品线中脱颖而出,成为受到市场热捧的主打产品。在20世纪90年代中期最辉煌的时候,为了买一车"行吟阁"啤酒,经销商最长要排队等上10天。1996年,东西湖啤酒集团总资产达6.2亿元,利税总额占湖北省内啤酒行业总额的48%,体量跻身全国啤酒行业前五名,员工人均年收入近万元。

"屈原既放,游于江潭,行吟泽畔。"行吟阁原本是东湖小岛上的建筑,得名于《楚辞·渔父》。1996年6月,业绩逐年向好的东西湖啤酒集团突然与法国达能集团签订了合资经营意向书。这样的决定看起来那么诡异,但是又那么合理:环望国内,在两年的时间里,外国啤酒品牌大刀阔斧而来,已经有200余家啤酒厂被迫转产或破产;聚焦同城,1995年,世界级啤酒巨头安海斯-布希(Anheuser-Busch)公司通过收购武汉中德啤酒公司成立百威武汉,百威品牌从武汉出发开始进入中国市场。

在东西湖啤酒集团与法国达能签订的合资意向书中,有一条要求:东西湖啤酒集团的啤酒品牌价值4700万元,合资经营后不能变更品牌。君子协定比不过商业利益,"行吟阁"终于被流放了。2001年,达能集团脱手旗下的啤酒业务,国企华润从达能手中接盘了东西湖啤酒的股权。国资回来了,"行吟阁"却消失在烟波浩渺的东湖水畔。

比起大多数老字号在改革开放后不适应市场环境的沉沦,武汉的另一家老字号马应龙则幸运了太多。除了获得了品牌新活力,还意外地拓展了全新的使用场景。

如果现在告诉一个人,"马应龙"是靠卖眼药起家的,他多半会吃惊;20世纪80年代以前,拉着一个人告诉他"马应龙"对治疗痔疮有奇效,对方的反应也会差不多。根据马应龙传人的讲述,马应龙的历史可以追溯到明朝万历年间,出身河北定州回族知识分子家庭的马金堂对中医感兴趣,尤以眼科见长。在行医过程中,他研制出了一种八味中药构成的"八宝眼药",免费施予患者,不收分文。马金堂的继承者就叫马应龙,他将马家秘方商业化,在定州开起商号。马应龙的后人进一步把生意做进了北京城。

20世纪初,南方眼药市场需求增大,为适应形势的发展,北京总店准备将汉口作为马应龙眼药在南方的经营中心。1919年,马应龙后人马岐山南下武汉开拓市场。店子一营业生意就很红火,不仅在武汉三镇,省内外的许多中药店都先后与其建立了供销关系,而且还在湖南、安徽、广西等地开设了分店。至此,南方以武汉为中心的马应龙眼药供应网点得以形成。

民国时期和新中国成立后的前三十年,马家的制药业时断时续,改革开放后,马应龙眼药终于有机会再次长期生产,其生产中心放在了武汉。马家后人记得,当时,我国农村缺医少药,农民遇到蚊虫叮咬,皮肤瘙痒,甚至烧伤烫伤都使用马应龙眼膏来治疗,颇有疗效,眼膏被誉为"万能药"。后来,有农民患上痔疮,痛苦难当,情急之下也将马应龙眼膏用于患处,不想痔疮也被治愈。收到患者反馈后,马家当家人马惠民带领科研人员研发出了痔疮类治疗药物,终于做到了"上下一起治"。三十多年来,马应龙痔疮膏一直保持销售额和市场占有率第一。

在全社会兴办实体经济的大气候下,湖北省妇联也没有坐得住。

1984年时,湖北省妇联主任觉得,既然企业不好办,办一本杂志也算得上是个实体。在湖北省妇联工作的雷一大向组织推荐了《湖北青年》杂志社编辑组组长胡勋璧,希望能让后者出任新杂志的总编辑。

《湖北青年》杂志有一个叫"分忧解愁"的栏目,专门解答读者的心理困惑。胡勋璧是个文艺青年,这样的模式一开始并不被他看好。没想到的是,这个栏目收到的读者来信每期都有整整三大麻袋,其中最多的内容是关于婚姻和家庭的困惑。从此,胡勋璧对于读者的兴趣点有了新的认识,省妇联将要开办的新杂志正是胡勋璧大显身手的地方。

武汉汉阳的古琴台,曾有过伯牙子期高山流水遇知音的故事,古老的典故为新杂志的名字——《知音》提供了灵感。《知音》杂志刊如其名,把关注点放在了生活、婚姻、爱情、家庭等话题上,成了很多心灵落寞的人生活中的"知音",在略显沉闷的期刊市场上一枝独秀。"当时我们刚刚改革开放,全国的报刊都还未从喊口号的睡梦中惊醒,像我们这样跟读者生活贴近的栏目,自然大受欢迎。"胡勋璧后来说。

1985年1月,《知音》的创刊号就销售了40万册,当年月发行量突破100万册。从创办之初,《知音》就实行自主经营、自负盈亏,是湖北省最早实行这一经营体制的文化事业单位。也是因为这样的经营制度,《知音》一开始就注重建立激励机制。《知音》的编辑方针是"把发生在广大人民群众中最新颖、最真实、最动人的故事奉献给读者"。编辑部的办刊逻辑读者并不关心,他们更容易感知到的是,《知音》在文章选题和标题上的用心。当然,谁也不会想到,讲述家长里短的伦理故事的《知音》竟然能发展成一个全国闻名的品牌,领航一家庞大的传媒集团。

湖北省内的品牌中,发展最稳健的要数"二汽"。

1986年,黄正夏离开二汽,调任省人大。听到这个消息的一汽原厂长耿昭杰跑来和他开玩笑说:"你离开二汽,我们都非常高兴。不知道你哪里来的那么多的鬼点子,我们怎么跟也跟不上。"

二汽并没有因为黄正夏的调任而放缓脚步。由于坚定地走向了民用汽车领域,1985年,二汽就已经提前完成10万辆汽车的产能建设。1987年11月,二汽的年产量突破10万辆大关,成为我国第一家年产量突破10万辆的汽车制造商。

1988年,黄正夏的继任者陈清泰当选第一批"全国优秀企业家"。二汽骨子里的稳健与它的经营者相得益彰,在一批改革时代涌现的国企管理者中,二汽系走出的陈清泰、苗圩被视为"商而优则仕"的典型。

决定品牌冷热的因素有很多。回顾湖北20世纪八九十年代的知名品牌,落寞者大致可以分为几种类型:第一类是没能根据市场变化适时调整产品策略,以至于即使手握充足的现金流,也没有逆转市场需求变化的回天之力,包括鸳鸯牌床单、长江音响等;第二类是手握资金存量后盲目扩大扩张,新生组织尚没有造血功能,旧的躯体已经贫血,如"活力28";第三类是在市场主体的兼并合营中品牌流失,如东西湖啤酒集团。

失败的原因各有不同,成功的方法却放之四海而皆准:无非是专注于自己所擅长的业务,长时间耕耘,合理拓展产品线,从复杂的市场环境中试验出适合自己的商业逻辑。从楚商的发展轨迹来看,楚地擅产经销者,而少产企业家。分析这个问题时,不能无视"幸存者偏差"侃侃而谈,必须承认的是,企业家守业之难自然是重要原因,但自古以来荆楚通达的交通资源也带来了"资源诅咒":交通枢纽位于产业链中游向下游过渡的地方,这也让楚商没有积淀下足够关注产业链上游的传统。但产业上游的因果影响力更为宏观,它才是决定一个企业生存的根本之源。

一个成熟品牌的背后,一定有一个成熟的企业家悉心打理,两者相辅相成。让自己的事业被更多人听到、看到,这朴素的愿望既是对楚商的考验,也是楚商努力经营的动力。

波澜再起

社会的日新月异让人们变得像从鱼缸被放生回大江大海的鱼,顷刻间涌入的感觉是自由的,他们欢腾、跳跃,等到新奇耗尽了,一切安静下来,人们才知道,原来大江大海也是充满危险的。

对于中国自改革开放开始后涌现的最早一批商人而言,最为普遍的、冗长的和痛苦的麻烦事就是和政府打交道。想要探索政商相处之道,其背后需要经历大量的博弈、摩擦、妥协。经过了 40 多年的改革开放,如今的人们更加意识到,这个问题可能永远无法像很多自然科学难题一样找到一个唯一且正确的答案,但有了经验的积累,政府与企业间的关系已经更加亲切、清爽、协调。

回到 20 世纪 80 年代,企业家们正处于一种彷徨之中:他们经历了改革初期狂热的红利时代,面临着如何正确地与政府打交道的难题,却还不知道如何解决它。这是一个政策和法律法规相对缺位的时期,创办一家企业时,相关资质的获取是第一道门槛;而在企业的经营过程中,政府部门的监管边界可能又会成为另一个问题。

有一种办法可以更简单地一次性回避掉这两个问题——戴上"红帽子",成为附属于政府部门、以公有制企业的名义进行经营活动的民营企业。然而几年以后,"红帽子"可能会摇身变为"紧箍咒",顷刻成为压在企业头上的"五行山"。表面的行事方便背后,触及了产权问题,而产权,才是隐藏在各类政商关系所带来的问题中隐患最大的。这一现象,在改革前以工业为重头戏的湖北省是很明显的。

2018年在北京人民大会堂获得"改革先锋"称号的茅永红一定还记得,33年前,他来到北京时,带着厚厚的文件,以及一封写好的遗书。

1983年,28岁的茅永红成为武昌县①公路交通监理站站长。在他负责的路段发生了一起车祸,车祸并不严重,但是一辆新买的进口车被撞变了形。开车的是一位老司机,看到车辆破损的情况,急得当街恸哭起来。那时候的进口车很难找到维修的地方,撞坏就意味着整车报废。热心的茅永红帮助司机四处联系,得到的答复都是,武汉没有一家进口车修理厂。茅永红从需求中发现了商机,恰好他的前同事已经成了一名港商,正在老家寻找投资项目,两人一拍即合,决定筹备开一家进口汽车修理厂。

茅永红家境贫寒,11岁时父亲去世,家中唯一值钱的家当是一件的确良衬衫。让不让父亲穿着这件衬衫走,一家人讨论了好半天,当子女们下定决心给父亲最后的体面时,父亲的手已经僵硬得不能弯曲。那件衬衫最后是放在父亲身上带走的。茅永红决心创业时,恰好国家修铁路征用了家中老屋,给了他们家两万元的补偿款,为了进行创业的前期调研,茅永红瞒着家人把原本准备用来盖房的两万元拿走作为启动资金。家人无钱盖房,只能睡在窝棚里;茅永红做了亏心事不敢回家面对家人,经常在船码头的候船室、火车站候车厅等地方和衣而睡。

调研结果让茅永红看到了希望:当时湖北省共有八万余辆进口汽车,其中待修的有一万五千多辆。下定决心的茅永红开始了漫长的办手续之旅,从县里到市里,从市里到省里,从省里到中央。与茅永红合资的前同事港商的身份加大了执照获取的难度。茅永红的手续最后卡在了国家工商

---

① 1995年,撤销武昌县,设立武汉市江夏区。

行政管理总局。茅永红带着自己写好的遗书找到时任国家工商行政管理总局局长任中林,任中林曾在湖北任职多年,担任过湖北省委副书记。茅永红在遗书中说,办一个中外合资企业,目的是把外资、技术、人才引进来,不是为了私利;为了办公司,自己把家里的钱全都骗出来了,如果办不成将会没脸回家。因为不满意茅永红放弃"铁饭碗",妻子最终选择了和他离婚。茅永红至今仍清楚地记得任中林对他说的话——"虽然改革开放了,但很多文件尚配套不足,你放心,我们来把这个事情给你办成。"1985年4月4日,茅永红的申请在国家工商行政管理总局盖上了最后一个公章,茅永红数了数,一年多的时间里,他一共跑下来179个公章。领到编号为"001"的营业执照,"江夏进口汽车维修中心"在武汉开业,成为当时中南五省第一家合资经营的进口汽车维修中心。

尽管历经磨难,茅永红还是幸运地拿到了企业的运营资质,但是他很快就遇到了另一个问题:政府监管的边界。在如何监管市场中的各类主体方面,当时的各级地方政府也是新手,也需要在实践中学习。

前期科学的调研和严格的企业管理让茅永红的江夏进口汽车维修中心效益很好:开业10个月后,江夏进口汽车维修中心就收回了全部投资,实现产值150万元,获得纯利21万元。1985年,茅永红的名字第一次出现在了《人民日报》上,时年31岁的茅永红向记者介绍自己的管理经验:"在少干扰的环境中,真正实行干部聘任制、工人合同制、工资浮动制,这是合资企业兴旺的关键。"

登上《人民日报》虽然给茅永红带来了知名度,但是另一边,高效运转的公司也给他带来了负面的影响,"资本主义""自由化"的帽子接踵而至。茅永红回忆,在武汉经营江夏进口汽车维修中心的8年,他曾经先后被抓过12次,每次抓进去审几天,就被放了出来。30多年后,茅永红再次谈起这段经历时已经云淡风轻,他能够理解当时神经紧绷的政府部门——由于法律的不健全,一旦接到群众的举报,只能展开调查。而1993年茅永红则毅然决然地选择离开家乡,奔赴已经成为经济特区的海南。在那里,茅永红先后出任海南省经济建设总公司副总经理、总经理,行政级别达到正厅级。

在漂流完长江两年后,艾路明从武汉大学研究生毕业。艾路明和其他六位校友凑了2000元钱,开始创业。当时洪山区出台政策,个人需要把钱捐给洪山区科委,科委通过开办一个集体所有制的科研机构来完成企业的创办。这一政策也是从北京中关村借鉴过来的。于是艾路明和创业团队把钱捐给了洪山区科委,注册了一家集体所有制的科研机构。这家机构取名"当代生物化学技术研究所",最初的主营业务是从尿液中提取尿激酶出口海外。这个时候,创办当代科技的七个人只拥有企业的经营权,企业的所有权全部归科委所有。

艾路明和他的伙伴们是幸运的,国家各级科委体系下注册公司的股权改革相对更主动。资料忠实地记录下了集体所有制产权退出当代集团股权结构的步骤:最初,科委主导改革,将"一把抓"的所有权分了49%给创业者,科委仍然控股;1992年,通过增资的方式,洪山区科委的股比稀释至5.1%;1993年,洪山区科委将剩余股份通过两次股权转让最终转给当代科技的自然人股东。至此,当代科技实现了由集体所有制变更为股份合作制的工商登记。

早早完成股权改革的当代科技一身轻松,开始了自己的商业布局,最终成长为"当代系"。另一家在湖北商业界曾经蔚然成"系"的企业集团"天发系"却没有这么幸运。

1985年,龚家龙被聘为轻纺局下辖的轻工产品经销公司经理,升职后,他扩大了烟草贸易规模,香烟生意稳赚不赔,让他成了"湖北最大的投机倒把商人",为此,政府审查了他整整一年。被审查的经历触动了龚家龙,他决心离开国企,在1988年注册成立自己的公司。

龚家龙的多舛命途就从这样一个决定开始了:在公司经营两年后,为了避开政策壁垒,龚家龙将个人的公司挂在了轻工业物资局名下,并注册登记为全民所有制企业。这一步实际上复杂化了公司的产权问题,但当时依靠着全民所有制企业的身份,龚家龙的公司进入了能源产业。1993年他整合了在湖北、湖南、海南等地的数十个加油站和液化气储运站,成立了"湖北天发企业(集团)股份有限公司"。1996年,公司挂着国字招牌在深圳交易所上市了,成为全国民营石油企业唯一牌照齐全的石油类上市公司。这时,中石油和中石化还没有完成重组。

"所有命运赠送的礼物,早已在暗中标好了价格",奥地利作家茨威格写给玛丽王后的话在商业领域也适用。龚家龙在能源产业喜笑颜开之时,作为全民所有制企业,也不得不按照政府的指示接管一些经营陷入困境的国有企业。2000年,龚家龙的天发集团按照荆州市政府的要求,在不情愿的情况下接管了当地一家曾经名声显赫的上市企业——"活力28"。

Chapter 3

第三章

寒流与春风

1989—1994

寒冬中，持炬前行

改革开放已过十年，新的政策对经济发展起到了助推作用，但转型期的经济亦呈现出畸形增长的态势。

1982年至1983年，国内超发大量货币；1983年到1984年，两次"利改税"优化了国家与企业的收入分配关系，但企业可支配资金的增加加剧了社会需求过旺的局面；1983年开始，中国国内生产总值增长率连续"破十"。一连串的政策和现实的交叉反应不停地在中国宏观经济的大锅底下添柴加火，到1984年底，解决经济过热已经成为摆在决策层眼前的当务之急。

1985年起，国家尝试让经济"软着陆"，但政策收效甚微。对于决策层而言，在刚刚开放的市场条件下，经济政策就像弹力球，抛出去的政策最终会弹向哪个方向，谁也说不准。这加大了经济调控的难度。

从1985年到1988年，经济进一步升温，通货膨胀逐步升级；全社会固定资产投资由2543亿元急剧增加到4497亿元；全国工业总产值平均每年递增17.8%，过快的增速导致工业与农业、能源、原材料和交通运输等基础产业之间的关系严重失衡；银行各项贷款平均每年增长22%，货币投放平均年均增长28.1%，明显高于同期经济增速；市场零售物价总水平涨幅由1984年的2.8%急剧上升到1988年的18.5%；经济秩序特别是流通秩序混乱。①

1988年中共中央政治局召开的两次会议和中共十三届三中全会,作出了治理经济环境、整顿经济秩序、全面深化改革的决定,并提出了相关的政策、措施和指导方针。

"三年治理整顿"从1988年9月开始,次年,国内生产总值增长率从1988年的11.3%迅速跌落回4.1%。财经作家吴晓波在《激荡三十年》中记录了这次疾风骤雨式的对民营经济的整顿,整顿主要从三个方面下手:打击私营企业的偷税漏税行为;清理国有体系外的新兴企业;从流通环节入手,对遍布全国的专业市场进行整治。1990年《湖北年鉴》记载,1989年7月起,湖北全省开始税收、财务、物价大检查,历时6个月,全省企业自查面达到99.4%,查出各种违纪金额7.18亿元,比1988年增加1.04亿元,是开展类似检查以来最多的一年。

湖北省工商局的历年民企注册记录显示,1987年,湖北省有民企64万家、106万人。1988年,这一数字略降为63万家、103万人。随后的1989、1990、1991年,三年的数字全是空白。《楚天都市报》的记者在2008年追问过这三年的数字,工商局的工作人员表示,这三年的数据是有的,只是一直没有整理公开出来。涉及面更为宏观的《中华人民共和国经济史》中记录,1989年下半年,全国个体户注册数减少300万户,私营企业从20万家下降到9.06万家。②

1989年,湖北应城的医药商人刘宝林的医药经营许可证临近期满,换证的申请遭到了拒绝,他成为受到三年治理整顿影响的企业主之一。

从1969年16岁的刘宝林被推选为应城天鹅镇阁老村的"赤脚医生"算起,他和医疗行业打交道已经有20年。1985年,刘宝林与四个股东承包下

---

① 《成效·问题·启示——对三年来治理整顿的回顾与思考》,《经济管理》,1991年12期。
② 《中央15号文件确立工商联新定位》,《中华工商时报》,2018年11月7日。

应城天鹅镇医药批发部，通过挂靠的方式依附于国营机构，绕开了当时国内对医药流通的限制。

刘宝林想要把生意做到全国，就要取得上游供货商的认可。为此，刘宝林每次去外省进货都带一箱现金，现货现结。渐渐地，刘宝林积累下声誉，结算方式也从现金转为承兑汇票，再到赊账，最后，刘宝林只要打个电话要货，对方就敢先行发货。1988年，刘宝林赚到了人生中第一个100万元。

营业许可证过期意味着刘宝林没法坐镇应城攻略全国的医药流通市场，经过打听，他决定动身前往海南。刘宝林的"出走"比茅永红还早上几年。海南特区不仅政策宽松，行政效率也很高，刘宝林在这里按照工业厅、卫生厅、工商局的流程走下来，仅用了一个月就拿到了医药经营许可证。营业资质失而复得的经历让刘宝林更加意识到，医药流通应该是自己终生投身的事业。他选择在海南积蓄力量，此时，距离他返回湖北创办九州通医药集团还要等上10年。

为了破解"双轨制"带来的价格波动、平抑物价，除了严格的政策调控，中央开始考虑尝试新的市场调节手段。

1986年，国务院曾委派一个调查组前往美国学习考察市场经济体制，这个调查组的成员在日后看来堪称豪华：周小川、吴晓灵、曹远征均是调查组成员，林毅夫担任代表团的翻译。调查组中还有一位武汉大学的校友、当时只有34岁的田源。田源时任国务院发展研究中心价格组组长，负责参与价格改革方案的研究制定。

在纽约调研期间，田源对纽约期货交易所印象深刻。交易所的女总裁向调查组介绍了期货交易所的创新与功能。20世纪70年代，石油危机导致石油价格剧烈波动，为此美国期货市场发明了石油期货，这项金融创新为市场提供了发现价格和避险的工具，对国际市场石油价格起到了导向作用，并在一定程度上规避了现货价格变动的风险。期货对市场的现货价格的发现作用能够引导企业经营更加市场化,有利于提高资源的配置效率,可以为中国所借鉴。

1987年年底,国务院发展研究中心把中国期货市场研究计划写进了呈送给总理的报告书中,李鹏总理迅速做出批示,要求"组织几位同志研究一下国外的期货制度"。中央最为在意农副产品的价格波动,它一边关系到农业生产者的收入,一边关系到最广大消费者的日常支出。此后,中国期货市场的建设进入探索阶段。

1988年6月,中国期货市场研究工作小组组织河南、四川、吉林、湖北四个省和武汉一市的商业部门或农业部门代表在北京开会。按照小组的设想,将在湖北做大米期货、在吉林做大豆期货、在四川做生猪期货、在河南做小麦期货。吉林对于期货建设并不重视,首先被排除在外;四川担心建立生猪期货会导致国家的猪肉调拨补贴减少,不愿推进。吉林和四川被排除在外,摆在桌面上的可选试点只剩下湖北和河南。

河南省对于会议的重视程度很高,派来了省政府副秘书长、省体改委主任、省粮食厅厅长等八人参会,并按照要求带了两份材料,一份是搞棉花期货的规划,一份是搞粮食期货的规划。省政府副秘书长介绍说,他的父亲过去在上海做过期货,对期货有所了解,河南也具备有利条件。期货工作小组随即决定,在河南省进行期货市场试点,建立郑州粮食批发市场。

市场于1990年10月开业;1991年3月,郑州粮食批发市场签订了第一份小麦远期合约。1993年,郑州粮食批发市场成立郑州商品交易所,是全国四家商品交易所之一。其他三家分别是位于大连的大连商品交易所,以及位于上海的上海期货交易所和中国金融期货交易所。

而湖北省错失期货试点之机,可谓一大遗憾。

1989年,西方世界对中国的无端制裁直接影响到了正处于谈判中的二汽与法国雪铁龙的合作。

1987年8月,国务院在北戴河召开会议,做出"加速我国轿车工业发展"的决策。二汽迅速上报 30 万辆轿车项目建议书,1988 年 1 月即获国家计委批准。20 世纪 60 年代末,二汽选址十堰是在"三线建设"的时代背景下决定的,十堰经济不发达、交通不便,因此在 30 万辆轿车项目选址上,二汽所在的十堰首先被排除。项目将对所在地经济和社会发展产生极大的推动力,引来 12 个省参与竞争,最终筛选出三个备选省份:江苏、湖南、湖北。

武汉地处中国中部,交通优势自不必说;坐落于武汉的武汉钢铁厂、武昌造船厂、武汉重型机床厂等大批骨干企业让武汉具备雄厚的工业基础,已建成的葛洲坝枢纽和规划中的长江三峡项目可以为生产提供电力保障。经过考察后,时任国家总理李鹏一锤定音:30 万辆轿车项目定址武汉。

选址进行的同时,二汽也开始在国外寻找合资伙伴,同来自美国、日本、联邦德国、法国、意大利 5 个国家的 14 个厂家接触后,最终与法国雪铁龙达成了合作意向。双方原定于 1989 年 6 月初在巴黎签订合资合同。1989 年春夏之交的政治风波后,随着法国带头对中国实施制裁,中法间的一切合作中断。

项目停滞了一年有余,没有实际进展。1990 年 8 月,武汉市委、市政府决定在项目前景未知的情况下冒险推进厂址建设,最先启动的是外国专家公寓和汽车零部件加工区域的征地补偿工作。征地涉及大量居民的生计,牵一发而动全身,时任"武汉轿车产业开发区筹备办公室"副主任的任德亮还记得,推进方案定下来后,他找到市长赵宝江说:"如果项目定不下来,地又征了,我们就在这里种一片橘园,我任园长,种的橘子卖给二汽!"

1990 年 11 月,法国终于意识到制裁是一个"双输"的决定,主动释放善意:法国政府向中国发出照会,承诺为二汽与雪铁龙的合作提供 24 亿法郎贷款,这刚好解决了中方缺乏资金的燃眉之急,二汽与雪铁龙的合作迎来转机。

冰封的项目只需要一点暖风就可以迅速吹开花朵。1990 年 12 月 20

第三章　寒流与春风 1989—1994

日,北京时间凌晨 2 点,二汽与法国雪铁龙公司合资生产 30 万辆轿车项目终于在巴黎签字。为了将喜讯传遍江城,当天早晨,《长江日报》直到 5 点才开始印刷,比平时晚了 3 个小时。报纸头版刊登了两条大新闻:邓小平为"天河机场"题字;中法 30 万辆轿车合资项目签字。

签字的喜悦没有维持多久,很快又被国际局势的阴霾笼罩。受到两次法国对台军售案影响,直到 1995 年 9 月,双方合资的神龙汽车生产的第一辆富康轿车才开下生产线。这比原定 1992 年投产的规划晚了 3 年多,距离二汽与雪铁龙接触已经过去了 7 年。反观上海大众与一汽大众两个与德国合资的项目,前者于 1985 年投产,后者也在 1993 年迎来第一辆捷达轿车下线。二汽起步并不算晚,却赶了个晚集。

1998 年 2 月,神龙汽车姗姗来迟,签下富康轿车的首个出口合同,销量是令人尴尬的 12 台。要知道,按照最初 30 万辆轿车合资项目的规划,产量的 2/3 会用于出口创汇。现实与规划形成巨大反差,神龙汽车陷入了漫长的"自我救赎"阶段。

一片寒意中,少有的对武汉保有信心的人是一位港商——梁亮胜。

梁亮胜出生于广东,"文化大革命"打断了他的学业,在困苦的日子里他徜徉在文艺世界,自学摄影,又在《梅江报》《广东画报》当过记者。改革浪潮几乎将 20 世纪 80 年代初的每一个广东人推成弄潮儿,媒体视野让梁亮胜受益颇多。1982 年,香港面向内地招工,梁亮胜决定前往香港寻找机会。

香港是一片商业海洋,在这里,梁亮胜无疑属于最会游泳的鱼之一。3 年时间,他自学现代企业管理,将航运、英语、国际贸易、经济管理等课程一一攻下,为创业打好基础。1985 年,梁亮胜通过"广交会"得知内地檀香木紧缺,身处以转口贸易闻名的香港,他利用优势,赚到了人生的"第一桶金"——200 万元。一番积淀之后,梁亮胜决意创办属于自己的企业。

1989 年 3 月,已经是港商身份的梁亮胜创办丝宝公司。有些意外的是，这家一开始主营化妆品的企业将总部设在了武汉。当时社会流行一句话"东西南北中，发财到广东"，作为粤籍港商，梁亮胜将公司总部设在武汉，是不同寻常的。

从梁亮胜的创业履历来看，他不是一个冲动的人，无论是选择前往香港，还是创办企业，走出每一步之前他都会做很长的铺垫。他认为，有三个因素促使他选择了武汉。

首先是武汉的渠道优势。彼时，中国商品销售必须经过国有批发渠道进入市场，广州的批发渠道覆盖华南地区，上海的批发渠道覆盖华东地区，然而武汉的批发渠道则不仅覆盖华中地区，还触及东北、西北地区，因此想要打造全国热销品，选择武汉最合适。

其次是武汉的环境优势。除了气候适中，20世纪80年代中后期，武汉商场、中商百货、汉商百货等国有百货商场全国闻名，培育了良好的商业环境。

第三是武汉的区位。在中国广袤的版图上进行长途货运，大多选择飞机空运或火车陆运。飞机空运一来昂贵，二来需要排队，商品露天地摆在停机坪上一连几天，这对化妆品很不利；改革初期，铁路运输虽然性价比高，但运力十分紧俏。因此丝宝集团需要选择一个四通八达的地理居中点，减少运输成本。

除了武汉"九省通衢"的地理位置，武汉地处华中，却将自己的渠道延伸至全国，这是李崇淮教授的"两通起飞"设想落地之后为武汉带来的实际优势。凭借着这些优势，在经济环境偏向谨慎的大气候下，武汉难得地留住了丝宝集团。

港商梁亮胜留在湖北，一家湖北企业却奔赴香港。1990年11月21日，中国大冶有色金属矿业有限公司在香港发行股票4250万股，募集资金4462万港币，成为湖北首个在港上市的公司。

在这个时间点，一家中国内地的企业想要公开募股，除了香港相对成熟的股票交易市场,似乎没有更好的选择。但如果中国大冶有色金属矿业公司愿意再等上一个月,情况会大有不同——就在大冶有色金属在港上市5天后,11月26日,上海证券交易所在浦东新区成立;12月19日,上海著名的浦江饭店500平方米的孔雀厅迎来新身份——上海证券交易所的临时总部,新中国的证券市场在这里起步,时任上海市委书记、市长朱镕基致开业辞。不需要多久,后来为公众所熟知的穿着红马甲的证券交易员和穿着黄马甲的场内管理员将在这里汇集。许多人认为这样的颜色分配是国际惯例,实际上,这是上海证券交易所的设计者在筹备过程中误打误撞定下来的。

开市交易第一天,上海证券交易所有30种证券上市,包括国债5种、企业债8种、金融债券9种和被称为"老八股"的8只股票——飞乐音响、延中实业、爱使股份、真空电子、申华实业、飞乐股份、豫园商城、浙江凤凰。从此中国企业有了面向全国的公开融资募股平台。

为了和上海证券交易所"抢跑",深圳证券交易所在12月1日"试开市"。由于没有中国人民银行的正式批准,深交所要在8个月之后的1991年7月才能举行名正言顺的"开业仪式"。

从一定意义上来说,沪深交易所的开办得益于1990年9月在北京举办的第十一届亚运会。以亚运会为分界,国内的经济环境从调控经济过热重新转向改革与发展,为证券交易所这样的新兴事物的诞生做好了铺垫。

大型国际体育赛事有助于举办城市经济的发展和其在全球知名度的提升:1964年的东京奥运会和1988年的汉城奥运会,成了日本和韩国经济腾飞的注脚;2008年的北京奥运会在全世界陷入次贷风暴引发的金融危机的大背景下,向世界证明中国有继续保持经济一枝独秀、迈向复兴的能力。2019年,武汉这座城市投入如此多的精力举办第七届世界军人运动会,这也是原因之一。

武汉不像上海一样拥有深厚的金融积淀,也不像深圳一样拥有经济特区的政策红利,但武汉金融界希望一步步地把这座城市打造成中国另一个金融中心。

与粮食系统在期货市场建设上暴露出的分歧不同,改革中的湖北省、武汉市金融系统上下一心。改革开放的宏观政策背景,和武汉地方政府对于"两通起飞"构想的重视,是兑现民国时代武汉成为"东方芝加哥"之梦的最好舞台。武汉要向上海和深圳看齐。

伫立在汉正街上为个体经营者提供资金融通服务的"汉正街城市信用社"已经运营了6年。在1984年成立汉正街城市信用社后,武汉又相继在1986年成立武汉资金拆借市场、1987年成立武汉市信用评级委员会、1988年成立武汉证券公司,不停探索新的方式配合市场搞活金融市场。1991年年底,武汉资金市场共融资638亿元,在全国仅次于上海。

1990年,中国人民银行总行向湖北省拨款2000万元,要求其中1000万元建立资金拆借市场,1000万元建立证券市场。拿到这笔资金后,中国人民银行湖北省分行调查统计处处长兼金融研究所所长陈浩武向上级提议,能否建立一家股份制的证券机构。这一想法得到了上级的支持。以1000万元资金作为母本,引入中国工商银行、中国银行、中国农业银行、中国建设银行四大国有商业银行作为股东,1991年,湖北证券开门迎客,陈浩武担任董事长。

春潮涌动的1992年尚未到来,"姓'资'还是姓'社'"的大讨论再度成为舆论中心。湖北证券是武汉孕育出的一棵"蜡梅"。在陈浩武主持的10年里,湖北证券员工数量、营业面积、盈利能力、资产总量都以几十倍、几百倍的速度增长,其中资产总额增长了600倍。进入20世纪90年代中后期,大型国有企业的体制改革和资本市场的繁荣构成了中国商业史上的"冰与火之歌"。陈浩武记得,1998年,仅1000名员工的湖北证券的年利润超过了拥有10万工人的武钢集团。

20世纪80年代末、90年代初担任中国人民银行湖北省分行行长的汪伟和武汉市分行行长的李麦秋是武汉金融改革冲锋的两大旗手,在他们麾下,湖北人行出身的中国证券界先行者——湖北证券陈浩武、君安证券张国庆、武汉证券交易中心梁全坤、闽发证券张晓伟、三峡证券邓贵安等人——在20世纪90年代叱咤了中国证券界,却在21世纪初集体归于沉寂。

1991年6月,一个刚刚25岁的年轻人从体制内辞职。

这一年夏天,"厄尔尼诺"在中国大地肆虐,暴雨和洪水一股脑地涌向江南,长江中下游的省份都在忙着抗洪,这个名叫兰世立的人却把心中名叫"狂傲"的洪水一股脑地释放出来了。

兰世立出生在"文化大革命"爆发的那年夏天。1980年,兰世立的父亲从武汉市商业系统离休,为了顶下父亲的名额,兰世立将自己的生日改大了6岁——14岁的兰世立一夜之间"变"成了20岁的成年人,加入武汉商业局设在乌龙泉矿的供销社,从营业员开始做起。

1986年,他决定继续读书。这一年,利用在商业局的关系和自己的努力,兰世立考取了江夏区商业局下属的商业学校。1988年,中专未毕业的兰世立参加成人高考,考取了湖北省计划干部管理学院。一学期后,他又转入武汉大学专门为地方后备干部开设的"县长班"。

从武汉大学毕业后,兰世立被分配到省委工作,又被选派到海南经济合作厅锻炼。兰世立认为"有出息的人就要下海,没本事才留在机关",这最终促使他选择辞职下海。兰世立将自己的公司命名为"东星"——东湖湖畔冉冉升起的明星。东星在日后的中国商业史上的确曾一度闪亮耀眼,只不过,那被兰世立认为是恒星的光芒,最终被证明只不过是一颗流星。

1991年,兰世立靠打印生意起步。珞喻路周边大学林立,毕业季学生们要打印大量论文,生意好的时候每天收入上千,兰世立形容打印赚钱的速度"如同印钞票"。很快,兰世立从提供打印服务过渡到代理销售电脑。互联网时代,以免费抢占市场、最终实现服务收费的推广模式已经成了普遍玩法,最为人熟知的"玩家"是推出"免费杀毒"的湖北商人周鸿祎。然而兰世立在20世纪90年代初期就把这种方式带到了珞喻路。他举办了免费的打字员培训班,给湖北全省70多个县的各级机关单位发信邀请打字员参加,包吃包住。培训结束后,每人可以带一台电脑回去,用好了再付款,出了问题免费修。依靠这种模式,兰世立卖出3000多台电脑。除了销售电脑,兰世立还承接电脑集成工程,武汉电信公司、武汉钢铁公司、湖北民族学院等单位的网络集成工程均出自兰世立团队之手。一年后,兰世立的资产超千万。

另一名从珞喻路广埠屯出发的武大校友雷军比兰世立起步更早,也走得更远。他在这年初冬结识了心中的偶像、金山软件创始人求伯君。求伯君早就知道雷军,金山软件在20世纪90年代初推出的重磅级产品WPS要搭配"汉卡"使用,全套价格2200元,雷军囊中羞涩,又震撼于WPS强大的功能,于是花了两天时间破解软件。此后,雷军破解的WPS成为国内最流行的版本。求伯君对此没有计较,见到雷军后,他马上向这个年轻人发出邀请,希望他加盟香港金山公司,雷军毫不犹豫地答应下来。雷军在金山工作了16年,为公司创造的价值远远超过了破解WPS所带来的损失。

开放的列车

1992年1月17日晚,一辆列车悄悄地驶出北京站。

列车没有编次,从外观上看,和其他客运列车没有多大区别,都是普通的绿皮列车,但如果仔细看会发现,这辆绿皮列车没有出厂车牌和出厂日期,也没有始发站和终点站的站牌。

1992年1月3日,广东省委副秘书长陈开枝接待了一个来自北京的三人先遣组,这三个人陈开枝都很熟,他们告诉陈开枝:"小平同志是来休息的。"为了让这位88岁高龄的老人不过于劳累,又能看到广东改革开放的成就,一行人规划好了邓小平在广东期间的行程。陈开枝隐隐觉得,邓小平离开北京前往南方并不是简单的"休息"。

1992年1月18日上午10时31分,邓小平乘坐的专列停在武昌火车站一号站台加水,这是邓小平第七次到湖北。湖北见证过他生命中的重要时刻。

1927年6月底,23岁的革命青年邓希贤第一次来到武汉。"四一二"反革命政变刚刚发生不久,白色恐怖笼罩全国。从18岁投入革命工作开始算起,邓希贤已经是一名有着五年革命生涯的老共产党员了,有着丰富的斗争经验。为了保密工作的需要,他将自己的名字改为了"邓小平"。

8月1日,南昌起义爆发。7日,中共中央在汉口三教街一幢西式公寓的二楼召开会议,会议由瞿秋白、李维汉主持,中央秘书邓小平负责会议筹备工作。在这次著名的"八七会议"上,邓小平第一次见到了毛泽东。会上,毛泽东发言指出,全党应该注重军事运动,"政权是由枪杆子中取得的"。

1947年8月,刘伯承、邓小平率领12万大军挺进大别山,建立根据地。大别山在鄂、皖、豫三省交界处,战略意义重大,直接威慑国民党政府的首府南京和当时国民党政府的中心城市武汉。

……

邓小平走下列车,在站台散步。时任中共湖北省委书记关广富、省长郭树言、湖北省委副书记兼武汉市委书记钱运录已经接到通知,提前等候在车站的休息室。

工作人员一边陪同邓小平散步,一边向他报告湖北的书记和省长都在里面,想见一面行不行。邓小平答应得很爽快:"那好啊,见一下吧。"得到消息后,关广富、郭树言、钱运录等快步走出休息室,向邓小平问好,邓小平轻轻一挥手,说:"我们边散步边谈吧。"

谈话刚开始,邓小平就直奔主题,询问湖北省的经济发展情况。关广富汇报完,邓小平开始讲起自己的话。这些话是他早就想好的,也是他这次南方视察的初衷,他知道,在方寸站台上说出口的观点,将会沿着铁路网播散到全国。

邓小平先批评了"文山会海"的形式主义,建议"抓一下这个问题";接着,他话锋一转,开始谈企业所有权:"多搞点三资企业不要怕,只要我们头脑清醒就不怕。我们有优势,有国营大中型企业,有乡镇企业,更重要的是政权在我们手里。"

对于社会上的"左"、"右"争论,邓小平也作出了一针见血的评价:右可以葬送社会主义,"左"也可以葬送社会主义;中国要警惕右,但主要是防止"左"。"不坚持社会主义,不改革开放,不发展经济,不改善人民生活,只能是死路一条。"

一行人沿着500米长的站台来回走了四趟,邓小平的话让旁听者感到震撼,但他还没有把想说的话全部说完。终于,他说出了那句著名的"谁不改革开放谁就下台",并且在临行前嘱咐湖北省委书记关广富:"你们要把我这个话整理送给党中央。"①

是的,邓小平此次南行并不只是简单的"家庭度假"。

邓小平只在武汉停留了29分钟,这是他最后一次来到湖北。

第二天上午9时,列车停靠在深圳火车站。邓小平在广东期间,邓办主任特意嘱咐警卫人员,当邓小平出现在公开场合时,尽量让邓小平与民众见面。邓小平在广东先后驻足深圳、珠海、顺德、广州,除了在广州是在站台上短暂停留,在深圳、珠海、顺德,邓小平均参观了市容或企业。这个选择也是意味深长的:深圳、珠海是广东的两大特区,顺德素来以充满商业活力著称。邓小平要亲力亲为地为改革开放摇旗呐喊。

1月29日下午,邓小平的专列离开广州东站,从京广线转浙赣线开往上海。值得一提的是,30日下午3点,专列途经江西鹰潭火车站,逗留半小时,邓小平与在此等候的江西省委书记毛致用、省长吴官正进行了短暂的交流。吴官正此时已经调任江西5年,他在武汉担任市长期间大胆改革的作风显然让邓小平印象深刻,邓小平与吴官正打招呼的第一句话就是"你是从武汉来的"。

邓小平在江西再次强调"胆子要更大一点,放得更开一点"。

1月31日,列车进入上海。邓小平再次与家人一起在上海欢度春节。

在1月19日至23日邓小平停留深圳的4天时间里,《深圳特区报》副总编辑陈锡添是邓小平的贴身记者。

陈锡添是广东人,1966年从中国人民大学新闻系毕业后,被分配到《湖

---

① 《22年市场经济回顾》,《财经》,2013年第25期。

北日报》担任记者。板凳还没坐热,他就被下放到湖北钟祥一个农场"接受再教育",一年后,《湖北日报》社传来消息,新来的这批大学生一个也不留,全部重新分配。陈锡添成了咸宁的一名广播员。

1970年,陈锡添调到二汽(现东风汽车公司)专用设备厂从事行政工作。新闻专业才是他的老本行,1974年,他强烈要求从工厂办公室副主任岗位调到当时的《二汽建设报》任采访组组长。好景不长,由于陈家有亲戚在海外,"海外关系"招来一些是非,陈锡添决定回家乡广东。如果没有这次调动,陈锡添也不会成为记录邓小平在深圳视察的第一人。

邓小平在深圳秉承"不题词、不接见、不报道"的原则,但他发表的谈话没有一句是闲话。陈锡添知道,这些谈话总有一天要见诸报端,从1月到3月初,他都在整理材料,没有急着动笔。

3月22日,《南方日报》发了一篇邓小平视察深圳企业的通讯。看到这篇报道,陈锡添有些着急了。他找到《南方日报》的负责人员询问究竟,对方答复文章的发布已经请示过广东省委书记。陈锡添知道,报道禁令已解除,当天他就投入了稿件写作。

1992年3月26日,由陈锡添撰写的1.1万字的通讯《东方风来满眼春——邓小平同志在深圳纪实》在《深圳特区报》头版头条刊出,随后被国内所有重要媒体转发。此时正值全国"两会",代表、委员们反响热烈。

在发表长篇通讯之前,《深圳特区报》已经以评论的形式润物无声地发表了很多邓小平的谈话精神;远在上海的《解放日报》如一年前一样,为改革发声,与《深圳特区报》遥相呼应。全国都感受到邓小平继续推动改革开放的决心。

3月末的北京,温度已经接近20℃,树木开始抽出新芽,这座城市的春天也一如既往地到来了。

奥地利作家茨威格有一系列人物传记作品,其中,《封闭的列车》一文收录于图书《人类群星闪耀时》。文章讲述十月革命前,隐居瑞士的列宁借助德国的帮助,通过一列铅封的车厢回到俄国领导革命。将列车铅封起来,意味着这节车厢享有治外法权,不受沿途国家法律的约束,不能对车上乘客进行人身、证件、行李的检查,这帮助列宁逃过了沙皇的围堵。茨威格写道:"在崭新的人类历史进程中,没有哪一枚炮弹会比这列火车射得更远,对人类命运更有决定意义。"

列宁击垮了沙皇的统治,建立起社会主义政权。75年后,社会主义国家的数量急剧缩水,中国该如何守护社会主义,邓小平也用一列火车予以回答。

这列火车代表着开放。

投奔怒海

1992年3月30日,新华社将邓小平在深圳视察的纪实报道《东方风来满眼春——邓小平同志在深圳纪实》作为通稿发布。当天晚上,在中央电视台《新闻联播》之后,播音员邢质斌用长达45分钟的时间口播了全篇文章。邓小平在南方点缀出的春色撒播全国。

从此,关于市场经济姓"资"姓"社"的理论问题不再是社会的主流纷争,改革成为共识。中国的文人素来讲求"学而优则仕","治国平天下"是儒家文化影响下士大夫阶层的终极理想,这个理想是在"抑商"的封建价值观下形成的。在改革开放和邓小平南方谈话的语境下,商业不再是被价值观摒弃的行当,相反,它成为这个国家再次走向繁荣的必经桥梁,为了达到"平天下"的理想,从政治上参与"治国"是否是唯一的途径,这成了一个值得考虑的问题。

为了回应邓小平南方谈话的精神,国家体改委做出反馈,在1992年5月颁布《有限责任公司暂行条例》《股份有限公司暂行条例》,这两个文件被视为《公司法》和《合同法》的雏形。政策的颁布是发令枪,枪声一响,大量民营企业在南部沿海城市注册成立。

中国最聪明的头脑应该在哪儿?过去几十年,这个问题的答案毫无疑问地指向体制内,改革开放后,特别是1992年的春天后,一批人准备为它找寻一个新的答案。

陈东升、田源、毛振华,武汉大学经济学教授董辅礽门下的三个学生几乎在见到两个条例颁布后,同时开始创办企业。

前文讲到过,田源1986年赴美调研后了解了期货平抑物价的功能,回国后推动了中国第一家引入期货交易机制的全国性批发市场郑州粮食批发市场的建立。1990年,田源再次赴美,以访问学者的身份在科罗拉多大学学习,攻读博士学位,同时在芝加哥期货交易所进行访问研究。

启程之前,田源已经认定,建立一家期货经纪公司是中国建设期货市场的过程中不可或缺的元素。《有限责任公司暂行条例》《股份有限公司暂行条例》颁布后,田源看到时机已成熟,他找到5位在部委和中南海工作的朋友,分头向商业部、物资部、经贸办、工商局、外汇局等相关单位进行游说,为创建"国"字头的期货经纪公司而努力。

这时田源的职位是物资部对外经济合作司司长,物资部部长欣赏田源,让财务司给田源的公司投资200万元。从1992年开始,物资部陆续成立了许多公司,200万元投资额在当时物资部成立的公司中是最少的。田源找到13家股东募集2000多万资金,股东中包括中农信、中银信托、中粮贸易等国有企业,以及一家私企。1992年11月11日,国务院批复了建立中国国际期货经纪有限公司(简称"中期公司")的申请;12月28日,公司的成立仪式在人民大会堂举行。

按照传统的干部制度,中期公司算是物资部成立的公司,干部应该由部里任命。田源不同意这个说法,他亲自选定班组成员,让人事司大为光火。田源的理由很有说服力:股份制公司向股东负责,部里委派了一群不懂期货的人,公司亏钱了责任在谁?田源放弃了自己的行政级别,换取中期公司成为一家没有行政级别的、纯粹的股份制公司。为了表明公司的独立性,田源向人事司司长立下狠誓:"今天我离开这个门,就永远不会再回来!"

根据《中华工商时报》的统计，1992年全国至少有10万党政干部下海经商。对于走出体制的下海者，辞职并不是唯一的选择，还有一个选择是停薪留职。"留职"是一张安全网，商海有再多的不确定性，体制总归是一个稳固的地方。田源没有这样做，他在仔细研读了两项暂行条例后毅然决定断掉自己的后路。"沉船破釜甑"，正是源自楚文化的决断。

低田源三届的师弟、同样供职于国务院发展研究中心的湖北天门人陈东升也从很早就开始谋划创办企业。

1988年，陈东升调任国务院发展研究中心下属的《管理世界》杂志做副主编，他认为差异化才能让一本杂志具有辨识度。受到《财富》《时代》杂志的启发，陈东升提出评选"中国企业500强"，评比引发了轰动，《人民日报》、中央电视台《新闻联播》均报道了这条消息，《管理世界》名声大噪。编辑部随后组织编纂500强企业的图书，向入选企业发函，买书者需缴纳450元，登广告者需缴纳4500元。企业反响热烈。一条广告没发，杂志赚到了400多万元。

1989年，新中国成立40周年，《管理世界》再次策划了"40年工业成就展"。这一展览是当年国庆期间的重要活动，《管理世界》再次声名鹊起。

市场经济刚刚起步，一个好的策划足以超越大众认知、让人眼前一亮，但陈东升不满足于此。在研究世界500强企业后，陈东升发现，美国以140家入选企业居首位，日本以110家企业紧随其后，德国、法国、英国分别以58、57、56家入选企业位列三、四、五位，国家入选企业数量的排名与国家经济实力紧密相关，这也就意味着，一个国家的经济富强必然伴随着境内企业的成长壮大。创办一家伟大企业的想法在陈东升脑海中萦绕。

陈东升认为，西方世界的商业游戏规则起步更早、发展得更为成熟，这是无可厚非的；国外企业在市场中搏杀总结出的商业道路在中国终有一天可以应用，沿着国外成熟企业留下的车轮印覆辙而行，可以为中国企业节省试错成本。为此，他提出"创新就是率先模仿"的方法论——在一个尚未完全开放的国家,率先选择一个好的模仿对象就是创新。这一简单实用的方法论此后被中国企业反复验证。

以经济学的思维,每一个选择的背后都是机会成本的舍弃。陈东升预计,如果选择下海经商,他将放弃职位的升迁。

创业要舍弃什么陈东升已经想好了,但创业要做什么他还没有想好。

一天,几个同学拿着一张报纸找到陈东升,报纸上刊登了一篇评论文章。文章认为,中国拥有五千年悠久的文化传统和历史,不应该连一家有影响力的艺术品拍卖行都没有。一行人挤在北京南城马路的路灯下读完了文章,这勾起了陈东升的回忆。他还记得1987年《新闻联播》播报的一则新闻:1987年3月30日,梵高的《向日葵》在伦敦佳士得拍卖行进行拍卖,起拍价500万英镑,最终以2250万英镑(约合3950万美元)被来自日本的买家拍得。事后交易信息公开,买家为日本安田火灾海上保险公司。

在《有限责任公司暂行条例》和《股份有限公司暂行条例》颁布的当月,陈东升终于按捺不住创业热情,提交了辞呈。有了在《管理世界》杂志社积累下的名声,陈东升认识了一大批企业家。从企业的角度来看,在中国企业500强图书上打个广告,这是沉没成本,但入股一家初创公司则是投资。陈东升在筹集启动金上没有费太多心神,一个星期内就募到2000万元资金。与师兄田源一样,陈东升的创业到了"闯批文"的阶段。文化拍卖归属文化部主管,熟悉体制的陈东升找到文化部的下属单位中国画研究院,通过赠送对方干股的方式让其成为股东之一。文化部以上下级的名义受理了陈东升创办拍卖公司的申请。

公司名字避开了敏感的"文物"字眼,原本想叫"中国国际文化珍品拍卖有限公司",后改名为"中国嘉德国际拍卖有限公司"。经过九个月的等待,嘉德国际拍卖有限公司于1993年3月终于获准成立。陈东升十分兴奋,他在北京当时最炙手可热、高级饭店宾馆扎堆的东三环租下了长城饭店的四间房做办公场地。

长城饭店只接受美元结算租金。1993年，人民币汇率还处于"双轨制"时期，浮动汇率制还没有放开，陈东升用人民币兑美元，每一天每间房要付85美元，这是很大的一块成本。陈东升展现出湖北人的精明，把长城饭店由房东变成股东，以房租来折算股份，缓解了部分现金流的压力。突然闯入拍卖行业，陈东升对文化藏品一知半解，连张大千是谁都不知道，从国外留学回来的长城饭店副总经理王雁南则与古董圈熟络，她把陈东升一点点带进门。陈东升邀请王雁南出任嘉德的总经理。事后证明，王雁南对嘉德的成长做出了不可替代的贡献。

嘉德拍卖成立之后的十个月里，公司"开业不开张"，成本压力让意气风发的陈东升时常紧张到喘不过气来。直到1994年3月27日，嘉德才组织了第一次拍卖——1994年春季拍卖会。这次拍卖会吸引了海内外艺术收藏家、投资者、新闻媒体记者等近千人亲临现场，他们挤在长城饭店的大会议厅内，围观245件作品的拍卖。

拍卖会的第一件拍品是现代国画家吴镜汀的作品《渔乐图》，起拍价8000元，由中国书画鉴定大家徐邦达主锤。无论是从画家的名气还是作品的名头看，这件拍品的噱头都不大，但是它有一个很好的寓意——收获。

"我出一万八，一拍就发！"拍卖刚刚开始，台下举起了一个牌子喊价18000元。

全场都看得到，号牌上写着数字"1"。拿着嘉德第一次拍卖会1号牌的人叫张宗宪，是香港著名的古董商。嘉德筹办期间，陈东升带着创始团队前往香港学习拍卖的行业规则，那时已经活跃于世界各大拍卖行的张宗宪没有对陈东升一行人有半点轻视，反而给予了极大的帮助。据陈东升回忆，预展的展柜玻璃应该多厚、图录做多大尺寸、举牌流程怎么走、成交后如何和客户签单，都是张宗宪一点点教的。

香港讲究讨口彩，每当张宗宪的喊价被超过，他便一路加价，每次喊价都以"8"来结尾。最后一次喊价，张宗宪甚至站起身来，他高举着右手喊道:"今天嘉德开张,祝他们兴旺发达,八万八,发发发!"再没有人加价,拍锤第一次落下,全场响起掌声。

按照当时艺术市场的价格,八万八千元已经可以买到一幅比较好的齐白石作品,但张宗宪不觉得自己吃了亏。"1号先生"拍下"1号拍品",这本身就让人印象深刻。

当天出现在现场的参拍买家很多都是与陈东升相识的老朋友,第一次拍卖的拍品一半以上被这些朋友买走,不过也有买家此前与陈东升并不认识,通过此次拍卖才与陈东升一点点结缘。

比如祖籍湖北、出生在上海的商人刘益谦。公众更为熟知的是刘益谦在2014年以2.8亿港币拍得明代鸡缸杯后,在交接现场,用这件价值连城的鸡缸杯喝了口茶。1994年出现在嘉德拍卖会是刘益谦第一次接触拍卖这行,他花了200元买了本图录,发现自己只认识郭沫若和李可染①两个名字。拍卖当天,刘益谦分别以7万元和11万元拍下了郭沫若和李可染的作品。此后,刘益谦多次成为嘉德的座上宾,他也成为国际拍卖市场上出手阔绰的收藏大家。

此次刘益谦出现在北京,是专程来收购企业内部职工股的。他通过股市完成财富积累的经历是狂热时代下的另一个故事。

1994年嘉德春季拍卖会成交总额达到1307.5万元,按照拍卖的行规,中介机构要向卖家和买家各收取成交额10%的佣金,总计成交额20%的佣金进账,扣除一年的开销,嘉德赚了几十万元。初拍成功让离开体制的陈东升再度以另一种身份成为风云人物,他登上了中央电视台《东方时空》"东方之子"栏目。在《东方时空》霸屏家家户户电视机晨间时段的高光岁月,只有最一流的人物才有机会登上"东方之子"栏目。

---

① 李可染(1907年3月26日—1989年12月5日),原名李永顺,江苏徐州人,中国现代杰出的画家、诗人,画家齐白石的弟子。

1995年，嘉德再放两个"大招"。

2月19日，在天安门管委会的委托下，嘉德举办了一次专场拍卖会。拍卖物品是从新中国成立以来就守望在天安门城楼上的一对大红灯笼。城楼上的灯笼共有四对八只，设计样稿由周恩来亲自批准，每个灯笼的直径超过2米，开国大典前挂上天安门城楼。1994年，为了庆祝新中国成立45周年，天安门管委会决定对天安门城楼进行装修，八只旧灯笼将由折叠式新型灯笼代替，嘉德将会拍卖旧灯笼中的两只。此次专场拍卖会还有一个额外的要求：参拍者必须是境内人士——用意很明显，天安门的灯笼不可以流落海外。

拍卖开始，会场座无虚席，两只灯笼无底价开拍。第一声报价喊出了10万元，在随后不到7分钟的时间里，价格一路攀升，最终定格在1380万元。灯笼由浙江籍商人拍走，拍卖所得资金将捐献给贫困山区和"希望工程"助学项目。此前，天安门管委会连两只灯笼能否拍到200万元都不抱希望。

不过，当年秋季拍卖会上的"明星"是曾经大放异彩的油画作品《毛主席去安源》。

据有关部门统计，这张油画的单张彩色印刷数量累计超过9亿张，被认为是"世界上印数最多的一张油画"，而20世纪六七十年代，中国总人口数不过7亿。最终，《毛主席去安源》在嘉德拍出了550万元。

陈东升的从商之路从嘉德开始，但嘉德并不是陈东升唯一的归宿。早在他研究世界500强企业时，他便立志要创办一家能跻身其中的企业，拍卖行业抽佣的业务模式注定无法达成这一宏愿——连佳士得这样的龙头企业都无缘世界500强榜单。陈东升知道自己要选择其他道路。

在嘉德尚处于筹办阶段的时期，陈东升就开始关注保险行业，前面讲到，有实力用巨资拍下梵高名画《向日葵》的就是日本的一家财产保险公司。但陈东升想涉足的不是财产保险，而是人寿保险。

1990年,还在《管理世界》杂志担任主要负责人的陈东升随团访问日本。在日本街头,陈东升看到摩天大楼上写着"日本生命"四个汉字。后来他知道,日本生命保险相互会社是日本最大的人寿保险公司,也是日本最大的养老金发放管理机构。日本经济在二战后的重建和成长过程中,钢铁、造船这类重工业企业的重要股东都是人寿保险公司,人寿保险为日本经济腾飞提供了资本支撑,助推了一个国家的复兴。

还有一件事坚定了陈东升创办人寿保险企业的决心。1991年,陈东升翻看报纸发现,香港公布了华人世界的首富,当年的首富不是大家熟知的李嘉诚,而是名不见经传的蔡万林。蔡万林正是国泰人寿的老板。

1993年,嘉德的批文还没下来,陈东升就向中国人民银行和保监会同时递交了经营人寿保险业务牌照的申请。没想到一等就是三年,1996年初,中国人民银行批准泰康人寿保险股份有限公司筹建。泰康人寿成为《保险法》颁布后中国第一批股份制保险公司。

2018年,泰康人寿首次进入《财富》世界500强排行榜,位列第489位。陈东升用22年实现了自己的梦想。

除了嘉德拍卖和泰康人寿,1994年,陈东升还与哥哥陈显宝、弟弟陈平创办了物流企业"宅急送"。三家企业都遵循着陈东升"创新就是率先模仿"的原则。

陈东升还创建了一个词——"九二派",即在邓小平南方视察后借着市场东风涌出体制投奔商海的"士大夫"群体。这群人是中国商业历史上的一股新生力量。

比起两位离校进京的同门兄长,毛振华大学毕业后留在了湖北公务员系统工作,先是在湖北省统计局,后因为领导赏识调到省委政策办公室。这个办公室直接服务于湖北省委书记,毛振华经常为时任湖北省委书记关广富撰写讲话稿,锻炼颇多。

1988年,海南建省,毛振华被调往海南省政府研究中心工作。海南省第一个政府工作报告出自毛振华之笔。1990年,26岁的毛振华被提拔为正处级,并进京调往国务院政策研究室,未来一片光明。

陈东升与毛振华自本科起便一直是同班同学,关系密切。有一段时间陈东升的夫人去新加坡留学,毛振华下了班便骑着自行车到陈东升家,两人整宿整宿地聊天。"东升是一个思想家和理想家",评价起同班同学,毛振华不吝赞美。陈东升的"创新模仿"理论和对公司应该冠以"国"字头的重视影响了毛振华。

毛振华选择"创新模仿"的国外成熟企业是穆迪公司和标准普尔。这两家分别创立于1860和1909年的企业是财经新闻中的常客,也是国际权威的投资信用评估机构。选定目标后,毛振华开始撰写成立信用评级机构的可行性报告。

毛振华游说主管部门十分积极。中南海和中国人民银行总部都在长安街上,报告提交后,毛振华经常骑车到央行"上班",给审批部门施加压力。只用了四个月的时间,毛振华筹办的中国诚信证券评估有限公司(简称"中诚信")就拿到了央行的金融许可证和国家工商总局颁发的工商执照,这比几位下海创业的武大校友都快。在撰写公司章程时,中诚信吸收了穆迪和标普的现成规则。

1992年10月8日,中国诚信证券评估有限公司成立,发布会在钓鱼台国宾馆芳菲馆举行,《新闻联播》报道了这条新闻。12月26日,中诚信在董辅礽、厉以宁、江平等几位著名经济学家、法学家的组织下制定了中国第一套信用评级指标体系——《信用评级业务指南》。从1992年至1994年上半年,国有企业"抓大放小"的改革思路出现端倪,中诚信利用体制资源承接了许多业务,包括为三峡工程设计融资方案,为鄂武商、武汉中商、华新水泥等湖北老牌企业上市提供顾问服务等。

在为中诚信募资时,毛振华找了12个国资背景股东,但作为创始人,毛振华没有任何个人股份。1994年下半年,中诚信的业务受市场影响进入低谷,毛振华的经理人职位能否保得住要看股东们的投票。虽然股东们最终的投票结果让毛振华安然度过了危机,他却开始思考股份对于维护创始人影响力的重大意义。这为他日后买下中诚信埋下伏笔。

与陈东升、田源、毛振华一样,许多日后的楚商代表人物均在1992年后选择走出体制:

1992年5月,在武汉担任中国工商银行武汉科技处工程师的蒋涛辞职南下,去往深圳加入史玉柱的巨人集团。在巨人集团涉足保健品后,蒋涛又先后工作于金山、豪杰等著名科技公司,最终于1999年创办CSDN。

1992年8月,在深圳人民银行[①]担任证券管理处处长的张国庆辞职创办君安证券,担任董事长兼总经理。张国庆是20世纪90年代股市的一个传奇。

1992年,已辞去大学教师职位创业的谢圣明在邓小平南方谈话精神的启发下二次创业,他从武汉高校和科研院所近2000项成果中选择了武汉大学张廷璧教授的研究成果——从天然植物中提取卟啉铁生产补血剂,开始创办"红桃K"。张廷璧以技术和智力入股红桃K集团。到2000年,张廷璧个人资产达1.3亿元,成为全国"科学家首富"。

1993年,浠水籍经济学家钟朋荣决定"下海"。他割舍不下已经从事了十多年的经济研究工作,从中共中央办公厅调研室调出后,他选择了一条商业与经济学研究相结合的道路,创办了北京视野咨询中心。

1994年,荆门人成从武从一家"国"字头金融企业辞职下海创业,公司起初投资广西港口和旅游景区项目。美国在海湾战争后逐渐向全球开放了全球GPS民用市场,成从武公司内的技术团队开始研究GPS的应用项目。2002年,由这个团队孵化成的高德公司成立,专攻汽车导航。

……

---

① 即中国人民银行深圳市中心支行。

一代企业家有一代企业家的历史意义。

经济学家厉以宁认为,"九二派"代表的一代企业家与改革开放初期涌现的第一代企业家不同。20世纪七八十年代涌现的企业家大多来自体制外,有胆量、敢拼搏,但文化水平较低,缺少专业的训练;而"九二派"有专业知识、开阔的眼界、家国情怀,他们从体制内涌向体制外创业是有志于让中国经济在国际上名列前茅的。

另一位经济学家张维迎认为,根据他"非正式的观察",在英美这样的发达国家,最具企业家才能的人在经营企业;而在不发达国家,如拉美和非洲,最具企业家才能的人在政府和军队。"企业家人才在政府和工商业间的配置是经济发展最关键的决定因素之一",张维迎推论,最具企业家才能的人在创造财富而非分配收入,这是中国日后经济快速增长最重要的原因。

2011年,亚布力中国企业家论坛委托媒体人陈海为"九二派"企业家写作群体传记——《九二派——"新士大夫"企业家的商道与理想》。这本书对"九二派"企业家的精神内核做了详细的阐释。当时,亚布力中国企业家论坛的理事长正是创建"九二派"一词的陈东升。

陈东升在武汉大学求学时便具备领袖气质,这种热情延续下来,让他十分热衷于汇聚各种商业群体。除了领衔"九二派",陈东升在湖北商人定名"楚商"后再次积极奔走,常年担任楚商联合会会长。

无论楚文化有多么悠久的历史,楚商都只是一个新商帮,一个商帮能否真正地形成,不在于它是否有了统一的名称,而在于构成它的人是否拥有商业共识。为了普及楚商商业文化,陈东升花费了很多心思。2019年秋天,讲述楚商千年发展历史的"楚商回顾展"在陈东升捐赠的武汉大学万林艺术博物馆展出。

从底层逻辑来看,陈东升依然是一个传统的"士大夫",虽然身在体制外,但"未敢忘忧国"的思想留存在他的身体里。下海经商的选择证明陈东升相信企业家对于国家经济的推动作用,这种信念延续至今。

企业家创造财富,而不是单纯地积累财富,甚至掠夺财富。"不要因为走得太远而忘记为什么出发",纪伯伦的名言常被引用以自省,但如果出发的理由便是攫取利益,多么离经叛道都算不上远。经济学中的"经济人假设"与中国传统的儒家理想在中国的土地上碰撞,如同岩浆与海水的相遇,二者终将"勾兑"出一个凝固态。

"九二派"下海体现出他们对于新型商业文明身体力行的理解。在这里,儒家所倡导的家国思想占据了上风。而在1992年后的茂林里,另一群人则遵循着丛林法则,讲出了另一番故事。

一"股"狂潮

邓小平南方谈话精神经由媒体公开后,两批不同的武汉人第一时间做出了反应。

第一波是向来大胆的武汉金融领域。

20世纪80年代,认购国库券被视为支持国家建设的表现,很多人响应号召或是按照单位摊派,认购了国库券。国家的债券市场尚不完善,国库券缺乏流通和回购渠道,为了尽快兑现,很多人到集市上以大大低于票面的价格换鸡蛋或者日用小商品。国库券折价的背后是国家信用的折价,因此让国库券能够正常地流通,成为维护国家金融信用的重要举措。

1992年4月17日,在中国人民银行湖北省分行和武汉市分行的合力之下,武汉证券交易中心正式成立。武汉证券交易中心又被称为武汉柜台市场,俗称"汉柜"。按照规划,武汉证券交易中心不只满足于撮合债券交易,它将逐步扩大交易证券的品类,最终成为全国性的债券交易中心和股票交易中心。1993年,武汉全市金融机构的总数达到2100个,人均拥有金融机构比例为4000∶1,大大超过全国平均水平。

1994年12月,武汉证券交易中心设立武汉柜台交易系统,成为当时除沪深证交所之外的全国最早一批证券交易场所。武汉中商、武汉中百、武汉健民等8只内部股上柜试点交易,随后"汉柜"股票增至26只。截至

1997年底,祥龙电业、武汉中商、六渡桥、武汉石油、武汉塑料、武汉中百、汉商集团7只股票从"汉柜"摘牌,相继赴沪深上市。就在武汉距离拥有全国第三家证券交易所的梦想越来越近时,亚洲金融危机袭来。1998年,全国柜台交易被"一刀切"地关闭。

"就差一口气。"时任中国人民银行武汉市分行行长、武汉金融改革领军人物之一的李麦秋遗憾地回忆。事实上,武汉证券交易中心的关闭是很多武汉人心里的疙瘩。20世纪90年代中后期,证券市场乱象环生,亚洲金融危机直白地展现出金融监管不力将会导致怎样严重的后果。为了让中国金融市场变得更加健康,武汉证券交易中心成了被舍弃的那部分"组织",同样被舍弃的还有武汉的金融梦。

第二波对邓小平南方之行迅速反应的,是一直在"证券化"道路上摸索前进的武汉商场集团。自从总经理毛冬声贷款美元、请香港装修公司改建武汉商场以来,这家商场就注定要走在时代前头。

1986年,中国企业掀起新一轮改革浪潮,完善多种形式的经营承包责任制、推行资产经营责任制成了这次改革的重点。对于这个方向,一向大胆的武汉商场却表现得很犹豫。毛冬声看出了声势浩大的国企改革背后的主要矛盾——扩权、让利、承包、租赁、资产经营责任制等手段虽然让企业在一定时期内享有独立的经营权,但只要改革不触及产权,企业就不是一个真正自主经营、自负盈亏的实体。

为了避免"换汤不换药"式的改革,毛冬声向市里提出了自己的顾虑。市体改委的一位负责人问毛冬声:"敢不敢试一下股份制?"股份制通过公开发行股票改变企业的资产结构,将政企分开,毛冬声对这个提议怦然心动。

他跑去找专家咨询,又从香港托人带回一大摞专业书籍研读。毛冬声发现,股份制可以让企业不通过银行就拿到钱,这笔钱不需要还本金、付利息,经营风险由股东分担。就冲这一点,武汉商场决定立即探索股份制改革道路。

1986年12月,武汉商场股份集团有限公司成立,首期发行内部股票622万元,参股机构包括工商银行这样的金融机构、武钢这样的大型工业企业,还有北京百货大楼这样的国内大型百货零售企业。

股份制改革刚刚过去一年出头,政治风险就显现出来。1988年春节,一位高层领导视察北京王府井百货大楼,谈到股份制时说了三点:一、搞股份制是走资本主义道路;二、股份制"吃掉"了国有资产;三、搞股份制的人动机不纯。北京百货大楼也是武汉商场的股东之一,在场听到这番话的北京百货大楼总经理急忙给毛冬声打电话:"领导都发话了,你就不要搞啦!"

毛冬声放下电话后一根接一根地抽起烟来。最让毛冬声不知所措的是,部分募得的资金已经被用于商场改造,覆水难收,这部分钱怎么办?

春节一过,毛冬声就向市里汇报工作,武汉原市长、时任市人大常委会主任的黎智听罢沉默了很久,最后说了一句:"你们继续搞,就是搞错了,武汉也只有你们一家。"

1988年11月,商业部、中央党校、中国人民大学、中南财经大学组成的专家论证组对武汉商场的判断是:"武汉商场运行情况符合国际惯例,又结合中国国情,成效显著,为全国大中型国有企业的股份制改革提供了有益的经验。"但1989年开始,中国陷入改革之后最严重的路径争论,如果股份制被定性为"走资本主义道路",专家组的意见便不再是"护身符"。

最终让毛冬声放下心里大石头的是1992年邓小平的南方谈话。十几年后,毛冬声还能将邓小平在深圳对于股市、证券的谈话背得滚瓜烂熟:"证券、股市,这些东西究竟好不好,……允许看,但要坚决地试。"

邓小平深圳之行的报道在3月底见诸媒体,4月开始,毛冬声马上启动武汉商场股票上市的准备工作。

在上市之前,武汉商场发行过两期股票:第一期是在1986年武商进行股份制改革时,采取摊派制,要求员工与企业"联股、联利、联心",每名员工至少购买 500 股；第二期是在 1988 年春节后，得到上级领导的支持，武汉商场于 3 月初面向公众发行股票。

武汉商场的第二次公开发行股票分为街头推销和柜台交易，由于当时公众对股票是什么并没有概念，负责街头推销的发行员不得不回答诸如"股票可以去商场买东西吗？""股票为什么不能退？"这些基础的问题。可这些问题发行员也无法一一作答，只能不断强调"买商场的股票是不会亏的"。柜台销售要好一些，不到一小时的时间，12 万元股票被抢购一空。

从 1989 年开始，武商股票在柜台交易上表现得冷冷清清，几乎没有交易。有商场员工在离岗调任后想要以八折的价格出售股票，却没有人接手。1992 年，"股票热"急剧升温，获知武汉商场即将上市的股民从深圳、上海、江苏、浙江涌入武汉，以票面价格 7 到 15 倍的价格大量吸纳武汉商场对外发行的股票。

1992 年 11 月 20 日上午 9 时，"鄂武商"在深交所挂牌交易，成为深交所第 23 只上市股票，也是第一个在深交所申请上市的外地公司。武汉商场引领了武汉百货商业板块的黄金时期。鄂武商之后，汉商集团、武汉中百、武汉中商、六渡桥百货在 1996 年至 1997 年间相继从武汉证券交易中心跳上 A 股主板市场。

1992 年的股市是滚烫的。

5 月 21 日，上海证交所取消涨跌停板制度，全面放开股价，上证指数从 20 日的 616 点连日上涨到 25 日的 1420 点。上交所"老八股"之一的豫园商城股价飙至万元以上。后来成为资本炒家的刘益谦就是在这只股票上大赚特赚的：此前，他以每股约 100 元的价格购入豫园商城股票，后以每股万元的价格卖出，赚了 100 万元。此后他又做起了"股票认购证"的生意，1994 年，刘益谦已经身家过亿，这是他在嘉德拍卖会上喊价的底气。

1992 年 5 月 25 日，面对股价井喷式上涨的情况，中国人民银行深圳市中心支行下属媒体《金融早报》刊登评论文章,标题为《勿忘大暑之后有大寒》[①]。文章的作者为时任深圳人行证券管理处处长张国庆。张国庆是湖北英山人,从部队复员后,他进入湖北省人民银行系统,正赶上武汉金融锐意改革的时间段,张国庆官至办公室副主任。此后,他调任深圳。在这篇文章中,张国庆指出,"深圳股价全面回落是符合市场规律的"。政府部门以媒体吹风的形式为股市降温,股指当天应声回落。很多年后有老股民依然记得"大暑之后有大寒"带来的萧瑟回忆。

但更多的人忘记了这句话。

管理机构的警告没能熄灭股市蹿烧的火舌,挣快钱的诱惑驱使全民涌向股市。这一轮狂热的高潮在1992年8月10日到来,当天,为了抢购5亿股公开发行的股票,上百万人在现场排队。此外,根据官方统计,约有320万张身份证从全国各地用特快专递寄到深圳,最大的一个包裹重17.5公斤,里面有2800余张身份证。现实让苦苦等待的人感到失望:原定销售两天的认购表在一天之内售完;有的发售点有数千人排队,只有30多人买到抽签表;窗口买不到的认购表,"黄牛"手中却手握几十、上百张;原价100元的认购表在黑市上被炒到了700至1000元。

百万股民排队购表,已经对这个常住人口260万的城市带来治安压力。深圳市政府调集了8000名民警和1200名武警勉力维持现场秩序。一场荒诞的认购就像有个人把嘶嘶冒响的高压锅压力阀抛到九霄云外,任凭高压锅爆炸。

最终深圳市委、市政府决定,提前调用1993年的500万张认购表,以满足股民的投资需求,认购表将于8月11日开放申领。愤怒的股民听到这个消息,立即回到现场排队,事件逐步平息。

---

① 一说文章发布日期为1992年6月15日。由于2002年后《金融早报》停刊,具体时间不可考,此处采信财经媒体的说法。

"8·10"事件后,股市股指开始了"跳水",深市股指从8月10日的310点跌到11月23日的164点,跌幅达47.1%;没有涨跌幅限制的沪市股指更为惨烈,只用了3个交易日便跌去了32%,从取消涨跌幅限制的5月21日开始算起,当年沪市股指最低点较最高点跌去了72.3%。

1993年,来自仙桃的年轻人陆风站在上交所门口。严格来说,他也算是一个走出体制的"九二派",不过1992年大学毕业后,他只在体制内待了三天便毅然辞职,理由是工作单位没有电脑。

陆风随即去了当时全国电脑最多、最集中的地方——北京中关村。他做了一段时间的软件开发,又辗转到深圳。1993年他抵达上海的时候,股市的震荡幅度较之前一年已经收窄。陆风发现,在上交所门口,有人兜售A4大小的信息单,上面印着上市公司的数据,一张可以卖到10元钱。信仰计算机技术的陆风心想,如果把这些数据收集起来,做成软盘卖,会怎么样。

三年后,陆风才知道,这个行当叫金融数据服务,领头羊是来自英国的路透(Reuters)社和来自美国的彭博(Bloomberg)社。陆风创办了本土金融数据服务供应商"万得信息",如同路透社与彭博社一样,陆风创办的公司从创始人的名字中取得灵感,将产品命名为"Wind"。万得信息创办的20年后,2016年,Wind资讯在国内市场的终端总量是路透社、彭博社二者的10倍。

"8·10"事件给中国股票市场带来了许多改变:就在当月,《证券法》起草工作启动;10月12日,国务院证券委员会和中国证监会宣告成立,中国证券市场统一监管体制开始形成。还有一个当时不易为人察觉的小变化:那个写下"大暑之后有大寒"的张国庆辞掉公职,"下海"创办了君安证券。

如果说20世纪90年代的中国股市充满了荒诞的故事,张国庆和他一手创办的君安证券无疑是那个时代的主角。或许在张国庆的眼里,大暑之后有大寒、大寒之后有大暑,这些都是股市规律的形象写照,在深圳的股市上,他要成为那个一手调节"寒暑"的人。张国庆吸纳包括军队企业在内的5家国有企业成为君安证券的投资者,注册资本5000万元人民币。

1993年至1998年期间,君安证券共为超过100家企业承担A股、B股上市及配股业务,筹资总额近300亿元人民币。公司在国内下辖约60家证券营业部,交易量在深交所的排名从来没有出过前两位,即使在上交所也处于前六名,国债交易量位居国内前十名。张国庆与万国证券的管金生、申银证券的阚治东并称为早期中国股市的"三大教父"。

在深市老股民的记忆里,张国庆和君安证券"手眼通天"。

1993年年末,一家深圳公司找到君安证券,提出希望出售手中持有的上市公司万科的部分法人股。万科是深市最早挂牌的6只股票之一。根据证券监管部门的要求,法人股买卖需要最高证券管理机构批准,其中的难点就在于"批准"二字,只有得到主管部门的同意,万科的大股东才能成功套现。君安对这笔交易开出的手续费是50%。最终,监管机构通过了这笔总价1.1亿元的交易,君安证券赚到5500万。时任万科董事长王石认为,张国庆与证管高层有着"非同寻常的关系"①。

张国庆与君安的高明之处在于,这笔交易并没有止于5500万。通过交易过程中的合作,君安证券与万科大股东形成了利益联合体。减持之后,大股东依然持有6.2%的万科股份,这为后来张国庆向万科发难提供了支点。

对于1994年中国股市轰动一时的"君万之争",王石多次撰文回忆个中曲折,而以张国庆为代表的君安一方却在事后少有发言。

根据王石的记述,1992年万科研究面向海外投资者发行B股的准备阶段,他见到了还在深圳人行证券管理处担任处长的张国庆。"8·10"事件刚刚过去,张国庆明显感受到了来自北京的压力,开始筹备君安证券。手

---

① 《道路与梦想》,王石著,中信出版社,2006年1月。

握万科B股生杀大权的张国庆给王石开了一个无法拒绝的提议：万科B股将由自己即将创办的证券公司负责承销。

张国庆本想在创业初期赚上一笔。出乎意外的是，万科B股1993年5月28日正式挂牌交易，恰好撞上宏观调控，开盘后便跌破了发行价。总计发行的4500万股万科B股中的1000万股积压在君安证券的手上，占万科总股本的3.43%。到1994年春，万科股价只有9元，每股较君安所持有的成本价跌去了3元，这将为君安带来3000万元的账面亏损。

君安不会坐视亏损而不管，为了迅速扭亏为盈，君安部署下一盘大棋，准备向万科发难。

摊牌发生在1994年3月30日。当天上午10点半，张国庆走进王石的办公室，他告诉王石，君安联合一批股东向万科发起了"改革倡议"，其中一条是要王石让出董事长之位，只担任总经理。倡议的发起方总计握有10.73%的万科股份，其中便有之前委托君安销售法人股、此时依然持股6.2%的那家大股东。王石分析，君安希望通过改组万科董事会操纵万科运营，制造万科被收购的消息推高股价，从而脱手积压的万科股票。

以股东的名义向企业管理者发难，敦促后者改善管理方式，张国庆的思路在当时的中国股市显得独树一帜。彼时，王石的万科如同很多进入发展期的企业一样，陷入了多元化的泥潭，这成了张国庆手中的一发子弹。如果这只是一场单纯的管理之争，与君安站在一条战线上的股东不仅可以随着企业营收状况的改善获得资本升值的收益，还能赢得其他中小股东的赞美。

只可惜这不是一场普通的管理权之争。君安的最终目的是在万科股价上涨后抛售股票，这种行为最终会导致股价暴跌，侵害其他投资者的利益。进一步调查后，万科发现，君安系在两个月内购入了价值2000万元人民币的万科股票，寄希望于"逼宫"成功、股价上涨之后多赚上一笔。挖出君安的"老鼠仓"，这是万科的一个撒手锏。

"君万之争"虽然发生在《证券法》诞生前的中国证券市场起步时代,但双方的出招高举高打,一切的招式都在电光石火间完成,为金融市场实践提供了很好的经验。万科赢下了这一局。在张国庆走进王石办公室的五天后,两人便在深交所副总经理柯伟祥的斡旋下握手收兵,万科股价走势回归平稳。此后,君安再也没有对万科股票出手。

引发万科B股破发的1993年这一波宏观调控也影响到了期货行业。

由于期货行业无序扩张,1993年11月,国务院发文,提出"坚决制止期货市场盲目发展";1994年开始直至1996年,经国务院同意,证监会将全国50家期货业务的交易所逐步缩减至14家。

1995年发生的一幕从侧面反映出中国证券市场在当时的不成熟。

这年的9月18日,一行人来到北京钓鱼台国宾馆养源斋享用晚餐。养源斋有"小中南海"之称,是钓鱼台的园中之园,宴会厅悬挂着乾隆皇帝的墨宝,这里是党和国家领导人举办外事活动的重要场所,访华的外国友人能在这里被中国领导人接见属于最高礼遇。

这天晚上,做东设宴的是微软创始人比尔·盖茨,他在微软北京代表处总经理的安排下宴请电子工业部的领导。一群人交谈甚欢,却冷落了一边坐着的一对老夫妇,他们是与比尔·盖茨一同来中国游玩的。

来自台湾的微软北京代表处总经理见到这一幕,急忙打电话找人救场,他找来的人是摩根士丹利亚洲公司副总裁汪潮涌。

汪潮涌1965年出生于湖北蕲春,本科就读于华中科技大学的前身华中工学院,1984年考入清华大学经管学院读研究生。汪潮涌研二那年,时任国家经委副主任、同时兼任清华经管学院院长的朱镕基访问美国,争取到了一个留学名额,学院将这个机会给了英语成绩优异的汪潮涌。有了这个机会,汪潮涌成为中国第一批公费留学生之一。前往美国进修之前,朱镕基嘱咐汪潮涌要在美国学习金融学。

汪潮涌顺利取得了罗格斯大学的MBA学位,毕业后他先后任职于美国摩根大通银行、美国标准普尔、摩根士丹利等著名金融机构。1993年,中诚信的创始人毛振华第一次带团队考察国际评级公司,所选的考察对象就是标准普尔,而为他牵线的人正是汪潮涌。

汪潮涌自然认得受到冷遇的白发老人是谁。1995年,世界首富的名号属于身家160亿美元的比尔·盖茨,以10亿美元之差居于次席的正是这位老人——沃伦·巴菲特。汪潮涌陪着巴菲特夫妇在旁边另支一个小桌,三个人共进了晚餐。巴菲特没有因为受到冷遇而感到不悦,他保持着一贯的温和、睿智与健谈。巴菲特告诉汪潮涌:"年轻人,相信中国,你就能获得巨大的盈利。"这句话启迪了汪潮涌,四年后,他创办了信中利资本集团。选择"信中利"三个字,一部分原因便来自巴菲特的忠告。

20世纪90年代中期,巴菲特及其恩师本杰明·格雷厄姆(Benjamin Graham)所代表的价值投资理论还没有为国内的投资者熟知,人们还不知道巴菲特究竟是谁。多年后汪潮涌回忆起这顿饭,觉得自己吃得太值——日后的几年里,与巴菲特共进午餐的机会已经被拍出了上百万美金的高价。

事实上,在快进快出的中国股票市场,有多少投资者能够坚守价值投资理论,对股票市场进行理性的分析,并做出正确的投资判断,时至今日犹未可知。在《证券法》缺位、规则尚不健全的股票市场,利润属于那群寻租者、先行者、胆大者,只要疯狂还没有到达顶点,他们就会想尽办法去多赚一枚铜板。

哪里才是疯狂的顶点呢?

到了草垛终于不堪重负、把上面的所有人都狠狠地摔在地上的时候,人们就知道了。

Chapter 4

第四章

摸索新时代

1995—1999

野蛮生长

上大学时，兰世立需要靠收集牙膏皮卖掉来赚取生活费，如今，他已经有了更新的创富思维。

1992年7月，兰世立去了趟香港，香港豪华的五星级酒店可以俯瞰维多利亚湾，服务和美食都让兰世立流连忘返。这一年，即使在武汉最好的餐馆"大中华""老通城"，人们还需要拿着票去窗口点菜。

1984年，江汉饭店与一家香港公司合资经营，希望将资本和现代化的酒店管理理念引入武汉，两年后，合资宣告失败，江汉饭店恢复了纯国企的身份。1987年，武汉市旅游局与一家香港公司合办长江大酒店，"水土不服"的现象再次出现。公有制参与的餐饮服务业改革频频失败，不代表现代化的饭店在武汉没有生存空间。从香港返回武汉，兰世立决定沿用高级饭店的经营理念开办一家饭店。

投入是巨大的，但高档餐饮背后高额的利润让兰世立认准这条路走得通。他将从事电脑销售攒下的千万身家全部压到饭店的建设上，仅仅三个月后，1992年10月，"东宫"开门迎客，一下子成了武汉最豪华的酒店。

兰世立自称"东宫"的日营业额超过20万元，一个月下来营业额达几百万元，每天收银员为了结算当天的营业额要忙到很晚才能下班。

一年之后，他依样画葫芦，又开了一家"西宫"。

做电脑生意时,由于涉及进出口,兰世立在香港注册了一家贸易公司。根据改革开放的优惠政策,外资公司可以免税进口两辆国外轿车。兰世立捕捉到这一机遇,注册多家空壳公司,大量购买免税高级轿车。当时武汉市长的配车是国产上海牌轿车,武汉街头最好的车不过是德国品牌捷达和苏联品牌伏尔加,26岁的兰世立坐拥蓝鸟、尼桑、奔驰、宝马、加长林肯等数十辆轿车。他把这些车以个人名义"借"给一些政府官员和银行领导,从中获得贷款及其他商业便利。[①]

20世纪90年代早期,金融机构缺乏基本的风控制度,甚至凭借写在烟盒上的一纸字条都可以拿到贷款。在《三联生活周刊》的调查报道中,一位东星前高管透露,在湖北银行界,因为无法收回兰世立的贷款而丢掉公职的大小官员,"至少有6个"。[②]

1995年年初,中纪委下发指令,全国官场整顿公款吃喝,并把这项工作作为反腐的重点工作来抓。湖北省政协下属《世纪行》杂志统计,禁令发出后,高中档宾馆、饭店、歌舞厅的公款消费额下降了30%至50%。对于主打高消费、"美食娱乐,尽在其中"的"东宫"、"西宫"而言,客源流失严重。兰世立不仅赔光了餐饮经营赚来的钱,还欠下了市政府两三百万元的租金。兰世立遭遇了创业以来的第一次折戟。

不同于兰世立在灰色地带掘金,另有一些楚商迷信从企业膨胀的体量里获取收益。

1994年9月,湖北省撤销荆州地区、沙市市、江陵县,设立地级市荆沙市[③]。也是在这一年,沙市的明星企业"活力28"加快多元化进程,拓展产品线。除了增加生产与洗涤粉剂同属快消品的洗发水、香皂、卫生巾、杀虫剂等产品,集团还通过兼并吸收了洗衣机厂、纸箱厂、药厂等小企业。引入价

[①] 《"湖北首富"兰世立的罪与罚》,陈晓,《三联生活周刊》,2010年第17期。
[②] 同上。
[③] 1996年,经国务院批准,荆沙市更名为荆州市。

格高昂的生产线和兼并行为把企业的现金流推上危崖。让经营状况捉襟见肘的是,在批发零售业崛起的20世纪90年代中期,"活力28"依然保留了通过百货站进行分销的传统商业模式。随着大量百货站的解体,呆账、坏账压向"活力28",这家国内第一个进入中国企业500强的日化企业渐渐活力不再。

1995年,"活力28"呆账、坏账高达2亿元,掌门人滕继新提出上市募集资金,被市政府否决,集团只能选择通过其他途径来充实资金。经过一年的洽谈比较后,"活力28"与德国邦特色(Benckiser)公司[1]签订协议,联合组建湖北活力美洁时洗涤用品有限公司,该公司德方持股60%。

1996年初,滕继新再度孤注一掷寄希望于上市。用滕继新的话来说:"有条件要上,没有条件创造条件也要上。"显然,滕继新"创造"了条件:"活力28"在上市过程中虚报利润1667.7万元;此外,公司还隐瞒了与德国公司已经达成合资协议的事实。根据合资协议,"活力28"品牌将交由合资公司独家经营50年,对于那些看中"活力28"品牌知名度而大举入股的投资者而言,"活力28"刻意创造出的信息不对称无异于欺诈。

1996年6月,"沙市活力28(集团)股份有限公司"的股票在上海证券交易所上市。几乎同时,当地政府劝已满60岁的滕继新退休。

商业市场资本说话,外资控股的合资公司加大了生产、销售规模,却把"活力28"品牌雪藏,转而推销新品牌"巧手"系列洗涤用品。为了保持国外品牌的高档形象,德国邦特色公司还调高了产品价格。这导致"活力28"的销售额更加萎靡。

1999年,因巨额亏损,"活力28"股票被打入"ST"行列。中国证监会的调查显示,"活力28"曾在上市申报过程中及上市后的三年中多次发生违规

---

[1] 1999年12月与英国Reckitt & Colman公司合并成为新的利洁时公司(Reckitt Benckiser)。

行为,累计虚增利润超过 2.1 亿元。证监会据此对"活力 28"公司和高管做出了处罚决定。上市前担任"活力 28"董事长兼总经理的滕继新也对部分违规行为负有直接责任,但由于超过行政处罚追诉时效,证监会决定对滕继新不予行政处罚。

将"活力 28"品牌一手养大的滕继新带着"功臣"与"罪臣"的双重身份彻底告别了这家企业。

1996 年 9 月,就在"活力 28"上市三个月后,另一家湖北企业"幸福实业"也在上海证券交易所挂牌上市,其背后的控股者是幸福集团。那个跛着脚、铆足劲,想让家乡幸福村获得真正幸福的周作亮,似乎距离成功只差那么一点点距离了。

上市的前一天,周作亮出现在上海锦沧文华大酒店的宴会厅。在资本游戏狂涌的时代,这座城市接待过很多上市公司的管理者,但它还没有遇见过身躯如此孱弱的掌门人。幼时罹患小儿麻痹症的周作亮一步步地向主席台走去,身体倾斜超过 45 度,左右脚艰难地交替前行。他谢绝了别人的搀扶,正常人走上主席台只需要两分钟,他却花了足足五分钟。为了幸福实业的顺利上市,他亲自跑到证监会,对于上市梦想即将实现的他,这几乎是万里长征的最后里程。当周作亮坐上主席台,全场掌声雷动。

幸福集团在周作亮的带领下也走得步履蹒跚。与"活力 28"相似,幸福集团同样倒在了多元化的道路上;不同之处在于,幸福集团的扩张手笔更为冒进,相应地,它的崩溃之声也回响悠长。

幸福集团的前身是幸福服装厂。周作亮以 7 名职工、7 台缝纫机起步,一步步扩大经营。1991 年 9 月,作为董事长和总经理,周作亮创办了全国首家村级集团企业——湖北幸福集团。"首家""村级""集团",每个词都是亮点,这也保证了幸福集团从诞生之初便受到上至湖北省委、省政府,下至集团所在地潜江市委、市政府的重视。幸福集团一路走来"顺风顺水"。

周作亮虽然只读过三年书,但是他对市场所展现出的经济规律有着独到的归纳总结能力。周作亮将服装需求信息分为三个级别：最低级的是从商业部门、市面上直接获取的服装需求信息；略高一级的是从服装设计院、行业发布会、订货会上获得的渠道信息；最高级的是通过研究市场变化规律、分析消费者心理所获得的社会需求趋向信息。1990年上半年，许多外资公司从深圳撤离，周作亮抓住这个空隙，与港企在深圳合办服装公司。事实证明，周作亮的"押宝"蒙对了，1992年春潮涌动后，深圳严格的办厂条件将许多试图返回深圳的企业拦在了门外。

周作亮所秉承的经济决策逻辑不是来源于书本，而是来源于长期的社会观察与实践。正是这些来自生活观察的方法论，指导着周作亮做出随后一系列的决策。

1992年，幸福集团迈出了多元化发展的第一大步——切入金融领域，成立信用社。尽管幸福集团还不具备所需要的足够的金融人才，中国人民银行湖北省分行依然批准了幸福集团的申请。当年年底，幸福城市信用社正式挂牌。

1993年，周作亮在他人的建议下投资1.1亿元建成了日产10吨的铝材加工厂。由于铝锭、铝棒全部需要外购，周作亮决定再建设电解铝厂。1994年，幸福集团年产6万吨的铝厂开工，为了与铝厂配套，还需要建设一座15万千瓦的火力发电站。每年火电站的发电能力达到15亿千瓦时，而铝厂自用仅为6亿千瓦时，为了解决剩余电力的对外输出和联网问题，幸福集团必须建设一座22万千伏变电站。铝厂、发电站、变电站最终成了拖垮幸福集团的"三大工程"。西方有一个专门的名词来概括这种现象——"狄德罗效应"——当一个人拥有了一样东西，反而会变得愈发不满足，需求就像一个沼泽，最终会吞掉任何庞然大物。

与周作亮有过接触、曾担任上海证交所仲裁委员会委员的应健中总结说，周作亮被一根根绳索套牢，"三大工程"不可逆转地把周作亮引上"大而全、小而全、缺啥补啥"的看上去是大工业生产，实则是"小农经济、自给自足"的不归之路。

周作亮对"三大工程"十分兴奋,他曾经提出,幸福集团所在的幸福村将用三年时间赶超华西村,以铝厂为中心的三大工程正是他心目中赶超华西村的最佳途径。可是根据测算,三大工程的预计总投资达到14.9亿元,而幸福集团的总资产还不到5亿元,这显然不符合商业逻辑。

《中国企业家》杂志在1999年分析周作亮的管理决策动机时认为,他在创办企业后获得了巨大的政治荣耀,这反过来驱使他形成了更强烈的"使命感"。他已经模糊了企业家和政治家的界限,当他为企业做经营决策时,实际上是从宏观经济、政策经济的角度来思考问题。"如果我们不上工程项目而别人上去了,别人就会甩掉我们","别人上去了,我们怎么对得起上级领导。反过来,上级也不会再树我们这个典型了"。周作亮多次公开表达类似的想法,这促使他在涉足金融业务之后,大胆地迈向了重工业。

1995年春节,关于幸福集团三项重量级工程是否要"上马"的问题,省里三位领导挂帅,率领13家省厅局负责人赶往幸福集团举行现场办公会。办公会上,首位发言的是省财政负责人,他对幸福集团的资金实力、融资能力、还债能力等问题提出诘问,明确表示不同意工程方案。随后又有三位厅局长发言,他们也对项目持否定态度。这是集体决策制下,来自政府部门对幸福集团"大跃进"式建设拉响的最后警铃。警铃的啸叫只响了一小会儿,很快便被按停了开关——第五位发言的局长认为,乡镇企业正处于加快发展的好时机,从全省的带动效应来看,三大项目应该上。此后,会场风向被一举扭转,最终形成统一意见:各有关部门要通力协助、支持三项工程尽快开工,尽快投产。

为了支持幸福集团的建设工作,湖北省交通厅专门拨款500万元修好了集团所在的幸福村与高速公路的连接通道。至此,三大工程已是非上不可。

政府可以为项目提供政策支持,但主要资金来源还是需要幸福集团自行筹措。早早成立的幸福城市信用社成了筹款渠道,幸福集团决定,项目建设的所有资金由幸福城市信用社筹集。为大量吸储,幸福城市信用社开出了最高达到28%的存款利率,潜江地区吸纳的资金不足,幸福信用社便与位于武汉汉正街的大江城市信用社合作,在武汉市拆借资金、吸收存款。

以28%的存款利率来算,三年期存款的利息已经与本金等额。在1995年至1997年的工程建设期内,幸福集团仅利息支出就接近7亿元。

1997年起,铝厂、火力发电站和变电站顺利完工,开始带来收入,可就在这时,积聚在幸福城市信用社的存款兑付风险逐渐显露出来。1998年5月,幸福城市信用社各项负债达到12.6亿元,其中在武汉地区揽储9.46亿元。这一年,幸福集团总资产为23亿元,负债达到22亿元。按照预计,1999年3月将是储户取款高峰,有9.59亿元存款到期,本息总额达到11亿元。这超过了幸福城市信用社的偿付能力,一旦信用社不能按时兑付存款,一场金融危机将蔓延到潜江、武汉等城市。

为了自救,幸福集团找到武汉延华集团,将刚刚建好的幸福铝厂、电厂与武汉延华集团进行资产重组,两厂资产总量按8亿元移交给延华集团控股经营,从中置换出6.97亿元资金兑付存款。实际上这是让人哭笑不得的一步棋,大江城市信用社的创始人是出身荆州的民营企业家周训和。周训和在公开的自我介绍中说"周训和,字延华",这便是延华集团名字的来历。武汉大江城市信用社和武汉延华集团同属一人。面对巨额财务危机,幸福集团和延华集团已经成了一条绳上的秋后蚂蚱,谁又能救得了谁呢?

潜江市委、市政府很快感知到了危机,迅速向省里汇报,随后省市领导联合成立工作小组,应对可能到来的金融风险。1999年3月16日,中国人民银行武汉分行发布公告称,由于幸福城市信用社异地违规高息揽储,责令其在3月17日至9月16日之间停业整改。也是从这一天起,幸福集团掌门人周作亮在潜江市委组织部专人的安排护送下离开湖北,先后停留河南开封、信阳、安徽六安等地,名义上是"旅游",实际上是为了保护周作亮的人身安全。

突然获知信用社停业公告的储户情绪激动,由于担心存款无法取回,他们中的部分人开始冲击潜江市政府大院、市人民银行,堵塞宜黄高速公路、318国道。省市派出公安干警、武警和机关干部总计超过2500人在现场维持秩序、向储户进行解释劝说。直到3月26日,由省政府出面发出公告,对储户提取存款期限做出承诺,一场大规模的群体性事件才逐渐平息。同时,周作亮接到通知,结束"旅游",启程返回湖北。①

在中国人民银行武汉分行发布公告勒令幸福城市信用社停业整顿时,无论是武汉市政府还是大江城市信用社的实际控制人周训和都意识到,这场始于"幸福系"的挤兑风潮随时可能蔓延到"延华系"下的大江城市信用社。公告发布当天,大江信用社从人民银行紧急调入7000万元,准备应对第二天可能的挤兑。

第二天一早,周训和安排员工将其中的4000万元现钞整齐地码放在信用社营业大厅,以示兑付实力。政府部门也安排了几百个公安干警着警服、便衣分布在大江信用社周边,随时处置危机。

当天上午10点,大江信用社门前人流如常,没有出现任何反常现象,看起来储户此时并没有把幸福信用社的停业整顿与大江城市信用社联系起来。转折恰在此时到来:部分执勤的公安干警略知内情,纷纷告知自己的亲朋好友到信用社取款,这些人又将消息进一步扩散,越来越多储户赶往大江城市信用社。到了中午12点,信用社楼上楼下已经被挤兑群众堵得水泄不通,4000万元现金分文不剩。下午,运钞车又运来剩下的3000万现金,再次被抢兑一空。

事实上,延华集团付给幸福集团用于买下铝厂、电厂资产的6.97亿元已经掏空了大江城市信用社的准备金、备付金。挤兑风潮持续了十天十

---

① 《周作亮:"幸福"的陷阱》,瞿长福,《中国企业家》,1999年11期。

夜,大江信用社无力回天。以"拯救者"形象出现的延华集团倒在了幸福集团的前面。

在后续处置中,属于幸福集团三大项目之一、没有被延华集团接手的幸福变电站作为农网改造项目由湖北电力部门收购。幸福集团将旗下上市公司幸福实业占比44.76%的法人股出让给湖北省国际信托投资公司,用于抵付无力偿还的贷款。潜江市政府帮助幸福集团筹措出4亿元资金,这几乎相当于潜江市三年可用财政资金。

2001年2月4日,湖北潜江市纪委宣布以侵占、行贿、扰乱金融秩序等严重错误开除周作亮的党籍。当时认定周作亮的主要错误事实是:幸福实业股票上市时,周作亮决定将部分公司内部职工股票以低于发行价的价格配售给公司15个董事和监事,其中周作亮个人配售1万股,属侵占行为;私自将幸福实业公司内部职工股票以低价批售给其子女2万股,使其亲友非法获利;将幸福集团公司内部职工股以低价或无偿方式送给幸福集团公司的有关"关系户",造成1645.34万元的溢价损失;擅自同意潜江幸福城市信用社跨区域在武汉非法设立储蓄网点,在两地高息揽储,干扰了国家的金融秩序,社会影响恶劣;擅自决定在武汉投资开办证券部,造成巨额经济损失。

针对周作亮的调查从1999年开始,历经大约8年时间。周作亮就是厉以宁笔下20世纪70、80年代涌现出的企业家的代表,他与"九二派"一代企业家最大不同是,受制于文化水平和缺乏专业训练,即使从事商业运作的初衷高尚——提高当地居民收入——周作亮的经营方式依然草莽且不符合市场规律。幸福集团的腾挪实际上反映了企业发展的一种赌徒心态:政府赌企业能够超规律发展,企业赌政府能够行政支援。可一旦现金流断裂,这种"共生"关系便不复存在,只剩下企业野蛮生长后的一地狼藉,以及留给地方政府的巨额财政压力。

1999年7月,武汉延华集团和大江城市信用社的实际控制人周训和被捕。经过4年的羁押,周训和于2003年11月因非法吸收公众存款和职务侵占罪终审获刑13年。被延华集团接手的幸福铝厂、电厂辗转于2006年改制为中外合资企业,由马来西亚齐力工业集团控股。

由周作亮一手运作上市的幸福实业经历了多次股权易手后,终于在2007年改头换面,合并房地产企业华远地产。

至此,传奇企业幸福集团已遁入历史。

说起野蛮生长,没有人可以忽视20世纪90年代的中国证券业。1995年2月23日,中国证券市场终于迎来"蒙昧时代"疯狂的顶峰。

此前,由于对即将到期的"327国债"兑付价格产生分歧,以万国证券为代表的做空方,和中国经济开发信托投资公司为代表的做多方展开多空大战。万国证券由中国证券业"三大教父"之一的管金生创办,中国经济开发信托投资公司则是财政部的下属单位。财政部正是决定国债兑付价格的管理机构。

除了上海的"主战场",武汉也是国债炒家的一个"分战场"。由于进行国债期货交易的武汉交易中心保证金水平只有1%,远低于上海的2.5%,1元钱就可以撬动100元的国债期货交易,这让全国高手云集武汉,2000多名交易员挤在位于江城大饭店的1000余个交易席位上。

2月23日当天,财政部宣布提高利率,"327国债"将以148.5元兑付,与中国经济开发信托投资公司的做多方向一致。此时管金生握有大量做空期货合同,根据账面价格,万国证券将面临60亿元的亏损。在收盘前7分钟,管金生铤而走险地砸出2112亿元的卖单,把国债价格压回148元以下。按收盘价格,万国证券在当天盈利10多亿元。但这笔砸单没有保证金作为支撑。

国家提高了"327国债"的兑付价格已经让武汉国债市场上的交易员们喜笑颜开了一整天,他们的预估收益达到了500%。但管金生疯狂砸盘的最后3分钟,武汉交易中心内的空气瞬间降至冰点——低保证金意味着高收益和高风险并存,按照管金生砸出来的收盘价 147.5 元,几乎所有人的国债期货账户都爆仓了,不仅血本无归,还要倒贴钱进去。

当晚 11 点,上交所宣布,23 日最后 7 分钟的交易违规无效,"327 国债"收盘价回滚到 151.3 元。惊恐了一晚上的武汉国债炒家又哭又笑,万国证券则巨亏 60 亿元,濒临破产。

英国《金融时报》将 1995 年 2 月 23 日称为"中国证券史上最黑暗的一天"。以这一天为分界线,中国证券业就像一只爆裂开的豆荚,将它孕育的证券巨子们一个个地抛落在地上,任由尘土将他们覆盖。

1995 年,"327 国债"事件当年,万国证券总经理管金生被逮捕,上交所总经理尉文渊被免职。创办了湖北证券的陈浩武记得,1996 年的时候,证券圈的"大部分朋友都倒下了"。

1998 年,君安证券张国庆兵败管理层收购(MBO),最终锒铛入狱。这个故事后面还会讲到。这一年陈浩武发现,在最早涉足证券行业的一批人里,他已经成了熊猫一样的"稀有动物"。陈浩武引用北宋词人晏殊的词形容当时的境遇:"当时共我赏花人,点检如今无一半。"

此时,陈浩武治下的湖北证券的业绩表现一如既往的好:公司已是省内第三大企业,利润超过了武钢,仅位于湖北烟草和二汽之后,股本从成立之初的 1700 万增至 10 亿。这是陈浩武的事业鼎盛时期。有业绩作为支撑,陈浩武并没有因为同行朋友们的跌落而变得小心翼翼。他是出名的学者型企业家,在电视、报纸频频亮相,并以"陈浩武博士"为署名不断发表文章。

然而"熊猫"还是倒了。

2000 年 1 月 27 日,湖北省纪委、监察厅正式向外界通报:1992 年至 1997 年间,陈浩武先后收受了 5 家企业负责人贿赂计人民币 39.6 万元、港币 6 万元以及一条价值 5800 元的金项链;1997 年 6 月至 1999 年 5 月,非法占用公款计人民币 63.17 万元,美元 6 万元;1999 年春节,收取公司总经理助理洪某以给其子压岁钱的名义送的礼金1万美元;1998年1月至1999年11月陈浩武违反规定,委托湖北证券资产管理部帮其炒股,非法所得人民币139.53万元。

2001年,长江证券(2000年3月由湖北证券改名)举行了成立十周年庆,由于陈浩武案发拘审,在公司的庆祝物料中,这位创始人的名字不见踪影。2002年初,法院判决,认定陈浩武犯有受贿罪,但鉴于其有立功表现,决定"免于刑事处罚"。与其他大多数受到司法制裁的证券公司创始人不同,陈浩武的案情没有波及公司。就在陈浩武案发的一个月后,湖北证券更名"长江证券"开始了坎坷的征程。

2002年,海尔投资4.7亿元入股长江证券,海尔获得20%股权并成为第一大股东。报道称,海尔投资进入长江证券主要是希望能实现"产融结合"的发展模式,通过投资金融业,产生跨行业的协同效应。对于这笔投资,经济学家郎咸平持不同看法。2004年,他连砍三板斧挥向股权改革,最终引发"郎顾之争",掀起少见的经济大辩论。郎咸平的第一板斧指向的就是海尔,他认为,海尔投资入股长江证券不过是海尔管理层企图控制海尔、曲线MBO的一步。①

长江证券2007年借壳上市后,海尔投资未能拿下长江证券的实际控制权,持股比例不断下降。因股权分散,长江证券存在股东"内斗",并不存在实际控制人和控股股东,董事长都由政府委派,控制权实际上掌握在湖北国资委手中。自2013年起,海尔投资有意退出长江证券,有传言称,阿里巴巴有意接盘控股长江证券,作为其构建新型金融服务架构的一部分,但湖北省明确表示不欢迎阿里控股,也不希望长江证券搬出湖北,青岛海尔的股权转让应由湖北当地企业接盘。最终,2015年4月,祖籍湖北的刘益谦通过旗下的新理益集团,斥资100亿元受让青岛海尔持有的14.72%

---

① 《海尔变形记——漫长曲线MBO全解析》,郎咸平,《财经时报》,2004年8月2日。

的长江证券股权,成为长江证券的第一大股东。

与陈浩武、张国庆同样有过中国人民银行湖北分行工作经历的邓贵安也被证券深海淹没。

1994年,邓贵安被派往三峡证券担任总经理,1995年开始担任董事长。2000年3月开始,三峡证券汇聚49亿元人民币炒作深交所上市公司南玻A,使其股价最高涨幅超过400%。炒作初期,为了防止走漏风声,邓贵安等人不敢在公司营业部操作,而是租了条船,在长江上指挥操盘。这一故事在湖北证券界被传为笑谈。

案发后,三峡证券受到影响。2003年3月,三峡证券获得股东注资,不得不搬离湖北、迁往上海,名字也被改为"亚洲证券"。2005年5月,由于历史问题无法理顺,亚洲证券被监管机构关闭。一个月后,邓贵安以操纵证券交易价格罪获刑两年六个月。

比起另一个中国人民银行湖北分行的"老臣"、闽发证券董事长张晓伟,邓贵安的刑期算得上很短了。

1954年出生的张晓伟是我国较早一批的金融方面的硕士研究生,在加入闽发证券之前,他在武汉证券交易中心担任高管。2004年4月,张晓伟因涉嫌合同诈骗被深圳市公安局刑事拘留;一年后,张晓伟因涉嫌挪用资金和操纵证券交易价格被逮捕。2008年7月23日,福建省高级人民法院对张晓伟案做出终审判决,张晓伟因非法吸收公众存款罪、挪用资金罪、操纵证券交易价格罪、对公司人员行贿罪,数罪并罚,获有期徒刑20年。

对于20世纪90年代中期至21世纪初,券商老总频频落马的现象,曾有经济学家评价说,不排除他们个人性格上的某些弱点,但证券市场体制的不健全、监管的不严格,也是他们出事的重要原因。如果某个人不出事,肯定会有其他人跳出来,因为诱惑太多、赚钱太容易了。

中国人民银行湖北省分行能够培养一大批中国证券业的早期从业者,一部分原因是留存于这片土地上"敢为天下先"的性格。

另一个问题是,为什么湖北会成为证券行业先行者的摇篮?

事实上,位于"九省通衢"的交通要地,加之作为中国的经济地理中心,楚地自古以来就拥有着商品流通禀赋。经济上的社会分工一代代地影响了楚人的性格和偏好。楚文化对于"流通"的经济意义理解更为深刻,楚人也更擅长于从中牟利,这也让"九头鸟"的精明闻名天下。

20世纪80年代中期,李崇淮教授提出的"两通起飞"提议在特定的时代将湖北对于"流通"的关注再次拉升到一个高度。商品流通是一种货物的流通,证券流通则是一种权益的流通,二者并无本质区别,因此印刻有"流通基因"的湖北人闯入了证券领域。

随着中国证券业法律法规、监管机制的不断完善,草莽时代的创富枭雄们回归沉寂,疯狂的故事仿佛成了来自上古时代的传说。然而湖北人的机敏并非无处倾泻,很快,另一个以"流通"作为底层逻辑的行业落地生根、蒸蒸日上,它也成为另一批楚商的安身立命之所。

互联网时代到来了。

从触"电"到触"网"

1994年5月,后来成为湖北首富的阎志揣着280元钱从家乡黄冈来到武汉,在湖北省商业厅主办的《市场时报》做财经记者。每天,他都要阅读大量新闻以保持对新兴商业社会的熟悉。刚工作不久,阎志就接触到一则让他在多年之后依然印象深刻的新闻——《中国正式接入信息高速公路》。

这应该是来自新华社或中新社的通稿。1994年4月,时任中国科学院副院长的胡启恒前往美国参加会议,借着难得的访美机会,她找到美国自然科学基金会负责互联网对外合作的斯蒂芬·沃尔夫(Stephen Wolff),询问怎样才能让中国接入互联网。沃尔夫爽快地笑了一下,说:"你回去就可以开通了。"在得到国内高层批准后,中国于1994年4月20日正式全功能接入国际互联网。同一年,国家计委批复了"中国教育和科研计算机网CERNET示范工程"建设项目。1994年7月,第一个全国性运行TCP/IP协议的计算机互联网络——中国教育和科研计算机网(CERNET)开通。CERNET中心设在清华大学,华中理工大学设有华中区分计算中心。1995年5月,向社会开放网络并提供全面的服务。

阎志凭借自己的商业直觉捕捉到了这则新闻的重要性,但是他还无法想象这则新闻会为自己、为这个国家带来怎样的转变。在电脑普及度还不高的中国,互联网的普及是一个缓慢的过程,它终究会扩散、沉淀、影响到每一个人。最先影响到的,是这个行业的从业者。

1992年初,刚刚毕业半年的雷军受到偶像求伯君的邀请加入金山公司。1994年,雷军已经是北京金山软件公司的总经理。出名要趁早,意气风发的雷军俨然是中国计算机领域最早的一批从业者。几年后认识雷军的周鸿祎把早期与雷军的交往定义为"很长时间的仰视",雷军的"江湖辈分"超过当时刚刚参加工作的马化腾、丁磊等一批人。

当时,雷军正带着他的伙伴们摩拳擦掌。北京金山软件公司将办公地点从四季青搬到了离中关村更近的知春路,他们将在一座红砖砌成的四层小楼里日夜不休地开发被总公司寄予厚望的全新一代主打产品——"盘古组件"。

早在1992年,金山公司的拳头产品文字处理软件WPS就已经展现出落后于时代的迹象:微软公司带着Windows操作系统和与之适配的Word进入中国市场,而WPS只能在DOS环境下运行。市场具有滞后性,在刚刚起步的微型计算机市场更是如此,在雷军的调教下,WPS和金山办公软件正处于一个高速发展的时期,一套售价高达2200元的WPS软件全年可以售出30000套,为公司带来超过6600万的营业额。可是随着时间的推进,金山公司不得不正视WPS的天生缺陷。为此金山决定对WPS进行里程碑式的迭代更新,雷军甚至放弃了已经被市场熟悉的名称WPS,将新一代产品命名为"盘古组件"。盘古组件不仅包括文字处理系统,还囊括电子表格、电子词典、名片管理等一揽子电子化办公功能。雷军希望这套软件像传说中的巨人一样开天辟地,一举巩固金山在软件市场的地位,抵抗强势来袭的微软。

1995年4月,在经历了长达3年的研发和改进后,盘古组件迎来揭幕时刻。雷军动员北京研发部的所有员工参与盘古组件的市场营销,他还在《计算机世界》上撰文推介盘古组件。这群中国最早的程序员不得不改头换面,在一个月之内把自己迅速打造成销售人才。程序员固然恪守逻辑思维,但市场遵循的供需逻辑和他们脑中熟悉的技术逻辑山海相隔。最终,他们选择最为直接又粗放的营销方式——铺广告。

以金山依靠WPS在文字处理市场上积攒下的口碑,雷军乐观地认为盘古组件至少能够售出5000套。可是市场既不认识谁是"盘古",也不认识什么是"组件"。销售部门反馈来的信息显示,打电话过来咨询的潜在客户,问得最多的问题不是组件的价格,而是:"盘古组件是个什么东西?"半年下来,盘古组件仅仅售出2000余套。

这时雷军住在方正集团的集体宿舍内。不只是因为香港金山与北大方正这两家中国最早的国产软件企业从1993年便开始了紧密的合作,更因为雷军的夫人、与他同是武汉大学校友的张彤在北大方正工作。就是在这栋集体宿舍,雷军认识了周鸿祎。

周鸿祎的父母都来自湖北,二人从武汉测绘学院先后毕业,被分配到河南驻马店。1970年,周鸿祎出生在河南。虽然生长在河南,周鸿祎的性格里却有着浓重的湖北底色,他精明、大胆、"不服周"。在互联网圈,周鸿祎以"好斗"闻名,他"对抗"过的互联网大佬包括雅虎杨致远、金山雷军、百度李彦宏、阿里巴巴马云、网易丁磊、腾讯马化腾等。2012年,周鸿祎在参加武汉举办的活动中将自己定位为"湖北第三聪明"的人,这样看来,这番话背后,除了"入乡随俗"的场面话,背后也有周鸿祎对湖北文化的身份认同。

上学期间,少年周鸿祎已经对计算机产生浓厚的兴趣,他订阅了《少儿计算机报》,随后又开始阅读面向成年计算机爱好者和从业者的《计算机世界》;1988年9月,周鸿祎被保送到西安交通大学学习他最钟爱的计算机专业。

与雷军一样,在上大学期间周鸿祎受到硅谷创业热潮的影响开始创业。雷军的"三色公司"做汉卡生意,周鸿祎则选择和同学合伙开发反病毒卡。苦于没有电脑可用,周鸿祎和同学连夜混入学校的机房蹭电脑进行开发。1993年,他跑到深圳进货电路板。深圳的改革氛围、华强北琳琅满目的各种配件让周鸿祎很久都舍不得离开。周鸿祎的反病毒卡获得了当年大学生"挑战杯"创业赛的二等奖,然而进入市场后却遭遇了凄风冷雨。大学生对销售渠道不了解,时刻变化的反病毒局势也让产品的技术支持疲于应付,最终,团队利益分配出现了分歧,项目流产。周鸿祎重拾信心二次创业,从硬件开发转向软件开发,不久再告失败。

消沉了一段时间后,周鸿祎突击完成了学位论文,顺利在1995年研究生毕业,加入北大方正从事软件开发。将周鸿祎引荐入北大方正的师兄与雷军相识,加上周鸿祎的夫人胡欢与雷军的夫人张彤在方正同属一个部门,彼此是好友,有了这两层关系,周鸿祎认识了雷军。

雷军只比周鸿祎大一岁,两人性格都很骄傲,这样的碰撞导致两人的关系在刚认识时最亲近,随着深交,彼此有了嫌隙。在方正工作期间,周鸿祎想要成为的目标不是雷军,而是雷军的伯乐求伯君,因此在与雷军的交往中,周鸿祎并没有把自己当作一个刚刚研究生毕业入行编程的"晚辈",经常直言直语。一次,雷军和周鸿祎坐在车里聊天,周鸿祎批评雷军做的盘古组件不好,雷军立刻沉默下来。这是雷军生气的表现,他不再说话,一个人对着窗外抽闷烟,场面尴尬不已。

周鸿祎的观察很细致,即使是无意识地,他还是找到了那把最锋利的尖刀,恰好插在了雷军最敏感的心头。

1996年1月,一款名叫《中关村启示录》的模拟经营游戏上市,这是金山旗下刚刚成立的工作室"西山居"带来的第一款作品,也是国内第一款商业游戏。在这款售价96元的游戏中,玩家需要在中关村创办一家自己的企业,从无到有积累财富。玩家可以选择与已经在中关村大有名气的角色共事,例如"方正园"的求伯君、王先,"思维"的惚光南、柳专志。这里除了求伯君用的是真名,其他几个角色的原型也一目了然:分别指代北大方正的开拓者王选和联想集团的倪光南和柳传志。通过这样有趣的小彩蛋,游戏将虚拟世界和现实世界联系起来，玩家在游戏中获得的成就也更有成就感。

　　模拟经营游戏毕竟是机械的，玩家总有办法找到小技巧低买高卖成就一方富豪，然而现实里，金山公司在"盘古战役"中的商业失败着着实实地可以写入中国科技企业的"启示录"。《中关村启示录》这样的小作品可以为金山公司带来一些收入，但远远无法弥补盘古组件带来的巨大亏损。金山在盘古组件项目上投入的研发和宣传成本超过 200 万元，将过去几年的家底赔了个底朝天。1995 年全年，金山的营业额还不到 1994 年的 1/3。在金山买下不久的珠海总部大楼里，最多时有 200 人在工作，到 1995 年最困难时只剩下二十几人。

　　雷军眼看着这一切发生，他亲手将仰慕已久的企业带入了困局，为此自责不已。雷军不过二十六七岁的年纪，如同这个年纪遭遇到人生低谷的很多年轻人一样，雷军变得一蹶不振，消极地面对每一个即将到来的明天。深夜，他流连在灯光炫目的迪厅，重金属的音乐轰进雷军的脑海，挤占每一寸空间，让他可以暂时地忘记失败带来的挫折感；凌晨，雷军会陷在沙发里酣然睡去，这是一种身体劳累到极致之后随之而来的不得已的睡眠，如果安安稳稳地躺在床上，他反而难以入眠；下午，他要跑步五公里排解心中的积郁，他甚至用上了今天看起来很廉价、那个时代却很流行的方式试着为自己打气——对着天空大喊："我是最棒的！"雷军向求伯君咨辞职，求伯君没有批准雷军的申请，他给雷军放了六个月的假。

　　雷军对盘古组件的失败做了一次复盘，他认为，盘古组件没有沿用市场已经认可的 WPS 品牌，同时为了搭起"组件"的架子，开发力量需要分散在不同的软件上，没有发挥 WPS 当时在文字处理领域的领先优势。这两点也是求伯君所赞同的。除此以外，雷军分析，导致金山出现战略失误的一个大背景是计算机正在从 DOS 时代向 Windows 时代过渡。为了抢滩 Windows 市场，从 1993 年起，金山放弃了 DOS 上的开发，此时 DOS 系统还没有走向穷途末路,如果转型不是如此快,DOS市场的余温可以让金山有个缓冲时间;或者倘若金山早一些布局Windows市场,1993年就不应该是开发的起点,而是已经带着强有力的产品突入市场。正是卡在了一个"既不够快也不够慢"的尴尬节点,导致盘古组件诞生的时间同划时代的Windows 95系统及其捆绑的Office组件撞车。

1999年,《中国计算机报》再次审视金山的此次失败时评价道:"金山把所有精力都放到了技术的领先上或产品的质量上,而缺乏最基本的市场观念,如深入细致地进行市场调查、立项分析等。所有的决策都是一拍脑袋就决定的,没有任何市场调研支持,这样的决策导致了金山在发展过程中有很多很大的失误。"这个教训显然对雷军后面的人生产生了巨大的影响,在休假的半年时间里,雷军捧起了《毛泽东选集》。从小米初期的发展来看,雷军学到了"人民战争"的精髓——2010年创办起,小米依靠口碑营销以冷启动的方式获得50万MIUI系统的初始用户,在此基础上才召开了小米手机的第一次发布会。

半年的休假过去后,雷军重新回到金山公司,投入到WPS的重建中。为了保证WPS97的顺利开发,求伯君将金山公司"少东家"张旋龙奖励他的别墅作价200万元卖掉。与此同时,西山居工作室开发的游戏,连同"金山影霸""金山词霸""电脑入门"等一系列轻量级的工具化软件获得了市场认可,金山公司开始有了持续的营收。

1997年10月,金山WPS 97发布,这是第一款运行在Windows平台上的国产文字处理软件。WPS 97发布后的表现证明金山在文字处理软件领域的专业能力依然受到市场认可,在短短两个月的时间里销出13000多套。也是在这一年,在雷军的授意下,金山开始涉足杀毒软件领域。

沿着杀毒软件行业的发展历程一路摸索下去,13年后的2010年,周鸿祎创办的360公司产品强制用户卸载金山网盾,已经离职金山三年悄然创办小米的雷军突然出现在金山员工大会上,发言激励金山同仁,并承诺不计代价帮助金山。时代历练了雷军,他不再是生气了憋在车厢里抽闷烟的失意小青年,他打开了车门、拆开了车顶、喊来了聚光灯,将他和周鸿祎的矛盾公开在世人的目光之下。

但20世纪90年代时的周鸿祎还没有直接与雷军对抗的积淀,刚刚工作的他沉迷在技术世界里。方正派给周鸿祎的任务是教政府部门的人使用一款局域网邮件系统,这个系统的复杂程度超过了很多用户的理解,推进起来十分困难,周鸿祎灵光一闪,想到可以用交互式的界面包装在软件外面,以一种游戏化的场景让用户可以"所见即所得"地进行电子邮件管理。

周鸿祎把软件界面设计成一个女秘书的形象,女秘书旁边的桌子上有个信封,通过点击信封,用户就可以直观地完成收信、读信的操作。他对这款软件很有野心,在为软件起名的时候,他选用了杜甫《赠李白》一诗里"痛饮狂歌空度日,飞扬跋扈为谁雄"中的"飞扬"二字。雷军来周鸿祎家做客,周鸿祎兴奋地拿出飞扬软件给雷军看。这次轮到雷军很不屑:"你这是在马桶上绣花,绣得再漂亮,它还是一个马桶。"

雷军的判断也切中了要害。虽然方正飞扬邮件系统一开始让人眼前一亮,但复杂的游戏式界面在人们需要大量处理电子邮件的时候使用体验非常差。周鸿祎还犯了雷军在开发盘古组件时的错误,由于太想让方正飞扬一鸣惊人,周鸿祎带着团队开始往软件里加日历、时钟、邮件加密等一系列冗杂的功能。最终,表现平平的方正飞扬项目被公司叫停,周鸿祎恸哭一场。

雷军很快就找到了不是"马桶上绣花"的邮件管理软件。1998年,雷军研究了刚刚发布不久的Foxmail,他有一种强烈的愿望想要把开发者张小龙招至麾下。张小龙是湖南人,与雷军同龄、同一年上大学,张小龙考入的是位于华中工学院电信系。

1998年9月的一天,雷军照着Foxmail软件留下的邮件地址,给张小龙发了一封邮件,张小龙也很快回复了,并在邮件中留下了自己的电话号码。雷军在电话中把自己发现的一个 Foxmail 软件的 BUG 告诉了张小龙。这个问题已经有一群用户向张小龙反馈过,张小龙还没找到问题所在,他对雷军的关注礼貌地表示了感谢。得知张小龙在广州一家系统集成公司上班,雷军单刀直入地谈起了收购话题,张小龙开价 15 万元,雷军认可了这个价格。由于同时忙于联想对金山的投资,雷军将后续洽谈移交给了其他研发人员。派去谈判的研发人员认为 Foxmail 不值 15 万元,金山只需要一到两个月就可以做出类似的软件,这件事没有谈成让雷军十分痛心。雷军错失的张小龙团队在 2005 年被腾讯收购。张小龙开发的微信不仅为腾讯带来了 QQ 之后即时通信的"第二春",也一把扼住了小米旗下的同类软件"米聊"的脖子,让后者再也发不出大的声响。

方正飞扬没能为周鸿祎带来比肩求伯君的荣誉,却让他开始思考如何简化普通人使用网络服务的流程。这一次他将眼光放在了浏览器的地址栏上:既然上网已经很麻烦了,为什么输入的网址还必须是英文的?此时他已经是方正事业部总经理,可以列席一些高层的会议,但是当他把这一项目介绍给公司领导时,对方依然一脸茫然。方正是国内最早一批计算机行业的排头企业,但对于领导来说,计算机是计算机,互联网是互联网,周鸿祎对于互联网创新的想法他们难以理解,也不感兴趣。1998 年,周鸿祎在方正的月薪是 7000 元,这是一份稳定殷实的工作,但他终于萌生了离开的想法,并且和此前他脑中蹦出的每一个创新想法一样,他迫不及待地要去实施它。1998 年 10 月,离开方正的周鸿祎创办"国风因特软件有限公司",全力开发 3721 地址栏搜索软件。

1999 年,3721 拿到投资机构"太平洋技术创业投资公司"的投资,周鸿祎第一次尝到了资本的妙处。太平洋技术创业投资公司名不见经传,但它后来的名字在投资界赫赫有名——IDG。投资人希望去 3721 的办公现场参观一下,这让周鸿祎很犯难。为了省钱,公司租住在一间三居室的民房内,条件简陋,没想到投资人见到此景很高兴,觉得创业就应该是这个样子。

投资人没错,"车库式"的艰苦创业是硅谷的传统,如果周鸿祎这时候认识已经身在美国、多年后被他奉为"湖北第一聪明"的陈一舟,对方也会这样告诉他。

陈一舟在大学期间随家人移民美国后,先在特拉华大学取得了物理学本科学位,随后又获得了麻省理工学院机械工程系硕士学位以及斯坦福大学商学院工商管理硕士学位。1999年6月,陈一舟回国,与朋友创立了ChinaRen,任董事长兼CEO。回国后,陈一舟找到的第一个朋友便是雷军,两人坐在雷军的捷达轿车里讨论ChinaRen的盈利模式,雷军认为,做社区赚不到什么钱,但见惯了美国科技企业发家之路的陈一舟还没有去想怎么赚钱,而是在想怎么融资。

将企业估值做大、从而向一轮一轮的投资者要钱的模式,十年后已是中国互联网圈的常规玩法。雷军后来也成了这片游乐场里的一员。

雷军和周鸿祎都在变着花样地想尽办法降低用户的电脑使用门槛,但事实上,把很多零基础用户带进电脑世界的是另一个湖北人。

1994年,襄阳人池宇峰从清华大学毕业,加入广州宝洁公司。工作半年后,公司准备送他到国外培训,提拔他担任总经理助理。宝洁公司是国际著名的快速消费品厂商,是无数国人青年的梦想企业,但在大学期间已经多次创业的池宇峰带着"独立创业"的强烈渴望选择辞职,在深圳创办深圳洪恩实业有限公司。这是一家计算机硬件供应商,最符合当时深圳"赚快钱"的价值取向,因为团队技术过硬,池宇峰的公司一年间就赚了数十万元,成为深圳最大的电脑组装商之一。池宇峰分析后认为,单凭卖兼容机和代理销售硬件,很难再有更大的发展,更不可能有跨越式发展,1996年,在带着一同创业的伙伴们完成十几台电脑的组装后,池宇峰宣布,要回到北京寻找新机会。11月,池宇峰离开深圳,注册成立了北京金洪恩电脑有限公司。

池宇峰回到了他熟悉的母校清华大学周边。在深圳为顾客组装机器时,池宇峰发现,用户对电脑的认知还十分初级,经常遇到键盘、鼠标没有插在主机上无法工作这样的简单问题就手忙脚乱地找他们去维修。池宇峰与周鸿祎想到了一块,他也认为,通过轻松、互动、形象的设计,让第一次接触电脑的人通过学习就能掌握从开机、文档处理到杀毒的一整套基本操作方法,这样的软件很有市场空间。池宇峰将软件命名为《开天辟地》。

比起雷军在金山开发的"盘古组件",池宇峰的《开天辟地》更像是一场革新。为了让软件的使用体验亲近用户,他邀请朋友试看第一版的软件演示,朋友昏昏欲睡。池宇峰意识到文案没有足够的吸引力,当即决定推倒重来。随后,软件被设计成"小博士"和"小教授"对话的形式,对话简洁自然。由于预算太少没法请专业人员配音,池宇峰拉着同事,半夜时分变身"小博士"和"小教授",在平房里你一句我一句地配音。在公开发行的《开天辟地》软件里,如果仔细听,还能在背景里隐约听到在附近铁路疾驰而过的火车的声音。

《开天辟地》赶上了 1996 年年底举行的一次计算机展。展会现场,洪恩的员工只是搬了台电脑当场演示软件,就预定出 300 套。《开天辟地》光盘上市后,一个月就卖出一万套,累积销量达到数百万套,这其中还没有统计盗版的销量。第一个产品的成功鼓励他们在多媒体教育方向继续进军,洪恩又相继推出讲解电脑硬件知识、上网教学、英语教学等主题的软件。在创业最初的 5 年里,洪恩以每年高于 100% 的速度成长,1999 年 7 月被中国软件协会评为中国教育软件第一品牌。

1997 年,几个清华学生找到池宇峰,向池宇峰展示了一款简单的 3D 游戏,并且请求资金支持。池宇峰提出了一些修改意见,并允诺如果能按照要求修改成功就考虑投资。一个月后,学生们果然按要求实现了游戏效果,池宇峰毫不犹豫地拿出 20 万元投资,这个游戏开发团队就是后来在业内享有盛名的"祖龙工作室",推出了 3D 即时战略游戏《自由与荣耀》《自由与荣耀 2》,以及《大秦悍将》《抗日·血战上海滩》等单机游戏。

金山旗下的西山居工作室也在同期开发出了旗下第一款角色扮演游戏《剑侠情缘》。这款游戏得到了金山公司的大力支持,前后三年,先后有 30 余人参与到游戏的制作中来,项目耗资超过了"盘古组件",达到 300 多万元。采用了即时战斗模式的《剑侠情缘》在当时回合制为主力的角色扮演游戏市场显得别具一格,游戏的故事性和游戏性并重,上市初期受到了广大玩家的追捧,让金山公司意识到隐藏在游戏行业中的巨大商机。西山居随后又推出了《剑侠情缘 II》《剑侠情缘之月影传说》《新剑侠情缘》等一系列"剑侠情缘"IP 作品。

无论是金山公司还是池宇峰的洪恩公司,中国所有以软件作为主营业务的企业都不得不在很长时间里面对一个重要的问题——盗版。为了在游戏领域抗击盗版,雷军和池宇峰均出国进行过考察。他们的目的地是一样的——韩国;他们的对策也是一样的——进入知识产权保护做得更好的网络游戏领域。

2004 年,池宇峰注册成立北京完美时空网络技术有限公司,几年后公司更名完美世界(北京)网络技术有限公司。"完美世界"成了池宇峰身边环绕的比"洪恩"更为人所知的光环。它也为池宇峰带来了更多的财富。

20 世纪末,中国的计算机和互联网方兴未艾,美国的资本市场正在悄然刺破一个个泛着彩虹辉光的泡沫。这场行业灾难是必经的成长历程,而起步更晚的中国市场,将在进入 21 世纪后从一片灰烬中发力生长。

反哺者归来

"大道之行也,天下为公。"

《礼记》中的大同思想一直影响着中国人的社会责任观。改革开放前,"穷平均"是中国社会的常态;1978年之后,经济制度的转变改变了这个局面。如何让经济改革成果渗透到社会各个层面,中国从改革之初就一直在探索。

在幸福集团垮塌之前,周作亮是湖北省农村改革最激进也是最成功的实践者。伫立于江汉平原的潜江幸福村"村企合一",幸福集团先后投资3000万元,建成了一片"渠成格、田成方、路成线、树成行"的农田开发区和200栋农民别墅。这时,身有残障的周作亮依然住在自家老宅中。

幸福村倒下后,位于咸宁市嘉鱼县的官桥村八组将湖北农村改革的大旗一把扛了过去。

从发展路径上看,官桥村八组与幸福村相似——以门槛较低的轻工业完成集体原始积累,继而转向体量更大、回报更高的项目。官桥村八组也曾经频繁更换项目,遭遇非议,有县领导评价周宝生"五马换六羊,生意做不长"。

1993年,官桥村八组成立田野集团。这一年,周宝生以"五五分成"的经营合同签下了中国第一批享受国务院特殊津贴的专家、武汉冶金研究所高级工程师刘业胜,田野集团办厂生产永磁合金。当年,合金厂盈利60万元,周宝生当即从银行提出27万元,亲自送到刘业胜家。多年后,刘业胜的铜像被立在田野集团办公大楼后的草坪上,他被视为官桥村八组从田野走向世界的关键人物。

周宝生率领下的田野集团并没有像幸福集团那样迅速扩张,而是选择以相对可控的速度在相近的领域拓展。工厂产出的产品中,永磁合金用到了宇宙飞船、地震检波等领域;缆索用于白沙洲长江大桥、荆州等地的大桥建设;纤钢纤是钢铁产品中受力最苛刻、科技含量最高的一类,常被用于岩石破碎,集团60%的产品打入了美国、加拿大和意大利市场。

无论是周作亮的村办企业起步,还是周宝生实践了四十年的新农村建设,本质上还是农村"生产自救"式的脱贫致富路。要想先富带动后富、最终实现共同富裕,核心问题在于,社会应该如何调动工商业的力量向贫困地区实现创富能力的"转移支付"。

1994年,武汉市东湖开发区政府找到辖内各企业,希望每家企业定点帮扶一个贫困村,帮扶的方式也很直接——捐款。艾路明创办的当代科技位于东湖开发区内,但是他认为,捐款扶贫并非长久之计,他更担心捐款用不到正地方,而是被吃喝挥霍掉。艾路明找到区领导提出,与其捐款搞扶贫,不如让他去做个村干部,这样可能更有助于解决村民的实际问题。如他所愿,1995年起,艾路明担任武汉市九峰乡新洪村党支书兼村长,前后共21年。

1995年,艾路明拜入武汉大学经济学教授董辅礽门下攻读经济学博士学位,在新洪村推行扶贫措施,也是他进行的社会实验。新洪村每家每亩地可以向村里申请贷款300元,农民申请到贷款后,再由当代科技公司聘请专家指导农民种植,并负责统一收购,村民拿到货款后,再将贷款还给公司。这段经历为艾路明的博士论文《小额贷款与缓解贫困》提供了事实支撑,艾路明也成为中国最早一批从事农民小额贷款理论研究并推进到实操层面的人。1999年,艾路明取得博士学位后,成为新中国第一个"博士村长"。

国际上最著名的对农民提供小额贷款的机构是1983年成立的孟加拉格莱珉银行。2006年,为表彰他们从社会底层推动经济和社会发展的努力,孟加拉格莱珉银行与其创始人穆罕默德·尤努斯共同获得了诺贝尔和平奖。

1998年,国家出台《村民委员会组织法》,要求村干部必须是本村的居民,艾路明干脆把户口迁入了新洪村。从这一年开始,他自掏腰包,承担了村里所有人的农业税。这比国家2006年废止《农业税条例》早了8年。没有了税赋压力,新洪村村民有机会改变单一的种植结构,生产积极性大大提高,全村产值持续上升。

从艾路明的公司到新洪村车程只有20分钟,他经常现场办公,作为一个村干部,艾路明需要对教育、文化医疗、社会保障及基础设施建设做出决策。2016年,新洪村土地被纳入光谷发展计划,政府对土地完成收购后,这个800多人的小村子累积了近3亿元资金,已经相当富裕。此时,艾路明才从党支书和村主任的位置上顺利"毕业"。

艾路明担任新洪村村长期间为这个村庄带来的改变是,依托艾路明的个人财富和社会资源调动能力,新洪村拥有了更宽阔的路径同时解决了资金、技术、销路的困境。这种"授人以渔"的扶贫方式值得尝试,但艾路明认为,从更广阔的层面来看,农村的土地问题依然存在。

城镇化推进可以为新洪村这样的村庄画上休止符,但它注定不会替代所有村庄,在城市化无法覆盖、也不应覆盖的地方,村民应该如何提高收入,成了需要思考的另一个问题。2018年1月,艾路明出任阿拉善SEE生态协会第七任会长,将农村老百姓脱贫致富与环境保护相结合。

1995年,茅永红回到湖北。

两年前,茅永红带着赚来的两千多万元出走海南。促使茅永红回到湖北的机遇十分偶然。时任国家民航总局局长蒋祝平到访海南,遇见了茅永红。蒋祝平知道自己即将调任湖北省长,对茅永红说:"你是湖北人,希望你也能回去,给湖北做点贡献。"在蒋祝平的邀请下,茅永红决定返回湖北,但他还没有想好回到湖北能做什么。

茅永红打听一圈后得知,政府正在为江岸区北郊百步亭一带的建设烦恼。此地位于武汉北大门,直到20世纪90年代初期依然是个"城中村",道路、水电、燃气、通信等市政设施一片空白,因临近后湖,地势较低,一到下雨天这里就会变成一片泽国。1995年,中央出台"国家安居工程",计划在5年的时间内,为住房困难户新建1.5亿平方米的"安居住宅"。看来,这就是蒋祝平口中"武汉市最需要的事情"。茅永红还没有去实地考察,就从海南把资金打回了武汉。

站在百步亭的地界上,茅永红才意识到接下了一个怎样的任务。因为没有道路,汽车开不进去,连步行都很难。在茅永红之前,已经有7家开发商先后来过,其中有外资开发商,也有市政府组织的企业联合体,在恶劣的条件下,他们判断开发百步亭没有经济效益,先后退场。茅永红从买下的图纸资料判断,如果要在百步亭建设居民住宅,首先要填土2米;因为地质条件不好,即使只是盖3层的楼房,也要打18米的深桩。

除了自然环境的恶劣,人文环境更让茅永红担心。尽管百步亭建设是省市领导十分关注的重点项目,长期盘踞在此的"地头蛇"依然觉得他们应该咬下一口鲜美的肥肉。

从动工之日开始,茅永红就在思考百步亭将会建成一个怎样的社区。在向省委领导汇报时,时任省委书记关广富听了茅永红关于建设安居乐业、和谐小区的理想,开玩笑地说茅永红想建一个"乌托邦"。作为一个20世纪50年代生人、同时受到儒家文化和共产主义思潮影响的茅永红来说,脑海中涌现想要建设"乌托邦"的想法并不难理解。茅永红手中的土地接近千亩,有很大的外延可能,这提供了足够的空间去容纳一个关乎理想社区的社会实验。

1824年,威尔士企业家罗伯特·欧文(Robert Owen)为了践行自己的乌托邦社会主义理想,在美国印第安纳州买下1214公顷土地,开始一场名为"新和谐公社"的实验。这场实验强调生产资料公有制、平均主义、民主管理,最终遭遇了失败。乌托邦社会主义后来也被翻译成"空想社会主义"。公社化的社会组织形式已经在国内外被多次证明是行不通的,改革开放以实践检验真理,走出了一条调动人民生产积极性的新道路,百步亭只是一片城市中的物业社区,茅永红的乌托邦实验自然不会触及生产分配,但他可以探索新时代背景下的群聚模式。为此,他带领考察组到美国、新加坡、德国等发达国家考察,并向中国社会学鼻祖费孝通请教。经过调查,茅永红决定在百步亭实行"建设、管理、服务"三位一体的经营模式。

百步亭于1998年12月底迎来第一批住户。担负百步亭社区行政管理职能的机构是百步亭社区党委。按照我国一般的行政体制,区以下的行政管理遵循"区—街道—社区"三级体系,百步亭社区没有设街道办事处,直接划归武汉市江岸区区委区政府领导,此项改革得到了市区两级党委、政府的支持,百步亭社区成为全国第一个不设街道办事处的社区。茅永红既是百步亭集团的董事长,又是百步亭社区的党委书记,集政商双重身份于一体,是服务者也是管理方。社区内,政府职能部门的公务人员、居民自治组织成员、开发公司、物业公司等统称为"社区工作者",不同组织间交叉任职,由社区党委统一领导——或者说,向上汇集到百步亭集团。这种模式的优势是由于职务之间存在兼任,本应由政府支出的部分社会服务成本转移到百步亭集团,为政府节约了财政开支。

中国的城市行政体系,越是向基层下沉,越是偏重服务而不是管理,特别是到街道、社区层面。1994年起,城镇住房制度改革步步深化,计划经济时代那种相互承担义务和责任的居民与社区关系不复存在,在此背景下,如果一家企业可以拥有政企合一的制度支持,同时在社区管理上既动脑又用心,它所能调动的资源决定了它的服务效率比物业管理和政府管理两相独立的模式要高。费孝通在了解了百步亭社区运作模式后表示,不少自己尚在研究的理论,已经在百步亭变成现实。

"百步亭模式"带来了大量的荣誉,党和国家领导人频频造访社区。2008年,茅永红获得影响中国改革30年30人"改革之星"称号;2018年,改革开放40年之际,党中央、国务院授予茅永红"改革先锋"称号。20多年里,社区规模也不断扩大,茅永红最早获得的近千亩土地换算下来不足0.67平方公里,2019年的数据显示,百步亭的面积已经发展到6平方公里,居民18万人。按照规划,百步亭将发展为一个入住人口30万的新城区。

让人难以忽略的是,百步亭社区是滚动式发展壮大的,当它在不停发展的同时,也在不停地折旧,不仅包括最早建成的一批建筑和基础设施,也包括它长久以来积累下的社区文化。

企业家积累的财富应该属于谁?

答案毫无疑问,应该属于企业家本人。对私人产权的保障是社会能够实现高效运转的基础之一。但中国的改革历来就具有"先富带动后富"的底层逻辑,正是在这种逻辑下,企业家也天然地负担起带动后富的社会义务。

1995年10月,中国光彩事业促进会在北京成立,首届会长由时任中央统战部部长王兆国担任。"光彩"这个名字来自胡耀邦。20世纪80年代初,为了回应社会个体、私营经济是否是"光彩的",胡耀邦发表讲话:"凡是辛勤劳动,为国家为人民做出贡献的劳动者,都是光彩的。"按照成立时的倡议,中国光彩事业促进会旨在投身扶贫事业、实现共同富裕。

在人生经历里跨越过改革开放启动点的企业家对于"自身成功来源于时代造就"的理解更深,也更有意愿用财富反哺社会,茅永红、艾路明均属此类。

1998年,我国发生百年不遇的特大洪水,江西、湖南、湖北、黑龙江受灾严重,全国众多企业慷慨捐助。这促使《中华人民共和国公益事业捐赠法》诞生,以法律的形式来规范社会组织和个人的捐赠行为。

  与此同时,随着位于宜昌市境内的三峡工程实现大江截流,库区的土地沉入水底,一个国家议题浮出水面——三峡移民。为了帮助湖北境内的三峡库区移民,1999年起,温州人王均瑶创办的均瑶集团参与了"光彩事业三峡库区行"活动,也由此开启了对三峡库区的持续援建之路。2000年,均瑶集团在宜昌建设总投资1.2亿元的乳品加工基地,在三峡库区实施"万户奶牛养殖计划",向库区移民提供技术、贷款担保,包收奶农生产的牛奶。在光彩事业的引路下,均瑶集团进入湖北。

  奶牛不是均瑶集团的终点,他们渴望的是整片天空。

叩问企业性质

随着改革的推进,产权不明的地雷渐渐被企业家重视。房间里的大象不会永远隐形,改制的手术刀终有一天会到来。

1996 年,吴少勋过得很不开心。"劲酒虽好,可不要贪杯哟"的广告言犹在耳,酒厂的发展却已经驶向躲不开的礁石。

这一年春天,正值春招,劲酒厂组团参加湖北省应届生人才交流会。由于劲酒在社会上已经有一定的知名度,280 名大学生报名希望加入酒厂。此时酒厂仍属国有单位,引进人才需要劳动部门批准,吴少勋做了大量协调,最终劲酒厂只被允许招收 39 人。几个月后,部分新来的大学生认为酒厂存在论资排辈、平均主义的现象,纷纷另觅高枝。更让吴少勋气愤的一件事是 1996 年 7 月,一名职工出差回来,虚报报销金额 2000 元。对此,领导班子提出应以批评教育为主。吴少勋问在场的职工:"如果这个厂是你自己的,该怎么处理?"大家一致同意应该开除。

就此,劲酒厂在 1997 年 5 月进行了股份制改革,将国有股压缩至 19.65%,其余八成股份由员工持股。没想到人人都是酒厂老板,管理难度反而加大了。有了 1996 年的挫折,吴少勋早已萌生退意,此轮股改后,吴少勋勉强在员工的挽留下担任董事长,不再参与企业日常经营管理。

果不其然,由于管理混乱,1997 年公司年度负债 4000 万元,亏损 500

多万元。如果按照这个趋势发展下去，只需要三年时间，员工手中的股份将随着公司的资不抵债而变得一文不值。

1997年9月，中共十五大召开。十五大报告中明确提出，要采取改组、联合、兼并、租赁、承包经营和股份合作制、出售等多种形式放开搞活国有小企业。这为劲酒的下一步改制提供了政策依据。这一年，湖北省委组织市州县大型代表团到改革开放前沿城市温州等地参观学习，明确提出县域经济以民营为主。在劲牌酒厂的归属问题上，大冶市委、市政府决定将酒厂卖给个人，改制为民营企业。

对于员工、股东身份二合一的800余名酒厂职工来说，是否接纳改革是一场博弈：如果进行私有化改制，刚刚握了一年的股票即将拱手鬻人，员工的角色也从股东变为打工者；但如果不改制，迎接他们的必然是树倒猢狲散的未来。全厂大会无记名投票显示，94.5%的员工同意吴少勋当选酒厂掌舵人。

劲牌酒厂的改制引来了全国20多家媒体的关注。《人民日报》在显著位置发表评论员文章《不能一卖了之》，矛头不仅指向处于改制中的劲牌酒厂，还指向"靓女先嫁"声音喊得最大的广东顺德。除了媒体发出的质疑，吴少勋最大的阻力来自家中年近七旬的老母亲。在母亲眼里，儿子的行为就是在把自己变成一个资本家，她担心儿子像她听说过的那些地主、富农、资本家一样落得个悲惨下场。一气之下，她搬到村子旁边的庙里住了几个月。

面对舆论压力，湖北省领导表示，"可以先试，摸着石头过河，不打压、不追究"；湖北省国资委派出的调查组也对劲牌酒厂的改制方案表示基本肯定。

吴少勋提出，将按照1∶1.1的比率收购员工手中的国有职工股。大冶财政局的资料显示，酒厂资产总额6093万元。吴少勋没有这么多资金，工商银行、建设银行、交通银行为吴少勋提供贷款作支持。

吴少勋的幸运之处在于,他获得了来自省市政府的支持。劲牌酒厂改制之后,当年实现产值1.3亿元,同比增长26.3%,销售收入1.2亿元,同比增长66.9%,上缴税款同比增长51%。此后劲酒恢复了市场影响力,在2017年销售额首次突破百亿。

值得一提的是,在劲牌酒厂改制时担任大冶市委书记的马清明1999年出任仙桃市长。随后,仙桃市委、市政府提出"1+X"的国企改制模式:只保留一家国有控股企业,以"X"所代表的其他所有中小企业全部实行民营。显然,劲牌酒厂的成功改制为仙桃提供了经验和底气。2004年,仙桃市跨入"全国县域经济基本竞争力百强"之列。

1994年,北京市老干部活动中心,一场股东大会正在举行。

这里是中诚信的办公地点。从1992年创办起,乘着股市的东风,中诚信不断壮大,员工队伍扩大了几倍,从西苑饭店搬到友谊宾馆,再搬到北京市老干部活动中心,连H股公司都找到中诚信来做财务顾问。1994年下半年,资本市场走向低迷,中诚信业务也进入低谷。毛振华一手创办了中诚信,不停地"跑部"游说换来了公司的资质,但他并不持有公司的私人股权。业务好时,其乐融融的气氛让人可以忽视股权问题,冬天来了,毛振华发现,雪中未必有人送炭,反而可能会被撒上更厚的一层雪。

中诚信的董事长提出,希望总经理兼法人代表毛振华和当时一位商业银行中层对调。这个提议被拿到股东会上表决,只要董事长一方的票数达到25%,毛振华就将离开中诚信。这是现代公司制度给毛振华上的残酷一课。经济学出身的毛振华不应该忽视股权的作用,与他关系一直很好的陈东升在创业伊始便将公司的股权设置得条理清晰,陈东升顺手还入股了中诚信担任副董事长。但既然毛振华忽视了这个问题,就只能承担随之而来的结果——他的经理人命运将交由他亲自引入的公司股东们决定。最终,有超过76%的股份站在毛振华一边,略高于75%的危险线,毛振华留任总经理。当天晚上,毛振华沿着北京二环路开车回家,满脑子都在想刚刚过去的投票。车一开进转盘,他就忘记开出去,来回绕了五六圈。

虽然在股东的保全下留在了中诚信,但毛振华对未来却充满怀疑。湖北省的领导找到他,希望他能回去工作。另一边,香港一家上市公司邀请毛振华赴港担任总裁。最终,毛振华接受了来自香港的邀请,但他提出了一个条件:他要兼任中诚信董事长。毛振华在香港一共待了3年,工资、奖金加期权,毛振华拿到了1700多万元,这是他日后逐步将中诚信的股权收入囊中的资本基础。

1995年5月,国家颁布《商业银行法》,其中规定,商业银行在中华人民共和国境内不得从事信托投资和股票业务、不得投资非自用不动产为规避风险,银行不能担任其他公司股东。中诚信的银行股东开始脱手股权退出,毛振华从公开拍卖的市场上买回了一些中诚信的股份。1998年,国务院通过"改革、改组、改造和加强管理"的方式对国企进行改革,一时间国退民进,中诚信的12个国有股东选择退出,毛振华像采蜜一样一点点收集中诚信的股权,他的持股比例终于达到60%。

1999年的一天,中纪委突然带走了毛振华,对他的"双规"正式开始。根据与毛振华相识的朋友透露,毛振华被中纪委调查主要是受到当时备受关注的"康赛股票案"牵连。康赛集团地处黄石,原为黄石市服装厂,T恤衫、中山装曾是该厂当年的名牌产品,一度畅销大半个中国。为了从资本市场获得回报,不具备上市资质的康赛集团开始通过官商运作谋求捷径,最终于1996年8月叩开上交所大门。"康赛股票案"曝光后,牵出包括两位部长级官员在内的一批高官。"康赛股票案"的庭审记录显示,为上市做了铺路工作的经手人是在毛振华的介绍下与康赛集团相识的。

调查期间,毛振华还被问及有关中诚信在改制过程中涉嫌国有资产流失的问题。

"双规"持续了8个月,毛振华被带走时,妻子有孕在身,等他结束审查回到家中,孩子已经半岁了。看到孩子的那一刹,他恍若隔世。时间是怎样爬过毛振华的皮肤的,只有他自己最清楚。调查结束后,这个曾经热衷组织活动、拓展人际关系的人从此远离官员和官场。时间进入21世纪,他几次投资房地产,走的是严格的招牌挂程序。

虽然1994年在"君万之争"上折戟,张国庆的君安证券依然延续着快速发展的势头,但有一个问题一直困扰着张国庆——他手里的君安股份太少了。

张国庆的得力干将是同样来自湖北的杨骏。1989年,杨骏获得大连工学院①工商管理硕士学位,毕业后前往深圳,在深圳招商局供职一年后,转到深圳特区证券公司,很快当上了投资银行部总经理。1992年,张国庆结识了只有24岁的杨骏,他认定这个年轻人将成为他的事业伙伴。张国庆的性格中有北方人的直爽和强势,在这一点上,杨骏的温和可以与之互补。杨骏加盟君安证券后,先后主管证券发行承销、资产管理、经纪和证券研究业务。

杨骏看到君安野蛮生长的模式不可能一直持续,他为君安带来了超越野蛮的研究气质。在杨骏的一手操办下,君安证券成立了上百人的研究所,每年预算7000万元,业内罕见。他制订了庞大的内部培训计划,公司员工被分批送到海外培训,并计划招聘留学生人才。1996年以来,君安安排其中层以上经理人员轮流脱产培训英语,并陆续将他们派至华尔街金融机构实习进修。

资本市场上,君安屡屡得手。1996年4月开始,走熊三年的中国股市开始转红,上证综指涨幅达124%,深成指涨幅达346%,涨幅达5倍以上的股票超过百种。此轮牛市中,暴涨的股票背后经常显现君安的身影。1996年10月起,中央连续发布"十二道金牌",规定大致有《关于规范上市公司行为若干问题的通知》《证券交易所管理办法》《关于坚决制止股票发行中

---

① 大连理工大学的前身之一。

透支行为的通知》等。随着新规的发布，股指依然呈持续上扬的势头。12月13日，星期五，按照西方的文化传统，这是一个"黑色星期五"，君安在牛市中突然沽空上百亿元证券组合，手中除了还握有40亿元B股，此外全为现金。三天后，12月16日，经中国证监会同意，上海证券交易所和深圳证券交易所决定从当日起，对在两所上市的股票、基金类证券的交易实行价格涨跌幅10％限制，并实行公开信息制度。同日，《人民日报》刊登了特约评论员的文章《正确认识当前股票市场》，股市应声下落。君安证券成功逃顶。对于这次成功的操作，《财经》记者向杨骏询问决策理由，杨骏坚称当时未获任何内幕消息，"连北京的资金都没有跑，我哪来的消息"。如果杨骏的说法是真实的，那么君安庞大的研究团队自然对此项关键决策贡献良多。

1997年年底，君安证券总资产达175亿元，利润7.1亿元，两项数据在国内均名列第一。1998年1月，张国庆辞去总经理职务仅担任董事长，杨骏被提拔为君安总裁。这次人事调整被视为是君安管理层为推行MBO计划所做的准备，张国庆和杨骏开始出手解决股比问题。

君安证券创立之初，引入了5家国有企业入股，其中包括一家军方背景的公司合能集团，君安股东的神秘背景在君安如日中天的时代引发了许多坊间传闻。事实证明，传闻再云里雾里，所谓的"神秘力量"也不如企业的实际掌权者更具有操控力——1997年，张国庆、杨骏把手伸向了国有股东，以高明的财务手法导演了一场控股君安的大戏。

事后调查显示，张国庆等人调用一笔账外收入在境外注册自己控制的公司，转移资金在12.3亿元左右。1997年，君安证券增资扩股到7亿元，在这次增资中，张国庆、杨骏等人动用5.2亿元将君安职工持股会变成君安证券的实际控股股东，持股比例达77％，原大股东合能集团持股仅7.71％，成为第二大股东。君安职工持股会的两大股东分别叫"新长英"和"泰东"，是张国庆和杨骏控制的两个投资公司。国有股东依然在君安享有投票权、分红权，但其权益已被稀释。

在"君安模式"的细节没有被公开之前，借助职工持股会搭桥、实现对公司的控股，这一路径引发了业界关注。雁过留声，君安一位分管财务的副经理因不满自己在公司内部失势，将君安管理层收购方案和公款去向不明的账目递送到纪检监察部门，很快，证券监管部门和审计机构派出工作组进驻君安。

财经作家吴晓波认为，在世纪相交的前后几年，几乎所有的产权改制方案都是"见光死"，没有几家企业经得起法律及财务意义上的公开审查。

为什么企业家不在改制中做得更妥帖一点？

因为他们做不到。以这一轮"国进民退"浪潮的起点1998年来看，距离改革原点也仅过去了20年，其中的15年《公司法》是缺位的，其中的12年全国性证券市场是缺位的，社会主义市场经济制度的建成缓慢而有所反复。磕磕绊绊里，没有哪个企业家有机会积攒下足以控股大型企业的资本。

君安是证券业的佼佼者，运作起MBO技巧非凡，值得注意的是，股比被稀释的国有股东并不是跳出来抨击君安MBO的主体，但一个失势者吹哨，监管者随之而来。

君安受到监管部门查处。1998年7月24日，《中国证券报》以评论员文章形式宣布国泰、君安两大证券公司合并，君安证券公司的个别领导人涉嫌违法，目前正在接受司法机关的调查。1998年9月，张国庆以"虚假注资"和"非法逃汇"等罪名获刑4年。1999年8月18日，国泰君安证券在上海浦东举行揭牌仪式，成为当时国内最大的证券公司，注册资本为37.3亿元，总资产300多亿元。上海市政府担任了助产士的角色，为这次合并注入了18亿元资产，包括14亿元现金。

重视研究的君安为证券市场贡献了大批行业人才，特别是私募人才。张国庆的副手杨骏在"君安事件"中遭到拘传，离开君安后成立晓扬投资管理公司，主要投资港股，自成立后年均投资回报率超过30%。2009年，年少得志的杨骏因肝癌去世。去世前，他以战略投资者的身份出现在武汉光谷高科技公司"高德红外"的上市之路上。

1999年11月15日，经过漫长的谈判，中美双方终于就中国加入WTO达成协议。随着国际化进程的加快，中国更大幅度地转向外向型经济，稳坐国土正中的湖北不再具有优势。

幻想中，中国进入21世纪的姿态应该是蹦蹦跳跳的，但湖北的脚步轻快不起来。

千禧年以及它之后的岁月，就像《启示录》中记载的那样朦胧难辨。

Chapter 5

第五章

崛起与塌陷

2000—2007

年关难度

"这是千载一遇的时刻,百年的更迭,千年的交替,都将汇于同一个瞬间。为了欢呼新世纪的太阳照临地球,全世界的人们都在翘首以待……"

这是《南方周末》2000年的新年献词,题目叫"我们从来没有放弃,因为我们爱得深沉"。千禧年到来了,但并不是所有人都能在一片其乐融融中翘首以待它的到来。至少刚刚上任24天的湖北省监利县棋盘乡党委书记李昌平没法融入同贺千禧的欢乐气氛里。此时他无心关注《南方周末》为新的一年带来了怎样的祝福,更不可能知道他的名字将会出现在下一年的《南方周末》的新年献词里。

元旦过去了,紧接着就是春节,李昌平辗转反侧,作为棋盘乡的"父母官",他已债台高筑、年关难度。

钱不是李昌平欠下的,是乡政府欠的。银行早就不敢把钱借给乡政府,政府官员只能从民间拆借高利贷以缓燃眉之急,即便如此,2000年1月,李昌平的兜里和乡政府的账上也一个多余的子儿都没有。腊月二十七,李昌平好不容易又硬着头皮借到一笔钱,政府花名册上有361张等着吃年夜饭的嘴,他们已经几个月没有领工资了,李昌平给他们每人发2000元,另附上一张2400元的"白条",请大家和他共渡难关,"过一个革命化的春节"。

第五章 崛起与塌陷 2000—2007

20世纪的最后一个农历新年,怎么会是"革命化"的呢?

可在监利县就是如此。早在1996年7月,监利南部十个乡镇遭遇水灾,颗粒无收,时任湖北省委书记贾志杰号召"举全省之力,抗监利之灾",给灾区减免税费,但执行起来困难重重。基层乡镇政府的财政来源与农民上缴的税费可丁可卯、严丝合缝,给农民免税就是要求政府断粮,且不论基层官员们是否"有心"响应省委书记的号召,至少在执行层面他们是"无力"的。

李昌平意识到基层农村的困窘,他主动去了解基层农民的所思所想。农民们的情绪表达朴实直接。走访中李昌平发现,农民对当地政府已经呈现敌对情绪。一个儿时的同学告诉李昌平:"我们净养活你们这些干部!而你们却反而不把农民当人看。"从小一起长大的同学站在了李昌平的"对立面",这让他不得不面对严峻的农村问题。"我们从来没有放弃,因为我们爱得深沉",《南方周末》新年献词的标题是李昌平的内心映照,对土地的热爱迫使他去做点什么。2000年2月10日,大年初六的午夜,李昌平摊开一张纸开始写他生命中极为沉重的一封信,光是写下起首语他已经泪水盈眶。信是写给总理朱镕基的,李昌平在信中告诉总理:"现在农民真苦,农村真穷,农业真危险。"

信一共写了4000字,李昌平以田野观察所得列出了农村的七大问题,为中央提出了四个解决问题的方向。书毕,李昌平没有把信马上寄出,他知道这是一件"捅娄子"的事。

促使他义无反顾地将信发出去的是监利县2000年3月初召开的一次农村工作会议。在分组讨论环节,李昌平将监利县农村存在的一系列问题一一列出,此举让县委书记颇感不满。

县里讲不了的实话,只能讲给总理听,3月8日,李昌平决定将信寄出,邮费花了8分钱,信封上写着"国务院总理朱镕基(收)"。

据《朱镕基讲话实录》记载,2000年3月22日,国家信访局《群众反映》

第28期摘登了李昌平的信。3月27日,朱镕基指示农业部派人调查。5月4日,朱镕基在农业部的暗访调查报告上作出批示:"'农民真苦,农村真穷,农业真危险',虽非全面情况,但问题在于我们往往把一些好的情况当作全面情况,而又误信基层干部的'报喜',忽视问题的严重性。"6月,根据国务院的指示,湖北省委书记、省长到监利调研并召开现场办公会。

李昌平的信被公开后,李昌平成了媒体竞相报道的对象。《南方周末》将李昌平评为"2000年年度人物",在2001年的新年献词里,《南方周末》写道:"李昌平,一个并不为很多人所知的新闻人物,凭着一个乡党委书记的良知与责任感打动了千千万万个读者的心。因为他直面百姓疾苦,求索改革之路;因为他行使了一名共产党员和基层官员的权利,向国务院领导坦荡陈言,从而引起高度重视,引发了大刀阔斧的改革。人民对自己根本利益的代表者表达了深深的敬意,人民对改革寄予焦灼的期待。这是希望。"

摊开地图,沿着武汉三镇向正西北方向画一条线,它在走出武汉后将分别经过嘉鱼县、洪湖市、监利县。作为农村改革的样本,这三个地标就像是农村改革的三级阶梯。位于嘉鱼县的官桥村八组在周宝生的带领下,以田野集团实现了共同富裕的农村改革,这是农村改革的高级形态,它符合中国农村改革元老杜润生对于农村改革路径的期待:民办、民营、民有、民享。最远端的监利县,就像处于改革阶梯的最下一层,农村财政紧张、人员外流、税赋如山。距离改革开放已经过去了二十余年,杨小运"卖粮买自行车"的豪迈并没有成为湖北农村的普遍生活状态,以企业作为依托帮助农民成功创富依然是极少数村庄的改革殊荣。从这点来看,湖北的农村改革在21世纪还有很长的道路要走。

洪湖水浪打浪,监利县东临洪湖,在监利县迎来一场疾风骤雨式改革的同时,与监利县一湖之隔的洪湖市也在经历最后的梦幻泡影。

1998年,一个"绩优上市公司大礼包"从辽宁沈阳空降到湖北洪湖瞿家湾镇——两年前由农业部推荐、在上海证交所上市的蓝田股份注册地搬家洪湖,成为洪湖市唯一一家上市公司。蓝田股份创始人瞿兆玉1948年出生在瞿家湾,退伍转业后被分配到沈阳。1992年,瞿兆玉创办沈阳蓝田股份有限公司,这家公司由沈阳市新北副食商场、沈阳市新北制药厂和沈阳莲花大酒店共同发起,以定向募集的方式成立。这三家发起单位均是瞿兆玉下海后亲手创办的企业。1994年8月,沈阳市批准蓝田股份作为农业企业,归口农业部管理。1995年12月11日,蓝田股份的1828万股国家股无偿划拨给农业部。4天后,农业部批准沈阳蓝田公司转为社会募集公司。随后,农业部将3000万额度的上市指标给了蓝田股份,这为蓝田股份顺利上市铺平了最后的道路。

从小格局来看,蓝田股份回归洪湖是瞿兆玉的衣锦还乡。瞿家湾镇1994年时属于湖北省21个重点老区贫困乡镇和全省六大贫困乡镇之一,人均年收入不足650元,个别贫困户的房屋甚至是用卷烟包装纸壳糊成的。1998年起,在瞿家湾镇政府的推动下,瞿家湾村将土地以"参股联结"和合作开发的方式大规模转入蓝田公司,公司则向村集体按利润的30%支付土地红利,安排全部劳动力进厂成为工人。瞿兆玉为家乡带来的变化立竿见影:蓝田不仅出资修了一条通往瞿家湾的30公里的公路,还陆续兴建了自来水厂、蓝田医院、蓝田中学、蓝田文化广场和无线通信中转站等一批公共服务设施,重新进行社区规划并向每个村民无息贷款进行住房改造,等等。

从大格局来看,如果蓝田股份公开的业务信息所言不虚,那么洪湖无疑是公司挖到的一座"金矿":散养在洪湖的鸭子产蛋量比普通鸭子高出一倍以上,蓝田旗下每只品种鸭一年的利润相当于生产两台彩电;蓝田股份与中科院水生物科学研究所共建的农业产业化科技示范基地,水面有鸭、水里有鱼、水下有藕,一亩水塘一年的产值可以达到3万元;洪湖盛产的淡水龙虾加工成虾仁,出口价可达到每斤20元纯利。

可是这些故事终究是天方夜谭。中国并不是一个淡水龙虾资源丰的国家,野生淡水龙虾大部分分布在东北,能够生长在湖北气候环境下的淡水龙虾,几乎可以肯定是外来物种克氏原螯虾,也就是几年后红遍全国的小龙虾。不需要多少财务分析能力,任何一个留恋夜宵的普通吃货都能轻易戳穿蓝田股份的财务谎言。可是在 2001 年,蓝田股份成了资本市场招摇过市的裸体皇帝,总资产规模从上市前的 2.66 亿元发展到 2000 年末的 28.38 亿元,增长了 10 倍;年报的每股收益在 0.60 元以上,最高达到 1.15 元,即使遭遇了 1998 年的特大洪灾,蓝田股份的每股收益也坚挺在 0.81 元。

证监会也对蓝田股份诡异的财报表现出了困惑。2001 年,证监会频繁进驻蓝田股份,但蓝田隐秘的财务运作让证监会收获甚微。真正踢爆"蓝田丑闻"的是中央财经大学财经研究所研究员刘姝威,她发现蓝田股份在公告中承认已经开始接受中国证监会的调查,顺着这个线索,刘姝威对蓝田的财务报告进行了分析。

刘姝威当时并非针对蓝田股份,她正在写一本《上市公司虚假会计报表识别技术》的书,选择蓝田股份进行分析只是出于学术研究的考虑,想要为读者增加一些实际的案例。刘姝威发现蓝田股份在未来一年内会有 1.27 亿元的短期债务超过企业的偿付能力,也就是说,被誉为"中国农业第一股"的蓝田股份只是一具"空壳"。半个月后,她撰写了题为《应立即停止对蓝田股份发放贷款》的 600 字报告,传真给中国人民银行下属机密级内刊《金融内参》,后者当天刊载了刘姝威的报告。这份刊物只印刷 180 份,呈送给中央金融工委、人民银行总行领导和有关司局级领导,报告也会摆在国内各大银行高层的桌面。果然,收到报告的各大银行立即停止了对蓝田股份的贷款。

2001 年 11 月 19 日,星期一,刘姝威在中央财经大学的办公室进来两个陌生人,他们是中国蓝田集团总公司总裁瞿兆玉和副总裁陈行亮。一见面,瞿兆玉就把印着刘姝威报告的《金融内参》复印件拿了出来。这两人出现在自己的办公室里,刘姝威已经感觉到来者不善,但他们明目张胆地拿出内参机密级文件,还是让久坐象牙塔的刘姝威感到惊讶。瞿兆玉向刘姝威抱怨,全国银行对蓝田停发贷款,"我们都快死了。"刘姝威则拿出蓝田股份财报上的数字反问瞿兆玉:"你们 2000 年光是水产品的现金收入就有12.7 亿元,怎么可能会缺钱呢?"刘姝威的明知故问戳到了瞿兆玉的痛处。话不投机,在瞿兆玉发完火后,刘姝威将二人送出了办公室。

刘姝威师从两位著名的经济学家——陈岱孙和厉以宁。导师曾经告诉刘姝威:"不要少年老成,要敢于提出自己的论点。"老派的经济学者心中都有一团"经邦济世"的热火,当刘姝威发现蓝田股份竟然"赤膊上阵",她的第一反应是蓝田从银行"吸血"充门面的空手套白狼已经威胁到国家经济安全。根据瞿兆玉透露的数据,"蓝田系"总计贷款超过 20 亿,蓝田没有能力偿付贷款,损失自然由银行、广大储户和国家来承担。刘姝威之所以第一时间选择将报告提交给央行系统,是因为蓝田的财务造假太简单、太明显,用最基本的、国际通用的财务分析标准足以戳破蓝田的谎言,但"房间里的大象"竟无人直视。

那次让双方都不愉快的短暂碰面中,瞿兆玉曾怒斥刘姝威"太学术了",如他所言,学术的刘姝威很快就感受到政商运作的曲迂蜿蜒。12 月 13 日,湖北省洪湖市人民法院的传票寄到了中央财经大学,案由是蓝田股份诉刘姝威名誉侵权,蓝田股份请求法院判令刘姝威公开赔礼道歉、恢复名誉、消除影响,赔偿经济损失 50 万元,并承担全部诉讼费用。传票由洪湖市人民法院民事审判庭庭长亲自送达。刘姝威问该庭长:"你们怎么能够拿着蓝田窃取的国家机密作为证据来立案呢?"对方回答:"我们法院不管窃取国家机密的事。"听到这样的回答出自一名法官之口,刘姝威哭笑不得。

孤立无援的刘姝威从 2002 年 1 月 3 号开始,向国内 100 多家媒体发去了她对蓝田财务造假事件的详细分析报告。不久,全国各大新闻媒体纷纷对刘姝威与蓝田的纠葛给予了高度关注。一周后,刘姝威的电子邮箱开始收到死亡威胁,"死期"定在"名誉侵权"案的庭审当天——1月23日。

正义没有给发出死亡威胁的人留下付诸行动的机会,留在刘姝威电子信箱里的最后一封死亡威胁停留在1月11日。次日,因涉嫌提供虚假财务信息,蓝田股份董事长保田等10名公司管理人员被拘传——虽然从姓名上看不出来,但保田其实是瞿兆玉的胞弟。与此同时,瞿兆玉也开始接受有关部门的调查。紧接着已经更名"生态农业"的蓝田股份被强制停牌,戴帽"ST"。2003年5月22日,上海证券交易所向"ST生态"发出了终止上市的通知。

2003年12月31日,保田、瞿兆玉等蓝田主要高级管理人员因提供虚假财务报告、虚假注册资金等罪名,被湖北省高级人民法院终审判处有期徒刑一年半至三年。2007年12月20日,为蓝田股份上市提供职务便利,大开绿灯并从中获利的农业部财务司原司长孙鹤龄获刑八年。

因为勇敢曝光蓝田股份财务造假,刘姝威被评为中央电视台"2002年经济年度人物"和"感动中国——2002年度人物"。

一家地方支柱企业因造假而烟消云散,蓝田股份的"死亡",既展现出某些政府官员与企业的勾连,也反衬出湖北地方经济缺乏增长点的窘迫。

随着改革的发展,第一产业在湖北经济中所占的比重呈现下降态势。根据2000年《湖北统计年鉴》记载,第一产业在经济总量中占有的比重已经下降到17.0%,而1998年这个数字还是20.2%。第一产业下降的比重大部分被第三产业吃掉,第二产业占比则相对稳定,贡献了全省接近五成的产值。农村改革不尽如人意,作为国有企业经济强势的传统大省,支撑第二产业产值的国有企业也时常遭遇礁石。

1997年的夏天,全国都开始关注起武汉140万双袜子的命运。《长江日报》记者余兰生发现武汉袜厂仓库里沉睡着两火车皮、140万双袜子,有的袜子已经堆积超过了十年。这批袜子并非无处可去,有国内的客商向武汉袜厂订货,袜厂却不肯"吐货",袜子一天天贬值,新来的客商开价越来越低。袜厂的惜售理由看似很有说服力:袜子既然已经折旧无法按照原价卖出,把袜子按市场价处理就意味着账目上的亏损,哪个领导拍板卖了,就是哪个领导带来的"损失";不去动它们,它们反而按照原价记在账上。

报道在《长江日报》刊发后,中央电视台《经济半小时》《焦点访谈》《新闻调查》三个栏目派记者赶赴武汉聚焦袜子问题。袜子背后的核心矛盾不是会计上的,而是国企体制上的,一旦企业受迫于体制压力屈从于会计上的不合理规则,企业的活力便会随之丧失。

140万双袜子卖不卖,对于经济的宏观影响有限,还可以让人睁一只眼闭一只眼,但利税大户脚步沉重则让施政者难以坐视不管。

就在140万双袜子成为镜头下"明星"的同一年,湖北省烟草行业上缴利税20多亿元。从数量级上来看,这是个还不错的成绩,但烟草是高税赋产品,对比隔壁的湖南省,湖北的烟草业正一点点被赶超。1997年之前,湖北拥有18家卷烟企业,烟企数量居全国首位。但除了武烟,其他卷烟厂生产经营都比较困难。1997年起,湖北省委、省政府决定对全省卷烟厂进行关停整合,一批管理水平差、效益低的小烟厂相继关闭。到了2002年,湖北烟草业利税49亿元,已经不及湖南烟草业117亿元的一半,中间的差距需要再建三个武钢才能弥补。如果只是产业结构或是消费结构带来的差距,倒也不必太过担心,毕竟吸烟有害健康,不能为了利税而强行追求烟草市场的繁荣,但湖北历来是烟草大省,卷烟产量排全国第5位,烟叶产量居第6位,如此条件下经济效益却排名靠后,只能归咎于产业模式的落后。

在2002年来自湖北烟草业的49亿元利税中,武烟集团贡献了20多亿元。与武烟形成鲜明对比的是,湖南一家卷烟厂原本是武汉卷烟厂的分厂,2002年利税已经高达50亿元。武烟集团被后起之秀甩在身后,让这家老牌烟草企业面子上挂不住。

更大的危险也逼近眼前。由于中国加入了WTO,按照之前的约定,到了 2004 年,中国烟草进口税率将由之前的 65% 降为 25%,烟草特种经营许可证也将逐步取消,这意味着洋品牌香烟大举进入中国市场的日子一天天迫近。为了应对新的竞争形式,中国烟草行业已经进入合纵连横的整合阶段。湖北烟草界对即将到来的危机也很有自知之明,2002 年 4 月,来自武汉市经委的一份内参中写明,如果三至五年内武烟集团还不能发展壮大成为国内排名前六七名的烟草"寡头",就极有可能被别人"吃掉"。[①]

但整合省内烟草企业不能依靠武汉"剃头挑子一头热"。地方烟草企业一般都是当地的财政支柱,这其中的利益平衡需要更强势的力量入场推动。时任湖北省委书记俞正声不愿看到湖北烟草行业、特别是武烟集团委身他人的结局,他愿意出面做那个推动者。2002 年 7 月,俞正声在考察武烟后提出:"烟学湖南,全力促进湖北烟草产业取得突破性发展。"2003 年初,身为武汉市委常委的彭明权空降到武烟集团担任董事长兼总经理,这在武汉历史上并不多见,也彰显出省市领导整合烟草企业的决心。有趣的是,彭明权不但自己不吸烟,对别人吸烟也极为反感,如果睡前闻到烟味甚至会头晕失眠。但几个月后,彭明权已经成了一个熟练的烟草人。在监利县调研的时候,他主动去垃圾桶里翻找烟头——用这种方式去了解武烟的市场份额正在被哪些竞争对手分吃。

彭明权务实地解决实际问题,自他上任后,湖北烟草整合明显提速,到 2004 年上半年,原本湖北的 18 家卷烟厂被整合为武烟、清江、襄樊三家卷烟厂。2005 年 10 月,三家卷烟厂进一步"三合一",重组整合后的新武烟集团诞生。2006 年,武烟实现销售收入 155 亿元,同比增长 17%;实现税利 91.62 亿元,同比增长 27.72%,武烟的利税总额在国内烟草界名列第四,逃出了被吞并的危险区。

同一时期,武钢集团也进入并购期。最显著的分界点是,从毕业就加

---

① 《湖北烟草业壮士断腕》,薛惟中,《中华工商时报》,2003 年 4 月 3 日。

入武钢的邓崎琳在 2004 年年底出任武钢集团总经理。这一年,曾经是"共和国长子"的武钢集团钢铁产能不到 900 万吨,而国内钢铁产能排名前三的分别是上海的宝钢(产能 3000 万吨)、辽宁的鞍钢(产能 1500 万吨)、江苏的沙钢(产能超 1000 万吨)。

邓崎琳执掌帅印后,武钢提出"中西南发展战略"的口号,即以位于武汉青山区的本部为基地,加快市区厂的整体搬迁步伐;以防城港项目为重点,加快推进沿海生产基地升级换代;以联合重组为手段,加快中西南地区钢铁企业整合步伐。武钢在 2005 年重组鄂城钢铁集团、柳州钢铁集团,又在 2006 年兼并昆明钢铁集团,将产能增加到 3000 万吨。在武钢内部,邓崎琳上任后的发展阶段被称为"第三次创业",前两次创业分别指武钢创办初期的筚路蓝缕和 20 世纪 70 年代从日本引进"一米七轧机"项目。

武钢地处内陆腹地的区位已经成了劣势。鞍钢有 60% 左右的矿石为自产矿;宝钢临海而建,多年前就在海外投资矿石资源,获得了很多海外铁矿资源;运向武钢的铁矿需要通过海运转到长江河运,每吨铁矿石运费相比其他钢企要高出 100 元左右。2007 年后在矿石涨价和产能过剩的双重夹击下,国内 72 家大中型钢企销售利润由 2007 年的 7.5% 骤减为 2010 年的 2.91%,远低于全国工商行业 6% 的平均利润水平。2009 年开始,国际铁矿石生产厂商单方面取消长协合同,随即屡屡调价,对于每年铁矿石缺口高达 2500 万吨、80% 需要从现货市场采购的武钢来说,没有议价权让武钢一度陷入亏损。

邓崎琳提出的解决方案是向外延展,将资源"触手"伸向海外,先后通过股权购买和项目合作等方式,在巴西、加拿大、非洲等先后布局了 8 个矿山。2012 年,武钢集团投资 639.9 亿元的防城港项目开工建设,如果海运矿石能在防城港直接落地,炼成一吨钢铁能节省 200 元运输成本,达到 1000 万吨设计产能后,武钢每年将节约 32 亿元资金。但现实向邓崎琳泼了一盆冷水,在海外矿山总计接近 5 亿美元的投资仅有两三个进入正常运行，防城港项目更被视为决策失误，是导致武钢亏损的大包袱。

整合柳州钢铁集团是上马防城港项目前的重要一步棋，在武钢集团资本压境之时，担任柳钢掌门人的是邓崎琳当年在武汉钢铁学院（现武汉科技大学）的师弟梁景理。梁景理同邓崎琳一样，从基层岗位一路成长起来，18岁就进厂的梁景理不希望柳钢集团在自己手中委身他人，但于事无补，邓崎琳排除了阻力，顺利与柳钢集团实现合作。

邓崎琳强硬地整合柳钢是为了迅速扩大体量，避免武钢被宝钢整合。耐人寻味的是，在这条"整合食物链"上，宝钢总经理艾宝俊、武钢总经理邓崎琳、柳钢总经理梁景理三人均因贪腐落马。被邓崎琳"折腾"一番的武钢最终没能逃过被宝钢整合的命运。

湖北的农业和国有企业的发展都受到了时代的冲击，反映出此前湖北经济结构的落后。邓小平在1980年给二汽厂长黄正夏的建议——"从长远、从根本上说，还是要发展民品。"——放在区域经济发展上也是一句箴言。从长远、从根本上说，湖北经济的重新崛起必然要仰赖民营经济的力量。世纪之交的湖北民营企业蓄力如何？

1999年，英国人胡润利用业余时间排出了中国第一份富豪榜。窥探这份榜单的变化可以看到湖北工商业在世纪之交的落寞——在最早的两年，名额为50人的内地富豪榜单中，并没有出现湖北人的影子。

2001年，胡润将榜单"扩容"到100人，榜单上第一次出现了湖北"富豪"的名字：60岁的罗日炎。罗日炎是湖北美尔雅股份有限公司董事长兼总裁。美尔雅位于黄石市，于1997年11月登陆上交所。榜单上记载，罗日炎个人财富9.5亿元，位列47位。2002年7月，在黄石市委召集的一次会议后，罗日炎被免去了公司职务。黄石市委与美尔雅集团对外口径一致，称年过花甲的罗日炎属于正常退休，但公司内部此前一度传闻身体健康的罗日炎会干到70岁。随着罗日炎的解职，挂在他名下的9.5亿财富烟消云散。此后，他再没有出现在任何富豪榜中。

2002年到2004年连续三年,胡润富豪榜上的湖北富豪都只有丝宝集团董事长梁亮胜一个人。2003年起,胡润与《福布斯》分手,各自编制胡润百富榜和福布斯中国富豪榜。两个榜单中梁亮胜的资产略有差异,但他是唯一上榜的湖北富豪。这也是丝宝集团的高光时刻。

《楚天金报》统计了自2003年至2012年10年间的福布斯中国富豪榜后发现,2005年之前,梁亮胜在榜单上一枝独秀。2005年起,两个富豪榜将榜单扩充至400人,这让更多湖北富豪有机会登陆榜单。这一年,东星集团的兰世立跻身两榜,宣告着他已经从东宫、西宫的折戟中走出,重新攀上财富巅峰。在湖北省内深耕水电的"隐形富豪"鄢贤华也在这一年出现在福布斯榜单上。此后直到2007年,福布斯富豪榜上的湖北企业家均由这三人垄断。2008年是一个分界点,随着汹涌而来的上市潮,资本市场的造富特性把更多湖北富豪推上了福布斯中国富豪榜。

选择福布斯中国富豪榜作为连续统计对象是因为它的榜单上限稳定,在扩充到400人后便没有进一步扩容。相比之下,胡润的榜单在2008年扩充到1000人。10年里,共有10名湖北企业家登上福布斯中国富豪榜。梁亮胜10年里没有缺席榜单,兰世立和鄢贤华各出现4次和2次;2008年后,武汉凡谷的孟庆南家族登榜4次,百步亭茅永红1次,武汉南国置业许晓明3次,高德红外黄立3次,九州通刘宝林3次,卓尔阎志2次,骆驼电池刘国本1次。这10年属于"前移动互联网时代",从10位企业家所属的行业来看,包括日化、房地产、医药、通信、电子设备制造在内的传统行业,其中,房地产行业具备极高的创富推动力,有5人曾经涉足或专注于房地产领域。

富豪榜对于企业家财富的估量自然有失严谨,在同一年度,胡润和《福布斯》对于同一名企业家的财富统计相差可达到几十亿之多,娱乐意义大于经济意义,但两榜可以从侧面反映民营经济的细微变迁。

美国杜克大学社会学教授高柏后来分析中国经济为什么能够快速增

长、并成为世界最重要的几个经济体之一。他认为,中国并不是以廉价劳动力作为产品在国际市场上的比较优势的,而是依靠发展产业集群和专业市场,以组织经济活动时的内在效率作为竞争优势。其表现形式就是中小企业能够蓬勃发展。[①] 这一观察结论,对于一直处于改革中的中国经济体制和陷于转型困境中的湖北有着极大的现实意义。众所周知,在国家对于国企实施一系列"抓大放小"改革的背景下,中小企业的最活跃载体毫无疑问属于民营经济。

从统计数据来看,湖北民营经济发展的拐点出现在2006年,这一年,民营企业户数年度增长率、民营企业投资人数年度增长率、民营企业税收年度增长率三项主要增速指标均首次超出全国平均水平。但同一时期,湖北民营经济与沿海发达地区相比差距还是很大。直到2007年,湖北全省民营经济增加值不到广东省的三分之一,民营企业数量、进出口总额依然低于全国平均水平。

湖北,这个稳居中部的人口大省,正在苦寻破局之法。

[①] 《杨小凯的贡献到底何在?》,高柏,英国《金融时报》中文网,2014年9月22日。

重新发现湖北

几乎中国所有的副省级城市都流传过一个都市传说——"我们要成为直辖市了!"但从中成功"升级"的只有重庆市。

早在重庆市直辖之前,一个旨在解决三峡工程建设及移民安置问题的升级行政单位"三峡省"的筹备工作被党中央和国务院认真地纳入过考虑。按照这份规划,三峡省将主要包括原四川的涪陵地区、万县地区,湖北省下辖的宜昌地区和宜昌市,宜昌市将成为三峡省的省会。将规划在三峡省内的地区经济数据合并就会发现,三峡省不仅是一个面积上的"小省",也是一个经济上的"穷省",加之20世纪80年代中期,三峡工程的论证工作尚未完成,作为配套的三峡省也不可能操之过急。1986年5月,中共中央、国务院下文撤销"三峡省筹备组",三峡省也随之流产。

1997年诞生的重庆直辖市是三峡工程有了实质进展后的产物,从区划上看,重庆继承了原有三峡省规划的思路,并且承担了部分安置移民的功能。重庆直辖后,以中国中西部的现行行政区划来看,以"小刀子割肉"的方式划出一块直辖市理论上已经不再可行,但曾经纳入规划的三峡省提供了一个"灵感",让"武汉直辖"的传说依然拥有滋生的土壤。

武汉在湖北省内的经济数据一枝独秀,但在改革开放初期,武汉还没有像后来那样一骑绝尘。1978年,武汉的GDP仅相当于排名二到四位的荆州地区、黄冈地区、荆门县市的加总,此后各地经济体量上的规模差距没有太大变化。21世纪开始,武汉经济总量约是位列二三位的襄樊市①、宜昌市的三倍,后两者在经济总量上常年并驾齐驱。

武汉"三镇合一"的历史沿革和省内无人企及的经济表现,与长久以来"不服周"的地域文化相结合,导致武汉在话语权上有更高的诉求。

这导致两个结果的出现。第一是,武汉成为一个"另类"。从武汉的视角来看,本地经济发展受到了其他省内城市的拖累,其他省内城市则认为武汉吸走了太多资源。第二是,由于省市关系的异化,主政两地的领导,特别是省一级的领导,需要有强大的政治魅力、魄力、执行力,才能有机会将湖北省作为一个整体向前推动,否则,越是重大的项目越容易成为四处斡旋的乱麻。特别是第二点,从政治现象演化成了政治生态,对湖北的政治环境产生经年累月的影响。

这是"一寸光阴一寸金"的21世纪初,不要说湖北或是武汉,中国的任何一座城市都没有闲暇陷入彷徨。从宏观来看,改革开放后,东部地区快速发展,东部省市在国内经济大盘里贡献的比重在20世纪90年代后迅速上升,在2003年达到58.86%,一个地区的经济已经占据全国经济总量的大半壁江山;以人均GDP来看,1980年,中部地区人均GDP相当于全国平均数的88%,此后逐步下降,到了2003年只相当于全国水平的75%。2000年国家提出"西部大开发"战略后,中部原本落后的投资增长速度进一步大大落后于西部地区,湖北所在的中部地区被笑称为"不东不西,不是'东西'",处于东西部之间,塌陷明显。单以武汉在全国的城市GDP排名来看,自20世纪80年代中期以后,武汉的GDP呈现震荡下降趋势,不仅在大部分时间跌出了全国前10,还几度探及最低位——全国第15名。

《中国国家地理》前主编单之蔷喜欢将武汉定义为海洋城市,原因在

---

① 2010年,襄樊市正式更名为襄阳市。

于,远洋货轮在理论上是可以从长江入海口逆流而上,直接到达武汉港的。以这个思路来看武汉,似乎可以窥见武汉经济上落寞的参照物。

水城威尼斯静静地躺在亚得里亚海的最深处,地处意大利和巴尔干半岛的交界处。在中世纪,西方文明的活动范围以地中海为中心,地处地中海中心位置的几大商业共和国风头无两,威尼斯更属翘楚。然而随着新航路的发现,文明世界的航运范围迅速扩大,商业共和国不再具有区位优势,威尼斯更像是困在了死胡同。把守直布罗陀海峡的葡萄牙、西班牙和在北海拥有港口的英国、法国、荷兰掌握了世界经贸大势。

武汉在20世纪80年代,无论是政界、学界都思想开放、锐意改革,在这样优势的环境下武汉的经济不进而退,究其根本原因是,改革开放后,中国面对的经济市场不再限于九州之内,而是与全世界做生意,资本更加偏好区位东部的沿海省市,这样的变化不以人的意志为转移。

2003年"两会",湖北代表团讨论环节,面对马上继任总理的温家宝,刚刚上任两个月的武汉市长李宪生连问了三声"武汉在哪里"。李宪生是1949年以来的第15任武汉市市长,也是第一个生于武汉的本土市长。

李宪生很务实。从近处看,2002年6月,湖北省委书记俞正声在中共湖北省第八次代表大会上的报告中已经提出,要"形成武汉经济圈,更好地发挥对全省的辐射带动作用";从远处看,早在1987年7月,针对湖北经济的增长压力,省政府便提出了名为"中部崛起"的湖北发展战略。李宪生带着解决方案进京开会,希望新一届中央政府在制定经济规划时将武汉纳入考虑。

湖北出身的经济学大师张培刚对于武汉在中国的区位有两个形象的比喻,他说:如果把长江比作一条蛇,那么武汉则是蛇之"七寸";如果把中国比作两把摊开的折扇,那么武汉则是连接这些扇骨子的轴心。由此看来,武汉作为中国经济大棋盘上的"天元",理应起到支点作用——不仅要带动省内其他城市发展,也要带动周边省份经济发展。

2004年"两会",温家宝出任总理后做出的第一份政府工作报告就对"武汉在哪里"的问题予以了回应,明确提出"中部崛起"的战略思想。4月,湖北省委、省政府发文,提出"加快以武汉市为核心,黄石、鄂州、黄冈、孝感、咸宁、仙桃、天门、潜江市构成的武汉城市圈建设步伐",标志着武汉城市圈从研究论证阶段进入全面推进阶段。8座城市位于武汉为圆心100公里半径的辐射范围内。让城市在政策的引导下、经济的推动下,自发地形成城市群,这是解决结构性区域发展不协调最便捷的方法。心脏从来不会与周边的肌肉、脏器讨论谁挤占了谁的资源,它们天生是一个有机整体。

在前一节故事中困扰李昌平和许多湖北农民的"监利难题",恰是在这一时期以国家强制力为保障逐步解决的。

2001年,俞正声调任湖北省委书记,在他履新之时,正是监利县所代表的三农问题矛盾最受国人关注的时期。在当年年末的全省经济工作会上,俞正声一语惊人:"明年,哪怕是砸锅卖铁,也要千方百计推行农村税费改革。"[1]

监利县农民朱建华有记账的习惯,从1993年以来,他留存了所有的税费单据。1998年,朱建华发现,受洪灾的影响,这一年全家的税负达到1277元,而全家人这一年的经济收入加在一起只有1300多元。

2002年,中国税费体制的改革试点选择了监利,朱建华第一次收到了农业税完税证,这一年他的税费负担是489元,只有1998年的38%。2006年起,国家全面取消农业税,第二年,喜欢记账的朱建华掰着手指头一算,发现这一年上缴的费用已经少到让他记不得了。秋天的一个晚上,朱建华思前想后,他将自己记账14年来留存的100多张农业税费收据托人捎给了省委书记俞正声,这是他送给即将召开的十七大的礼物。俞正声将这份礼物转交给湖北省档案馆收藏,如同朱建华写给俞正声的信中写的那样,这

---

[1] 《税费改革破坚冰农民零税一身轻》,梅军,《楚天都市报》,2007年6月1日。

些税负单据,"有力地证明了党对农民的深切关怀,也是农村税费改革前后的一个鲜明写照"。

对于湖北这样的农业大省,农村税费改革是一件大事。农业税的取消最终理顺了农民与政府的关系,耕种不再是负担,出门务工也不再是一个逃离土地的无奈选择,农民们愿意将自己的劳动贡献在哪,将更多地取决于市场经济的调节,这为城镇化和工业化提供了粮食生产和劳动力的双重保障。

事实证明,有眼光在此时重新发现湖北的商人,几年后时代会给予他沉甸甸的回报。

2003年,在经历了一系列有成有败的多元化转型尝试之后,阎志创办的卓尔集团决定向产业地产领域进军。2007年,被卓尔寄予厚望的汉口北国际商品交易中心开工。在一片城市边缘的不毛之地上开工建设交易中心,阎志的底气来自他对这座城市商业文化传统的理解。这座因商而兴的城市随着发展天然地需要一个现代的、新型的商业聚落,汉口北的区位优势恰好能够满足需要。距离汉口北工地的6公里外,就是距今3600年的盘龙城遗址。源自3600年前的商业文明血脉和新一届政府提出的"中部崛起"就像一个音叉的两只叉臂,它们共鸣的声音不断地在阎志的脑子里回响,最终促使他按下耗资巨大的项目启动器。

在汉口北建设施工的几年里,武汉的商业标志汉正街开始凸显出老旧的问题,影响周边环境、阻碍交通、火灾频发。2011年,武汉市"两会"上传出决策消息,汉正街将全面搬迁转移到汉口北。消息一出,有声音开始冷嘲热讽,认为汉口北是阎志"咬到的一块肥肉"。熟悉阎志的人都知道,他有一种文人的性情,敢怒敢言,听到这种风言风语,阎志的答复也很直接:"如果当初就有了汉正街整体搬迁的打算,汉口北根本轮不到我阎志做!"

回看阎志创业前的人生历程,不难理解他的底气和情怀从何而来。

阎志1972年出生于大别山深处的湖北罗田县,父亲在镇上的林业站工作，母亲做一些手工艺品补贴家用，父母要抚养阎志和他的五个姐姐，非常艰辛不易。从小到大，阎志给周围人的印象一直是有想法，独立并不循规蹈矩。他喜欢看书，爱写文章。到三里畈中学念初中以后，阎志喜欢鲁迅、沈从文、金庸等名家的作品。并且开始写诗歌、小说。他17岁在县报上发表了处女作，18岁出版了第一本诗集《风铃》。

1992年，"下海"潮席卷全国，市场经济深入人心，阎志离开故乡，到黄州追求文学理想，担任黄冈文联主办的《鄂东文学》编辑部主任，1994年5月，经同乡好友、著名作家刘醒龙推荐，阎志进入湖北省商业厅举办的《市场时报》做编外记者。1995年，阎志拉上两个朋友，每人出资2000元，成立"蓝白工作室"，直到1996年写作《天若有情—天王之王刘德华》一书，拿到25000元稿费。1996年9月，阎志拿着所剩无几的稿费创办了卓尔广告公司，开始了这辈子最激动人心的征程。

1996年，中国家电行业风起云涌，VCD行业方兴未艾，阎志以中国第一份VCD行业专刊《VCD周刊》迅速崛起，他自称"这是中国当时唯一的VCD领域的专业媒体"。通过与《市场时报》合作，阎志逐渐与国内八大家电厂商达成协议，成为他们在武汉的广告代理商，统一策划、统一宣传，在湖北省首先推出"品牌代理制"。与此同时，卓尔陆续买断武汉14家媒体的家电广告专版代理权，开设《家电专版》。"合纵连横"将武汉的家电市场搅得热火朝天，卓尔迅速崛起。

正如商业传记作家陈润在《卓尔的故事：中国民营企业发展和转型样本》中总结的：卓尔1996年底创办，既没有赶上1992年陈东升等"九二派"的下海热潮，也没有等到1999年的互联网巨浪，并无天时之机；它并非北上广或沿海城市的"先发"企业，而是扎根于武汉这座内陆城市，失去地利之优；它长期与互联网、新能源等新兴行业无缘，不过是最普通、最传统的商贸物流行业，失去产业之利。中国需要海尔、万科这些30年长盛不衰的企业,也需要华为等从一线城市往全球征战的国际化企业,还需要阿里巴巴、腾讯等互联网先锋,但是,更需要卓尔这种出身平凡却干出伟大成就的公司,它的生长环境、成长历程、变革路径、商业策略、文化基因更能代表中国民营企业的根本特征。

中国步出计划经济时代,市场改革最经典的样本分为三种模式:广东模式、江苏模式、浙江模式。

关注地方经济改革多年的财经记者胡宏伟分析,广东模式有中央的政策支持,来自港澳的资金、技术、理念流入,来自全国各地的外省市人才,这种模式有特定的时代背景和区位背景,是不易复制的。江苏模式的代表是以苏州、无锡、常州和南通等地为代表的"苏南模式",这一概念由费孝通提出。苏南模式的起点是半私营、半国有的乡镇集体企业。

苏南模式的路径在湖北不乏探索者。潜江的幸福集团、咸宁的田野集团均属此类,但这种模式并没有遍地开花。在苏南模式的老家,从20世纪90年代开始,乡镇企业开始大面积向市场化改制,由政府主导型企业逐渐转变为市场主导型企业,并且在外资外贸引导下面向外向型经济发展,走上了类似广东的道路。

浙江模式则是在土地资源紧缺的情况下,以普通民众为主导发展出草根型的市场经济形态,这种形态一开始就触及中国改革最本质的所有制核心问题,尽管在改革初期饱受质疑、前进艰难,但浙江的市场经济发展得最彻底、最成功。

放眼全世界已验证的历史,一个经济体的繁荣必然伴随着市场经济的发达,这两者甚至互为充要条件。湖北在21世纪初遭遇的发展困局,核心矛盾不在于国家是否有统一的区域经济政策引导,国家层面的"中部崛起"战略支持有比没有好,但放眼全国,经济特区、"西部大开发"、"振兴老东北",加上"中部崛起",国家的政策支持已经遍地开花,但各地经济发展依然有缓有急,发展的原动力依然在哪个地区、省份、城市可以最大化地激发市场主体内生活力。以湖北来说,怎样不断地催生阎志这样的可以快速成长、自发地融通资源、解决城市难题的民营企业家,这是应该思考的问题。

对于这个问题,武汉认为它找到了一个新答案。

光谷耀东湖

1998年8月，时任华中理工大学校长周济率领一个中国大学校长代表团在英国访问。

在苏格兰格拉斯哥大学，他遇见了一个老熟人——华中理工大学光电子工程系主任黄德修教授。黄德修恰好在英国参加学术会议，两人都忙于学术访问，已经许久没有见面，异国相遇，没有寒暄，周济上来就是一句："黄教授，看来光电子要大搞。"

从1997年出任校长以来，周济一直在探索"产、学、研"三足鼎立的发展思路，他的所想所急都在如何将科技成果转化成能够带来社会经济价值的生产力上。周济在英国感受到了光电产业的潜力，见到黄德修后他终于一吐为快。

听了周济的话，黄德修也笑了起来，两个人想到一块去了。一个月前黄德修受台湾光电协进会的邀请赴台参观访问。其间，他介绍了武汉地区光电子产业的发展情况，在华中理工大学周边，既有武汉邮电科学研究院、中船重工光电所这样的物理电子研究机构，也有长江通信、长飞光纤、楚天激光等光通信、光电子企业，形成了一定的产业集群效应，黄德修灵光一闪地加了一句："这很类似美国当年的硅谷。"一个月以来，黄德修反复品咂自己脱口而出的这句话，一个立足武汉的产业集群在他脑海中若隐若现，直到他在苏格兰遇到周济校长。

周济的支持让黄德修很兴奋,他茅塞顿开,美国的硅谷得以形成,就是仰赖斯坦福大学对本地微电子产业的推动,华中理工大学地处武汉东湖新技术开发区,如果华工可以像美国斯坦福大学那样推动本地区光电子产业的发展,一个"光谷"的雏形呼之欲出。回国后,在学校的支持下,黄德修起草并向武汉市政府提出"关于在武汉东湖新技术开发区建设中国'光谷'的建议",这份建议以华中理工大学的名义在1998年12月递交给武汉市政府。

一年过去了,建设"光谷"的提议还是没有下文,这让黄德修很着急,他以为这件事会不了了之。2000年春节前夕,黄德修参加武汉市委、市政府举办的专家团拜会,本没有准备发言材料的他,借着这个机会,将心中的急切一股脑地倾倒出来。会上,他当着满座政府要员,先分析了武汉的支柱产业钢铁、汽车产业的局限性,又阐述了光电子产业的发展前景,言至高潮,他斩钉截铁地说:"未来50年,武汉的发展要靠光电子!"

黄德修的肺腑之言让在场众人为之侧目,其中就包括坐在黄德修旁边的全国政协委员许其贞。许其贞是武汉中院无线电厂的高级工程师,对于武汉要建设"中国光谷"的规划,他已经关注了半年,这期间他进行了一系列调研,会上,许其贞表示,会在2000年的全国政协九届三次会议上提出建立光谷的提案。

大年初一,当时已是湖北省委常委、兼任省科技厅厅长和华中理工大学校长的周济,召集武汉东湖新技术开发区的主管领导和几名学者在学校行政楼召开会议,对于东湖新技术开发区的发展方向,周济尖锐地指出:"开发区抓什么房地产,不务正业。要抓光谷建设、抓光电子!"

春节过后,武汉市成立"武汉·中国光谷"建设领导小组。

2000年3月3日,全国政协九届三次会议在北京开幕,许其贞以第一提案人的身份,联合另外12位全国政协委员联名向大会提交提案。提案认为，武汉市在光电子产业上具有较好的发展基础和潜在的发展条件，建议在武汉市国家级东湖新技术开发区规划建设中的"光电子产业科技工业园"的基础上扩大规模，建立中国光电子产业中心，暂名"中国光谷"。大会提案组将这份提案编为1331号提案。

1976年3月，44岁的赵梓森站在武汉邮科院一间简陋的实验室里，小心翼翼地将一根玻璃细丝拉到17米，这是中国第一根石英光纤。这根纤细的光线成为一条跨世纪的纽带，让武汉和光电产业结下不解之缘。20世纪80年代初，武汉的冶金、纺织、机械、建材等传统产业受到冲击，武汉已经开始考虑向高科技产业转型。1979年4月，武汉邮科院与美国光纤企业康宁公司签订了合资意向书，由于合资经营还属于敏感话题，国家外经贸部甚至没有对此次合资发文，公司的成立成了一个秘密。

1980年，中美双方合资的长江激光电子有限公司正式成立，中方占有60%的股份，美方占40%。当时激光还主要用于军备，作为创办人的美籍华人谢肇金为此接受了美国联邦调查局的专门调查。见证了这个过程的一名武汉官员记得："这家合资公司的营业执照由国家工商局批准，编号是第2号，1号一直空缺。"在长江激光电子有限公司获批的近一年后，1980年4月，北京航空食品有限公司被批准成立，拿到了编号"001"号的营业执照。在"政治挂帅"的年代，更早成立的武汉合资企业只能拿到排名靠后的编号，不妨设想，如果长江激光电子诞生在上海或是深圳，也许不用经历执照编号的"孔融让梨"。这反映出武汉尴尬的地位。

此后，武汉一直在尝试为创业者争取更好的创业环境。1984年，武汉市政府依据当时武汉大学校长刘道玉的建议，在高校和科研院所集中的东湖地区，成立"东湖智力密集小区规划办公室"。小区因为距离武汉主城区较远，一度被戏称为"武汉地图外两厘米的地方"，全部"家底"只有电子一条街。东湖智力密集小区的一个重要构成元素是效仿国外经验的"创业孵化器"，孵化器可以为创业者遮风避雨，避免类似1982年"韩庆生技术投机倒把案"的事件出现。为了吸引人才入驻,筹委会仅有的5个年轻人常常骑着自行车去周边大学张贴油印小广告。这是中国第一家孵化器,这里不仅提供场地、帮办执照,还用银行贷款投资在孵企业。成立当年,东湖孵化器有6家企业入驻。联合国科技促进发展基金会主席鲁斯坦·拉卡卡参观了孵化器后表示:"这是我见过的世界上最简陋的孵化器之一,但你们的理念和服务精神是与世界接轨的,你们很有前途!"

1988年,经国务院批准,国家级的科技计划"火炬计划"正式实施,武汉经验被复制开来,科技企业孵化器被列为"火炬计划"的重要内容,开始在中国遍地开花。同年,东湖智力密集小区发展为"东湖新技术开发区"。1991年,东湖开发区成为首批国家级高新技术产业开发区。但多年发展下来,仅仅以高新技术产业开发区的支持力度显然不足以让武汉和区内入驻企业"解渴",自从"中国光谷"提案提出以来,从湖北省到武汉市,申建"中国光谷"的气氛越来越浓。

想让"光谷"落在武汉并非没有阻力。武汉虽然拥有一定的光纤、激光企业,但是从产值上来看,上海、广州、重庆、西安都具有实力来竞逐"光谷"头衔;而从光电产业的科研实力来看,长春拥有中科院光学精密机械与物理研究所,也是国家的科研重心。

据当时的媒体估算,五年内,光电子产业将会带来1000亿元的总收入。在巨大的产业规模下,谁能率先抢占"光谷"二字,无疑将会加大在光电产业的吸金实力。两院院士、有中国"光学之父"之称的著名光物理学家王大珩是"863计划"的发起人之一,他建议把"中国光谷"设在长春。一位武汉市政府官员回忆,在申建期间,长春科委主任到访武汉,点名要参观数个光电企业。在汉期间,他将所有涉"光"企业看了个遍,临别时丢下一句话:"看了一遍武汉的企业,我还是觉得我们长春比武汉强!"

同样不容乐观的还有国际产业形势。20世纪末到21世纪初,光电产业正在经历一个艰难时期。美国的互联网泡沫破裂直接波及为互联网提供基础设施的光电行业供应商,由于过高地估计市场,造成从光电子器件到通信设备的大量积压,光电子产业公司亏损严重,甚至有些公司没有熬过这波寒潮被迫关门。有人和最早提出"光谷"概念的黄德修开玩笑道:"黄教授,你提的'光谷'要成'光屁股'了。"

国内外的阻力阻挡不了武汉对于"光谷"的渴望。2000年5月7日,包括"光纤之父"赵梓森在内的武汉地区26名中科院院士、工程院院士、专家联名上书党中央、国务院,表示支持在武汉建设"中国光谷"。为了保护"光谷"一词不会旁落,东湖开发区展现出"九头鸟"的狡黠一面,在一切悬而未决之时,管委会将"光谷"作为商标在国家商标局注册,导致其他地方不能再使用该名。9月,武汉东湖开发区管委会向国家领导人层层提交了依托东湖开发区建设光谷的汇报。汇报随后被签转给全国政协主席李瑞环和国务院总理朱镕基。二人在接到汇报的第一时间对其做出了批示。

接着是漫长的等待。

9个月后,2001年7月6日,国家计委签发了《国家计委关于国家光电子基地建设方案的批复》。国家计委主导制定国家发展高技术产业的发展方向和政策,是对"光谷"的归属有"拍板权"的机构,来自国家计委的批复意味着"中国光谷"最终落定武汉。下午15时30分,已经早早获知消息的武汉市驻京人员一路小跑赶到国家计委印刷厂外焦急地等待,他要在第一时间接过油墨未干的批复,到计委办公厅去办领文手续,并传真回武汉。当位于武汉市委、市政府办公室的传真机嗒嗒嗒响起来的时候,对于这座城市而言,喜悦如同"申奥"成功。

11月9日,武汉市委、市政府举行隆重的表彰大会,罕见地拿出50万元重奖许其贞等13位提出"武汉·中国光谷"提案的全国政协委员。由政府出资奖励政协提案人,在全国尚属首次。市政府还专门奖励一台公务用车,方便政协委员外出调研、展开工作。在为这辆车申领牌照时,市政协向交管部门申请,将代表提案的"1331"作为车牌号以示纪念。就在光谷获批的当年年底,已经有20多个光电信息领域的大项目开工投产,吸引海内外投资50多亿元。

此后光谷东进南扩,将与东湖高新区相邻的洪山区、江夏区的一些乡镇村,分批次移交东湖高新区管理。从1999年到2010年,经过先后6次托管后,高新区的规划面积达到518平方公里。与当时国内其他高新区不同的是,托管模式下,高新区和行政区没有合二为一,而是由政府派出机构高新区管委会对区域实施经济管理和社会管理,这在当时的中国属于首创。这一模式随后被推广到国内其他地区。

在中国,中关村对于改革开放和国家科技企业的推动作用众所周知,2009年12月,国务院正式同意支持武汉东湖高新技术开发区建设国家自主创新示范区,这让光谷成为继北京中关村之后国务院批准的第二个国家自主创新示范区。

让光谷落户武汉,这是"筑巢",想要让光谷真的发出光亮,还要政策和资本的不断"引凤"。

2006年6月28日深夜,一个41岁的男人出现在首都机场,飞机刚降落,他就急着走出机舱。他是华工科技的董事长马新强,这一天他像个跳棋一样,几乎全都耗在飞机、机场和去机场的路上。接连奔波为他留下了不少脑子放空的时间,每到这时候他都在想,自己为什么没有早一点得知他想见的人正在武汉参加华创会。

华创会全称"华侨华人专业人士创业发展洽谈会",创办于2001年,由国务院侨务办公室、湖北省政府和武汉市政府联合在湖北举办,顾名思义,来武汉参加华创会的人很多都是科技领域的专业华侨华人。马新强想见的那个人叫闫大鹏。从1996年开始,闫大鹏在美国先后供职于多家高校研究机构和企业从事光纤激光研究,10年后,闫大鹏已经是全球知名的光纤激光器领军人物。得知闫大鹏参加华创会时,马新强已经在外地出差,他在解决手头工作后定了最早的机票赶回武汉,希望有机会和闫大鹏当面聊一聊,飞机还没降落在武汉天河机场,闫大鹏已经从武汉出发飞往北京,并准备从首都机场转机飞回美国。马新强到达武汉后立即转机飞往北京追赶闫大鹏。这一次他没有扑空,在首都机场的休息室内,马新强拉住了闫大鹏,两人彻夜长谈。

此时,华工科技作为华中科技大学孵化出的优秀科技企业,已经拥有大量的光、机、电领域人才,光谷也具备足以"引凤"的激光产业技术和政策优势,马新强希望能够和闫大鹏达成合作,共同攻关大功率光纤激光器的原器件及激光器在中国的国产化和产业化。马新强的热忱和武汉的生机渐渐地打动了去国已久的闫大鹏。2007年4月,闫大鹏个人投资3000万元与华工科技产业股份有限公司合作创立了"武汉锐科光纤激光器技术有限责任公司"(简称"锐科激光")。仅用了3年时间,锐科激光就跃升为国内第一的光纤激光器供应商,全球排名位居第三,占据了全球最先进激光器的高地。

这个现代版"萧何月下追韩信"的故事,是光谷为武汉赋能的缩影。光谷起到了三峡大坝的作用,在武汉形成了一个"蓄水池"。最直接的作用体现在产业替代上,在武汉以武钢为代表的国有重工业企业饱受改制后遗症的困扰、以汉正街为代表的民营小商品经济未能如愿成长起来之际,通过光谷的政策引导作用,武汉找到了一个高科技、高附加值的新增长点。尤为重要的是,从东湖开发区诞生之初,光谷的基因就是对民营企业友好并且持保护培育态度的,光谷完全有能力承载武汉经济增长的新未来。

此外,光谷"大坝"的存在对宝贵的资本和人才资源实现了"水土保持"。有了光谷的创业科研氛围,截止2019年上半年,光谷聚集4名诺奖得主、61名中外院士、399名国家级高层次人才、182名省级高层次人才、1699名"3551光谷人才计划"人才、6000多个海内外人才团队,在企业任职的博士超过1万人。光谷从业人员中受高等教育人口高达81.6%,硕士以上学历人口占比12.4%;光谷的179万人平均年龄31岁,35岁以下人群占了七成,这样的知识结构和年龄结构是处于人口老龄化阶段的中国社会其他城市可望而不可即的。汇聚光谷的青年才俊为楚商团体补充了源源不竭的新生活力。

在光谷落户武汉的同时,一批早年走出湖北的商业才俊正散落在全国各地。随着互联网普及率的提高,互联网展现出强大的发展潜力,磕磕绊绊中,中国最早一批投身互联网行业的楚商已羽翼丰满。

互联网青春期

2002年6月16日凌晨,三个十三四岁的男孩在深夜中走进位于北京海淀区学院路20号的石油大院,其中一个人拎着一瓶2升装的雪碧瓶,里面装着透明的液体,黑夜里,看起来和喝了几口的雪碧没有什么不同。几分钟后,院内一家名叫"蓝极速"的网吧蹿出了火苗,火势迅速蔓延。

两天前,三个男孩中的两人在蓝极速网吧与工作人员发生了冲突,愤怒之下决定"要出这口气"。他们随身带着的雪碧瓶内装着1.8升买来的汽油。78名消防员经过一个小时的扑救才将火扑灭。在个人电脑尚不普及的时代,大部分人只能在网吧体验新奇的互联网,他们中的部分人走进的是没有资质的"黑网吧",其中有25人成了"蓝极速网吧纵火案"的遇难者。

互联网以这样一种悲怆的方式宣告着大众互联网时代的到来。根据中国互联网信息中心(CNNIC)的统计,在发生纵火案的这个月,中国的网民人数达到4580万人,而CNNIC成立的1997年,该机构统计到的网民数量还只有62万人。几年来,中国网民数经历了指数级的增长,谁都无法忽视隐藏在网民人数暴增背后的新商机。

1998年,全国政协九届一次会议上,"中国风险投资之父"成思危代表民建中央提交了《关于尽快发展我国风险投资事业的提案》,这就是后来被认为引发了一场高科技产业新高潮的"一号提案",风投创投在中国徐徐拉开帷幕。就在此时,日后以投资回报率高而著称的三名湖北投资人第一次进入了投资领域。三个人分别是汪潮涌、刘芹和龚虹嘉。

资本来自哪里,这是一个困扰企业家的难题,对于投资人而言,这个问题更加严峻,因为他们要在中国改革财富积累尚处薄弱的时候先于企业家挖到宝贵的第一桶金。有趣的是,三个人用三种不同的路径给出了三个答案。

1998年,时任国家总理朱镕基希望在亚洲金融危机后能有一批在华尔街有实践经验的金融专家为国家的经济做些贡献。为了回报老院长推荐自己出国留学的知遇之恩,汪潮涌响应朱镕基的号召,辞掉了摩根士丹利的工作投身国家开发银行的筹办,薪水只有象征性的一元钱。与巴菲特在钓鱼台国宾馆共进的晚餐就像是汪潮涌心底一只不安分的兔子,他一直有一个资本市场梦。一年后,汪潮涌从国家开发银行离任创办自己的投资公司。汪潮涌曾供职摩根大通银行、标准普尔、摩根士丹利等国际著名金融业公司,年薪达几百万美元,这成了他财富的原始来源。为了创办公司,汪潮涌把之前投资的eBay、雅虎、Intel等互联网公司的股票通通卖掉,并引入外部投资者,筹集2000万美元启动资金,创办信中利资本公司,这是中国本土第一家创投公司。

与汪潮涌不同,多年后凭借投资小米为大众所知的刘芹现在还没有足以创办投资公司的个人积淀。大学毕业后他在武钢任职,这种生活让他厌倦,不久他选择辞职继续攻读学位。1998年,刘芹考入中欧国际商学院,毕业后他加入一家家族基金晨兴集团,帮"先富者"打理资本,做起了职业投资人。

三个人里,龚虹嘉更加脚踏实地。这个在1982年拿下湖北高考唯一满分作文的文艺青年阴差阳错地考入以工科闻名的华中科技大学前身——华中工学院的计算机专业。在理工科学生强手如林的华中工学院,龚虹嘉发现自己在学习方面毫无优势,虽然离记者、律师的人生理想越来越远,工科经验却为龚虹嘉日后从事投资行业提供了独到、专业的眼光。毕业后,龚虹嘉在改革前沿阵地广东完成了财富积累。1995年,龚虹嘉从高校科研团队发现商机,投资了一家由3个人均年龄超过60岁的老教授创办的企业——浙江德康通信,专职研发手机即时计费系统。1998年,德康通信被中国互联网发展史上的著名公司亚信科技收购,在交易置换中,龚虹嘉成为亚信科技的股东。2000年,亚信科技登陆纳斯达克,成为在纳斯达克上市的第一家中国概念股。龚虹嘉的投资获得了回报,他也拥有了实力不断施展钱生钱的魔法。

托马斯·弗里德曼(Thomas Friedman)在世纪之交提出了一个观点:世界是平的。在全球化的进程里,国家与国家、个体与个体之间的关系正在变得前所未有地紧密。中国上一次感受到全球一体化带来的冲击是亚洲金融危机,没想到几年后,诱生亚洲金融危机的华尔街金融大鳄城门失火,笼罩在美国资本市场上的互联网泡沫悄然破裂,另一轮全球资本危机向中国的海岸线扑来。

互联网泡沫破灭为汪潮涌带来了机会。在搜狐上市前,汪潮涌就曾考虑投资这家由清华师弟张朝阳创办的公司,却错失了窗口。2001年,搜狐在美股遭遇抛售,股价下降到1美元附近,汪潮涌趁机大量收购。2003年,纳斯达克复苏,汪潮涌收获了超过15倍的高额回报。

刘芹没有汪潮涌幸运,当时他还只是个投资市场的打工仔。市场一片冷淡,他只能每天去打网球,焦虑在他心中萦绕了几年,他甚至觉得自己将要告别投资这一行当了。2003年,刘芹结识了还在金山担任总经理的雷军,两人渐渐熟悉后,雷军看到了刘芹身上独特的品质,他坚定地告诉刘芹:"不要低估了自己的潜力,你有可能成为中国最好的投资人。"

依照雷军的地位,如果中国互联网有一部《封神榜》,雷军一定稳坐前排,雷军超越刘芹的不仅是阅历的差距,也有视野的差距,来自职业经理人的一番鼓励对一名投资人产生了终身影响。雷军创办小米后,刘芹与雷军通了12小时的电话后决心入局投资小米,最终获得了百亿美金的投资回报。

2001年,龚虹嘉正心心念念地想要入股一家做视频安防的硬件公司,但公司的国资大股东并不想稀释股份。龚虹嘉发现,音视频编码技术正是对方所缺少的,他想到了一位技术人才——王刚。

王刚学习哲学出身,却跨界在华中科技大学的前身华中理工大学教授大学物理课程。难得的是,王刚热爱计算机,并且极具天赋。一次,王刚路过位于华中理工大学南一楼中厅的数据库与多媒体研究所,他敲门进去,告诉研究所的所长,自己要开发出一款比Oracle还好的数据库软件。所长没有觉得王刚在信口开河,而是耐心地了解了王刚的实力,并把他调入了研究所。此后,王刚的编程能力更加声名远播。

龚虹嘉与王刚有所交集。把王刚招致麾下,将会增加龚虹嘉的谈判砝码——资本加技术,龚虹嘉一次性解决了创业公司的两大难题,对方再也没有拒绝投资的理由。最终,龚虹嘉出资245万占股49%,控股股东中国电子科技集团占股51%,这家被投资的公司叫海康威视。

王刚没有辜负龚虹嘉的期待,他开发出的H.264音视频编码技术,为海康威视解决了技术之急,让更多的视频素材可以压缩存储在有限的硬盘空间内,极大地拓展了产品的性能。几年后,H.264成为世界上最为通用的几种视频编码技术之一。

海康威视成了龚虹嘉最成功的投资。2010年5月,海康威视登陆深圳证交所中小企业板,募资34亿元。这一年,在海康威视持股占比28.22%的龚虹嘉夫妇以100亿元的身价一跃登上福布斯中国富豪榜第59位。2011年5月,龚虹嘉限售股解禁;从2011年8月至2018年,龚虹嘉累计套现146.2亿元,是海康威视当初上市募资额的4.3倍。由于海康威视大量送股,龚虹嘉的持股额并没有随着减持而降低,海康威视2010年上市之时，龚虹嘉持有 1.24 亿股。到 2018 年 9 月底，在大量减持后，龚虹嘉仍然持有海康威视 12.55 亿股，占比 13.6%。

事实证明，龚虹嘉的作文天赋也好，文艺爱好也好，想要成为记者、律师的梦想也好，最终都比不上资本市场跳动的数字有趣。

当 2000 年 3 月纳斯达克的股票市场一泻千里时，雷军正谋划着步入互联网行业。雷军很幸运，背靠金山的大树，他不用从雪崩的国际市场寻找资本，金山大股东张璇龙正有意投资互联网，刚刚从联想集团分拆出来的联想投资也表示支持雷军的项目，有了金山和联想做靠山，雷军创办了卓越网。卓越网一开始做软件下载业务，随后转向了图书、影音电商。仅仅用了 3 年时间，到 2003 年，卓越网已经开始盈利。雷军预测，以卓越网当时的盈利，股东想要收回投资只需要 10 到 20 年。

从雷军的这个预测不难看出，虽然贵为中国计算机行业元老一代的人物，拥有足够高视野的雷军也无法对互联网行业的未来业态做出准确的判断。他是非常古典的职业经理人，站在"前现代"的立场，纯粹以投资额除以年盈利算出市盈率的方法判断股东回报，以此作为决策依据对股东负责。但现在大家都已经知道，互联网带来的是一次新的技术革命，拿农耕时代、工业革命时代的投资收益算法去套互联网企业的投资收益率，最大的问题是忽视了未来市场预期的贴现。互联网时代，预期贴现对于投资收益率的影响前所未有地大，如果以旧有的视角去审视互联网企业，可能会造成极大的价值误判。

2004 年，亚马逊创始人杰夫·贝佐斯（Jeff Bezos）意识到中国电商市场的前景，开始寻找投资目标，进入他视野的电商网站有两个——当当网和卓越网。当当拒绝了亚马逊，卓越接受了亚马逊的开价。卓越的股东，金山、联想控股、老虎基金都获得了不错的回报。虽然赚到了钱，"我失飞扬君失卓越"，雷军也终于感受到周鸿祎在方正飞扬项目被砍后那种刻骨铭心之痛。在雷军出售卓越后的宿醉里，或许有那么半睡半醒的一刻他明白了,自己的空虚不仅来自于"亲生孩子送养他人",也有一部分来自于他低估了卓越网的商业价值——面对着只会越来越迅猛的互联网洪流,电商行业注定是未来发展的趋势,雷军赶上了早班车,但他跳车了。

2007年,带领金山上市后,雷军离开了公司。在创办小米前的两年多时间里,雷军也成了一名天使投资人。周鸿祎评价雷军离开金山的选择时认为,离开金山让雷军脱胎换骨,"在那之前,你可以说雷军还不太懂互联网,在那之后,雷军成了一个互联网专家"。

周鸿祎对于互联网的理解也不是天生就会的,他奉行更为实用的生存准则:打遍天下。

在千禧年之后的最初几年里,3721相继与美国互联网新贵RealNames、中国互联网域名管理机构CNNIC、百度"开战"。RealNames在互联网泡沫中凄凉破产后,周鸿祎一度将CNNIC主任毛伟和百度创始人李彦宏列入"最鄙视的人"名单:前者仗着"半官半商"的"红帽子"向周鸿祎索要3721的源代码,被周鸿祎公开告知媒体;后者与周鸿祎对簿公堂。看一看周鸿祎后面人生中遇到的商业对手,这个名单显然列得太早了。

如果要为周鸿祎的3721时代列一个致命缺陷,饱受用户抨击的"流氓行为"要位居次席,最大的缺陷在于商业模式。用户体验可以通过产品迭代迅速改变,一旦商业模式陷入思维定式,只能走入死胡同。让用户在浏览器输入中文后一点回车直达网站,这本质上是搜索引擎,在周鸿祎与李彦宏还能和颜悦色地聊天、没有爆发法律冲突和肢体冲突之前,李彦宏就告诫过周鸿祎这番话。然而周鸿祎没有向李彦宏一样决绝地将针对C端的搜索业务升级为3721的主营业务。

2004年前后,周鸿祎对3721的发展路线产生了迷茫,"能不能将3721卖出去"的想法开始不断地钻进他的脑袋。相继接触过新浪、搜狐、阿里巴巴后,周鸿祎收到了最大的开价——雅虎创始人杨致远出价1.2亿美金。这已经是当时中国互联网公司卖出的天价,周鸿祎欣然应允。他没有将自己的股份套现离场，而是以股东和管理层的身份加入雅虎，担任雅虎中国总裁。

杨致远出生在台湾，父亲是湖北人。2岁时，杨父去世，杨致远由母亲一手养大。10岁起，杨致远随母亲赴美。杨致远和周鸿祎都算得上祖籍湖北，但这丝毫没有拉近两人的关系。在3721并入雅虎后，文化冲突比比皆是，在周鸿祎看来，杨致远创业成功后的性格过于宽厚、心软，影响了雅虎整个公司的氛围。周鸿祎原本希望借助雅虎的平台一展拳脚，在搜索引擎上全面发力，与百度正面对抗、收复失地，但在雅虎的温软氛围里，他越是努力，越把自己搞得像是陷在浅泥坑不断扑腾的鲶鱼。2005年，周鸿祎从雅虎离职，受到竞业禁止协议的约束，周鸿祎也转而进入投资行业。

周鸿祎投资的公司有成有败，一年多的时间过去后，周鸿祎整理好心中的创业激情准备重新出发。2006年3月，他来到了投资过的一家公司——奇虎，准备从哪里跌倒就从哪里爬起来，在搜索的细分市场找寻机会。

3721是"流氓软件"的始作俑者，发展到2006年，在"流氓软件"的大旗下，已经聚拢了百度、雅虎、CNNIC等国内一大批叫得出名字的企业，更不要说还有大批叫不上名字的，由此衍生出一个庞大的灰色产业链，用户只能在软件开发者的"技术淫威"下不知所措。这时，周鸿祎发现了用户有清爽上网的需求，在奇虎内部安排了一个团队孵化了一个小软件"流氓克星"，算是半只脚踏入了互联网安全领域。"流氓克星"后来更名为"360安全卫士"，"流氓软件之父"周鸿祎摇身变成"流氓软件克星之父"。

2006年下半年，由于能够让电脑门外汉一键清除电脑上隐藏的流氓软件和插件，360安全卫士装机量一路走高。

一年后，曾提出"长尾理论"的美国媒体人克里斯·安德森（Chris Anderson）的新书《免费：商业的未来》出版，书中提到"当一种互联网软件以趋零的生产成本和同样趋近于零的流通成本抵达海量用户时，它的价格也可以趋近为零"。此时,率先免费的360杀毒软件已经从零开始后来居上,占据30.8%的市场份额,用户数超过1.2亿。

有一个问题是不能在这个阶段回避的。2015年春天,正处于资本市场股价暴涨、移动互联网创业热情高涨的激情岁月,媒体人雷建平写下一篇文章《出了雷军周鸿祎,湖北却消失在中国互联网版图》,直指湖北在互联网时代掉队的痛点。

冰冻三尺非一日之寒,2015年被撕开幕布的湖北互联网行业发展落后的问题,源头不在2015年,不在移动互联网铺开商业化的2012年,也不在智能手机诞生的2007年,人们应该拿好小铁锹、背着考古刷一路挖到互联网在中国的幼年阶段、甚至更早,去找寻湖北掉队的原因。

改革开放也好、互联网时代也好,都是可遇不可求的、改变社会整体面貌的红利。时代红利意味着,只要处于浪潮之中就很容易被它推动,并从中获得好处。得到了一次好处就想得到更多的好处,在控制论中这叫正反馈,一次正反馈促使下一轮正反馈的到来,从质变到量变,一个地区的业态将会发生整体改变。

比如改革开放初期的温州,由于人均耕地持有量低,不足全国人均耕地面积的四分之一,山高地薄,无法自给自足,温州人历来有经商传统,政策稍有松动,民营经济便活跃起来。计划经济时代物资匮乏,来自温州的小商品在全国市场都很有销路,这构成了第一轮正反馈。温州模式引发了高层警觉,有领导带着"割资本主义辫子"的初衷来到温州,却发现依靠匮乏的自然资源人民的生活难以得到保证,从事工商业却是很好的致富途径,在"实践是检验真理的唯一标准"的观念指导下,领导转而支持温州模式,这构成了第二轮正反馈。一轮轮正反馈铺垫了浙江民营经济热络的文化,在互联网时代到来后,浙江成为一线城市之外的互联网亮点。

并不是每一个改革先行城市都能获得足够的正反馈滋养互联网行业。比起浙江民营经济的活跃、深圳的创新优势,老牌经济强市上海因为受到

"买办"文化影响,重视短期投资回报,注重生活舒适度,这些不利因素构成了互联网行业在上海繁荣的负反馈,导致上海虽然偶有互联网明星企业,却错过了最佳的发展机会。

湖北的负反馈来自哪里?

新中国成立后重工业当家的产业结构奠定了湖北沉重的产业模式,而从精神内核来看,湖北的码头文化与影响上海的"买办"思维有些类似,它们都生发于长期处于中介化的商业角色之中。

华中师范大学党委书记、经济学者赵凌云认为,湖北的这种"内陆意识"主要体现在10个方面:1.线型的思维方式。缺乏开放性、发散性、辨证性,逆向思考。2.粗放的做事文化。很多改革发源于湖北,因缺乏坚持,多开花不结果。3.根深蒂固的官本位意识。4.零和博弈的利益观。5.轻视创业,偏重投机。6.小富即安的财富观。7.守旧的思想方法。8.小生产的经济意识。9.物本的发展理念。10.偏狭的资源观念。① 这些对湖北的新生产业做强做大产生了负面影响。

20世纪80年代,李崇淮教授提出"两通起飞"战略。这是一个一揽子的庞大战略,众多愿景赫然摆在眼前,但发展的资源注定有限。从现实来看,武汉市在政策上最为侧重于将自己建设为交通中心和商业中心,武汉的上市公司中,有5家商业企业和1家交通运输企业,接近地方政府掌握上市指标总数的一半。但即便如此,面对资金、技术、人才要素配置效率更高的沿海地区,武汉的发展疲态也逐渐显露:改革开放之初,汉正街小商品市场的销售额是浙江义乌市场的两倍多;到20世纪90年代初,义乌市场的销售额已经超过汉正街;2002年的统计数据显示,汉正街的销售额仅为义乌市场的37%,只能算是一个区域性市场。

从结果上看,"内陆意识"深刻地影响了湖北的经济布局。2019年的经

---

① 《开放:与改革并行向前的车轮》,赵凌云,周洁,《楚天都市报》,2008年6月27日。

济数据显示,湖北的出口总体增速、出口增速、进口增速分别高于全国 9.7 个、5.3 个和 16.6 个百分点,进出口增速位列全国第七。但是,湖北省当年的经济外向度仅为 8.6%,低于全国平均水平 23.2 个百分点,在全国省级行政区中仅排第 24 位。这一年,同为中部省会城市的郑州的经济外向度达到 36.5%,武汉的经济外向度仅为 15%。

经济学上有个名词叫"资源诅咒",它大多数表现为,在一些资源丰富的国家和地区,易得的资源挤占了大量生产要素,导致这些国家和地区的经济发展速度反而比资源稀缺的地方慢。湖北的资源诅咒在于交通实在是太便利了。封建时代交通不便,中国又是一个大一统的国家,湖北居中的地理位置无可替代,货物、资金、人力难以大规模迁移,集中在四通八达的楚地是最优选择。"两通起飞"战略的前提便是利用武汉的地理优势,这是特定时代比较优势下的选择,但经济发展后,货物、资金、人力的流通成本降低,坐等买卖从天而降的时代一去不复返。

互联网讲究流量,这给人一个错觉,仿佛流量是天然流动的,只要在流量的"江边"占个坑,就能从水里捕鱼获利。但实际上,互联网流量的改道轻而易举,成功的互联网公司最先做好的是主动出击整合资源,资源整合好了,流量自然会来。当雷军、周鸿祎、刘芹、陈一舟、池宇峰等带着智慧和资金远走他乡的时候,属于湖北的互联网畅想已经被沉重的肉身击倒,当湖北反应过来的时候,只能一砖一瓦地从头筑巢,等待未来的一个合适时机,给出属于下一轮互联网愿景的第一个正反馈。

在这之前,湖北还需要直视一个在这片土地上盘桓多年的老问题——政商关系。

闪转腾挪

2004年2月,中央电视台《焦点访谈》曝光了武汉国有老字号企业武汉冠生园食品公司在改制过程中出现的国有资产流失问题。武汉添地集团通过一系列合同的条款变化以极小的代价取得了冠生园的核心资产,将债务和职工安置问题弃置给地方政府。

冠生园方面希望通过法律途径判定双方的出售协议无效,江汉区有关行政部门却开始了一系列令人迷惑的操作:在冠生园起诉之后一个月,江汉区国资办紧急为添地集团补办了改制批准手续,将交易坐实;有关部门还亲自出面,胁迫冠生园方面撤诉;遭到拒绝后,强行免除了冠生园法人代表韩建强的职务;法院在尚未判决的情况下,提前将冠生园申请保全的15亩土地解冻。①

明显存在猫腻的改制案被《焦点访谈》曝光后,区体改委主任被揪出违纪违法获刑,但冠生园的诉求没有了下文。在"改制"过后的10余年时间里,政府在安置员工和偿还债务方面花费超过3000万元。

区政府已经换了几届,阻碍问题解决的力量早已被体制新陈代谢。2017年底,武汉市纪委监察局(现"武汉市监察委")重启调查。截至本书成

---

① 《谁把武汉冠生园推进深渊?》,陈雪根,《中华工商时报》,2014年8月15日。

稿,调查结果仍未公布。

每过12年,生肖就会重复一次,因此民间喜欢将12年称为"一轮"。浙江温州商人张朝荣一定对这个概念有着更深的感触。在他的生命里,相似的事情在不同的地点、不同的时间发生了两次,仿佛是陷入了轮回一般。而正是两件事之间的时空差异,才让张朝荣的故事变得更加具有代表意义。

2003年3月,张朝荣来到湖北十堰,与十堰市政府签订了一份《股权协议书》。由此,十堰市公交公司由事业单位变成企业,十堰也因此成为全国第一个公交事业全盘民营化的城市。改制后的"十堰市公共交通集团有限责任公司"成立当天,《新闻联播》对此进行了报道。

张朝荣在老家温州已经是一个名人。20世纪80年代起,张朝荣开始投入交通运输业,从上海引入车型小巧的菲亚特轿车作为温州的民营出租车。1994年,由浙江省电视剧制作中心制作的20集电视剧《喂,菲亚特》上映,男主角丁志方由陈宝国出演,张朝荣是丁志方的原型之一。彼时,创办均瑶集团的王均瑶因民营包机业务为人所知,温州人将张朝荣与王均瑶并列,称"天上飞的王均瑶,地上跑的张朝荣"。有趣的是,这两个温州民营经济领域的旗手相继来到湖北,经历与地方行政部门的角力。

除了身为热播电视剧的原型,让张朝荣在中国商业史上出名的还有另一件事。1993年2月,张朝荣进军公交领域,出资约361万元成立"鹿城运输总公司",占股62%,公司挂靠在温州市鹿城区公交委管理之下,戴上了"红帽子"。1995年3月,"红帽子"戴出了麻烦,鹿城区公交委以"莫须有"的罪名免去了张朝荣公司法人代表及总经理的职务,张朝荣只能投书媒体寻求公道。这起被称为温州"鹿运事件"的民营资本与挂靠单位间的纠纷历时5年才尘埃落定,2000年,经过诉讼,张朝荣顺利地领到"摘帽"后的营业执照,重新当上了公司的法人代表、董事长。

张朝荣不知道该怎么回答古希腊哲学家赫拉克利特关于"人能不能两

次踏入同一条河流"的著名疑问,但从亲身经历来看,两条河流的河水可以相似地淹没他的口鼻。

按照张朝荣与十堰市政府的协议,公交公司负责每年上缴线路营运资源费800万元,政府则有义务淘汰十堰原有的中巴车、对公交公司提供部分补贴。

2008年2月后,国际油价一路狂奔,公交公司成本剧增6000余万元,公司陷入了困境。一位司机愤怒地向新华网记者展示他的工资条,上面显示,他得到的月工资是11.82元。4月15日,十堰市发生"公交民营化"以来的第四次集体罢运事件;同日,由十堰市政府副秘书长担任书记的公交公司"临时党委",接管了公司财产、冻结企业账户。

按照张朝荣提供的数据,公交公司在改制后前两年盈利100万元,随后3年亏损500万元至900万元不等。事实上,即使在"盈利"的两年,公交公司也没有按照约定上缴每年800万元的特许经营费,直至十堰市政府重新接管公司之时,公交公司尚欠政府3500万元。

2005年,国务院颁发《关于鼓励支持和引导个体私营等非公有制经济发展的若干意见》,这一文件后来被称为"非公经济36条",意见指出要加快垄断行业改革,允许非公有资本进入电力、电信、民航、石油、公用事业和基础设施等行业和领域。在文件发布前已经进入公共事业领域的张朝荣此刻正举步维艰。为了填补亏损,他曾尝试将十堰市公交票价调到1.5元,但公交具有公益性质,在政府的介入下,票价又被调回1元。随后他按照2005年建设部等部委联合颁发的《关于优先发展城市公共交通的意见》,申请政府对于公共交通企业承担的社会福利(如老人学生免费乘车),按照规定予以补贴,未果。他还期望在公交集团的停车场建造一个公交大厦,进行商业地产经营,以补贴公交的亏损,这一想法也未获批准。新华社下的《瞭望东方周刊》回顾起这次公交民营改革实验时评论说,这场试验以政府输掉公信力、张朝荣输掉资产的双输局面草草收场。

重新梳理这起事件时不难发现,民营企业家与地方政府陷入了"罗生门",双方都亏欠了对方,也被对方亏欠;甚至在合作的后半段,双方把"亏欠对方"变成一种"自保"的武器,有意地不去履行一些本应履行的义务。导致信任链断裂的关键一环,是最初合作合同中规定的责、权、利不清。良好的营商环境不是一蹴而就的,没有一种超人化的力量可以高屋建瓴地推出一套完美的方法论放之四海而皆准,合规精神、契约环境需要一点点习得,即使在被奉为中国民营经济样本的温州,张朝荣也曾折戟,但温州乃至浙江能够继续成长为大批民营企业家的摇篮,放在20世纪90年代以前是穷山恶水逼出来的,20世纪90年代中后期则是良好的环境养育出来的。

"历史反复证明,良好的政府不是一个奢侈品,而是非常必要的。没有一个有效的政府,经济和社会的持续发展都是不可能的。"1997年写在世界银行全球发展报告中的这段名言可以送给各级政府机构,其中自然包括湖北、浙江这样的省一级政府和十堰、温州这样的市一级政府。

前面几个故事里,多少都反映出了企业或企业家主体,在面对行政权力时的力量不对等。一个地区经济想要良好地发展,商业和政治间需要形成合力。在回顾改革开放40年浙江经济发展的图书《东方启动点》中,资深媒体人胡宏伟这样总结进入21世纪的浙江政府的两个行政方向:努力提供包括市场经营环境、基础设施建设等在内的丰富且优质的社会公共产品;努力营造保护民营产权、推进民主和谐等良性且可持续的公共制度与公共秩序。每一次发生在湖北的民营企业家与地方政府的磕碰,都可以像温州"鹿运事件"一样成为一个提醒,虽然湖北在提供"良好政府"的建设上不如浙江起步早,终究也是可以起步的,但事实证明湖北不仅起跑晚,步速还慢了许多。

对此,湖北也是有自知之明的。在2007年湖北省政府发展研究中心等部门组织召开的座谈会上,专家对湖北的"内陆意识"和传统思想惯性有过总结。从政府层面来看,主要有三个问题:一是湖北的行政文化强调言必循据、行必问典较多,而政府部门根据湖北及各地实际,创造性地执行国家法律法规的实践较少;二是政府部门管理意识较强、服务意识较弱,创新意识更弱,这就导致政府的行政行为更偏向于管制,而不善于服务和对话;三是对改革者和创新者求全责备多、宽容鼓励少,造成各级政府部门过分求稳,不敢做有争议、但对全省经济社会发展有益的事。①

这些思想观念上的桎梏,更需要通过进一步深化改革的战略,一步步加以破解。

如果把企业与政府的关系比作一支杠杆的两端,政府握着的一定是杠杆更短的那头,政府的轻轻一碰,杠杆的另一头就会大动干戈。这样悬殊的力量配置是行政体系建设的必然,只有政府恒久地处于更有力量的一端,才有能力在经济形势出现问题后,四两拨千斤地实现宏观调控。但政府也应认识到这种力量不对等,从而克制减少拨弄杠杆的次数。从2013年开始的"简政放权",到2016年习近平总书记提出的构建"亲清"新型政商关系,都是在这样的认知下推动的。政府的界限愈明确,非公有制经济的发展空间愈广阔。

"活力28"这个全国闻名的品牌晚景凄凉的命运自20世纪90年代中期经营困难后就已经注定。消费时代大举到来,市场不断地培育新产品、新品牌,如同荷花牌洗衣机、荆江牌热水瓶、鸳鸯牌床单、行吟阁啤酒一样,"活力28"隐没于时代虽然是荆州人心头的一痛,但已并非不可承受之重。让人叹息的是,"活力28"的临终之路走得如此崎岖,它不仅代表着一个品牌的死去,还伴随着一家企业集团和一个企业家的沉沦。

2000年,"活力28"经营受困,银行债务2亿多元,累计亏损5亿元,荆州市政府将"活力28"划归给当地的纳税大户天发集团。天发集团由龚家龙创办,是拥有全国民营石油企业唯一所有牌照齐全的石油类上市公司,

---

① 《大开放:一条新的历史起跑线》,杨磊,《楚天都市报》,2008年6月27日。

为荆州市解决了近万人的就业问题。但它有一个与生俱来的问题——天发集团从诞生伊始就戴着国有企业的"红帽子"。天发集团并不情愿接手"活力28",但国有企业有天然的义务帮助收购经营困难的其他国有企业,龚家龙接受了市政府的安排。

"活力28"虽然陷入困境,但毕竟是一个上市公司壳资源,龚家龙对能源产业情有独钟,他就坡下驴,将天发集团旗下油脂工厂与"活力28"进行100%的资产置换,同时依靠国有企业"红帽子"的便利在湖北境内收购另外几家菜籽油生产厂,形成了近百万吨的生产能力。据测算,天发集团在重组"活力28"过程中投入的资产和现金超过8亿元。重组后,上市公司"活力28"变更为"天颐科技",活力28日化有限公司成为天发集团下的一家子公司。

2003年,因为外资企业违约在先,拥有"活力28"商标使用权的美洁时公司同意将"活力28"商标交还给活力28日化有限公司。在天发集团的产业版图中,"活力28"的嫁入而拓展出的日化板块却非重中之重。尽管拿回了商标使用权,日化业务经营依然不容乐观,2003年"活力28"的洗衣粉产销量不足10000吨,2004年又下滑至5000吨,不及鼎盛时期一个月的销量。再后来,"活力28"一度停产,进入了休眠期。

龚家龙的兴奋点在重组而成的天颐科技上。在他的构思中,由菜籽油转产生物柴油,一条打通农业与石油两大板块的产业链即将浮出水面。2004年,天颐科技已拥有120万吨油菜籽的年加工能力。当年,由于天颐科技与湖北600万户农民签订了油菜籽收购协议,因此急需汇集近10亿元资金。为了解决天颐科技流动资金的问题,国务院总理温家宝等国家领导人亲自批示,国家开发银行开出6亿元的资金额度。[1]《中国经济时报》的

---

[1] 《龚家龙:巨人背后的误解》,《重庆晚报》,2011年6月24日;《龚家龙:"还我一个企业,重振一个产业"》,李秀江、庄双博,《中国民商》,2019年第9期。

调查报道中,有多个信源表示,当地政府盯上国家开发银行的这笔贷款,是龚家龙与荆州市政府产权争夺纠纷爆发的源头。①

2004年9月18日,荆州市国资委、组织部突然宣布,将任命天颐科技股份公司上市公司新董事长、总经理、财务总监等董事会成员及高管层,强行将已经重组完成的天颐科技收归市国资局所有。随后龚家龙开始了长达两年的确权之路。具有决定性效果的是2006年7月28日,江平、王利明、徐杰、李曙光等国内著名法学教授及专家出具的法律专家论证意见书,论证并认证天发集团不属于国有独资企业而属于民营企业,应进行工商变更登记。9月8日,天发集团在荆州市工商局进行了工商登记变更,成为民营企业。2006年9月18日,在龚家龙遭遇"夺权"的两周年之际,荆州市委、市政府将收归国有的天颐科技重新归还天发集团,撤出所有由荆州市国资委委派的高管人员。此时天发集团的股权结构为龚家龙占65%,天发集团工会持有35%,天发集团不存在国有股权,完全成为一家民营企业。

虽然解决了企业归属权问题,天发集团已问题重重。两家下属上市公司天发股份和天颐科技均已"戴帽""ST",如果不能尽快扭亏,这两家企业都将被迫在2007年退市。为了解决财务危机,龚家龙已经开始接触光彩49集团和国际投行雷曼兄弟公司。这时的雷曼兄弟还没有陷入破产危机,但龚家龙的垮掉比雷曼兄弟还早了一步。

2006年12月21日下午,荆州红苑宾馆,天发股份迎来上市十周年庆典。演讲稿已在龚家龙面前铺开,几个身穿制服的警察打开了会场的大门,走到前台,带走了龚家龙。在场的员工看到,龚家龙没有显露出意外之情,他把讲稿整理了一下装回兜里,然后跟着警察离开了会场。

在龚家龙羁押期间,荆州市国资委向省国资委发函要求重新界定天发

---

① 《谁为天发集团的悲剧买单:中国产权争夺样本调查》,袁名富,《中国经济时报》,2011年10月31日,第6版、8版。

集团的产权性质,根据省国资委的批复,属于龚家龙的65%的股权被无偿划归给荆州市国资委及市国资委下属的荆州古城国有投资公司,并完成工商变更。

媒体搜集到的资料显示,荆州市相继在2000年10月、2005年12月、2006年1月、2006年9月四次发文确认天发集团的民营企业属性,随后又四度推翻。

2008年8月,鄂州市中级人民法院以违规披露、不披露重要信息罪,判处龚家龙有期徒刑一年零七个月,并处罚金20万元。2008年9月,龚家龙服刑期满后,向鄂州市中级人民法院提出申诉。2011年8月30日,龚家龙申诉成功,法院判决龚家龙无罪。

获得无罪判决后的龚家龙依然投身石油领域,只是不再以荆州作为业务中心。

"活力28"卷在天发风波中,像一个被人抱来抱去的娃娃。

2007年11月,蔡宏柱旗下的湖北稻花香集团与湖北天发实业集团签署合同,租赁"活力28"集团30年。蔡宏柱认为,白酒和日化产品消费群有重合,依靠稻花香在白酒行业的30万个销售终端,可以为日化产品做分发。2008年2月25日,正值全国抗击冰雪灾害的特殊时期,湖北稻花香集团荆州"活力28"沙市日化有限公司正式揭牌,100辆满载"活力28"洗涤新品的大货车从荆州出发,驶向全国市场。在阴灰色的天空下,"活力28"的回归竟充满了悲壮的色彩。荆州市国资委一位官员表示,关于如何盘活"活力28",当地政府与多家企业协商均没谈妥:"无论如何先要让'活力28'运转起来,采取何种形式并不重要。"

只可惜企业不是人类,最好的财经分析者也无法像法医一样,对着天发集团倒地的躯体条条分析出验伤报告,当务之急是,应当采取怎样的方式盘活"活力28"这一品牌的内在价值。

接手"活力28"后,稻花香集团投入6000万元启动资金,3年亏损超过

5000万。"酒越放越醇,越放越香,品牌是越放越臭。"在2014年《荆州日报》的报道中,相关人士这样评价稻花香集团接手"活力28"。2015年,"活力28"进入清算,就像一朵睡莲再一次合上了花苞。

2004年,两个在外工作的湖北人也迎来了人生的转折。

一个是京山县人喻华峰。1997年年底,喻华峰从《南方周末》调任《南方都市报》,同事们回忆,此后,喻华峰的每日平均工作时间超过12小时。在一批媒体人的合力下,《南方都市报》不仅三年扭亏为盈,还凭借开放的改革气氛站在舆论监督的前沿,带来了一系列深度报道,其中包括率先披露了影响全国的"孙志刚案"[①]。报道对社会进步起到了正向作用,但时任《南方都市报》副主编兼总经理的喻华峰的人生却拐了个大弯。2003年7月,广州市检察院以涉嫌受贿将喻华峰带走;2004年1月,喻华峰被刑事拘留。

检方指控喻华峰分别涉嫌贪污10万元和行贿97万元,辩方则认为,这两笔款项均属于《南方都市报》工作人员合理的收入分配。由于母公司《南方日报》集团的规定和子公司《南方都市报》编委的决定之间有难以弥合的合规割裂,当喻华峰试图绕过集团的规定而执行编委的决定时,便掉入违法犯罪的窨井。

喻华峰是不是一个成功的报业经理人?答案显然是肯定的。庭审中曝光的数据显示,仅2000年全年,《南方都市报》发给广告部一个部门的奖金合计就超过了771万元。根据国家统计局的数据,当年全国城镇单位在岗职工的年平均工资为9371元。如果将《南方都市报》不仅视为一家媒体,而且还将其视为一家市场化的公司,就可以理解喻华峰和编委的两难选择:如果不去触碰母集团的规定,将巨额奖金留存不发,报社给予员工的

---

① 2003年3月17日,来广州工作不足一月的黄冈人孙志刚出门上网,因为没有带身份证被送往派出所,最终以"三无人员"为名收容在一家医院,后被护工和同房病人打死。这次事件最终导致我国收容遣送制度被废止。

激励会变少，最终影响产出。

在喻华峰案审办期间，他曾工作过的《南方都市报》及《新京报》员工发表致《南方日报》集团领导的公开信，信中表示："我们恳请报业集团领导在关键时刻承担起自己该承担的责任来，体制问题带来的过失或者职务犯罪不要全推到个人身上。"很自然地，这一诉求没有得到响应。2004年6月15日，喻华峰终审获刑8年。2008年2月，服刑4年的喻华峰在经过三次减刑后提前出狱，当年11月，喻华峰出任一家门户网站的销售副总裁，负责网络广告及相关业务。

另一个人是黄冈浠水人陈九霖。

1997年，恰逢亚洲金融危机，中国航空油料总公司委派陈久霖（陈九霖的曾用名）到新加坡接管子公司中国航油（新加坡）股份有限公司（以下简称"中国航油"），此时中国航油已经处于休眠状态，国内仅投入资金21.9万美元。通过一系列的成功运营和投资，2001年12月，中国航油在新加坡交易所主板上市。2004年9月，公司净资产达到1.5亿美元，增长852倍；市值超过11亿美元，是原始投资的5022倍。中国航油成了国企"走出去"的排头兵，陈久霖也成了风云人物，一度是新加坡"国父"李光耀的座上宾。陈久霖没有随着自身声望的暴涨而狂傲，始终心怀忐忑，这一部分是由于他出身贫苦，求学、就业每一步都走得艰辛，让他的性格里充满忧患意识；一部分是由于跻身大宗商品交易和股权投资中，风险如影随形。

所有的荣耀与辉煌在2004年戛然而止。这一年的11月，由于油价波动上行，从事石油期货交易的中国航油因为无力承担保证金被迫斩仓，巨亏5.54亿美元。斩仓后不久，油价回落。评级机构标准普尔事后估算，只要中国航油能够获得5000万美元的支持就可以解围。如果中国航油持仓至2005年、2006年，不仅能够大幅降低亏损，甚至可以盈利。

由于是上市公司，中国航油的亏损在新加坡引发极大关注，媒体将此次事件与1995年"巴林银行倒闭"事件相提并论。听闻巨亏的消息后，他

第一时间打电话向母公司求援,对方告诉他:"你要挺住,总公司是你的坚强后盾。"在听到这番话之前,万念俱灰的陈久霖正打算砸碎玻璃,从公司31层的高楼跳下去。

中国航油从事投机性石油衍生品交易经过董事会的签署并写入了公司年报,9人的董事会成员中,有6人系国内派出;2004年10月,母公司中国航油集团决定把所持75%上市公司股份的15%折价配售给机构投资者,筹得1.11亿美金暗中用于补仓,此举不仅证明母公司知道中国航油巨亏,后来还成了内幕交易罪的定罪依据之一。新加坡监察机构将中国航油董事长及董事5人一起告上法庭,留在新加坡受审的只有陈久霖一人。

在陈久霖受审期间,李光耀在接受多家媒体采访时,专门提到陈久霖,并评价他是"一个出身寒微然而沉着冷静、一步步走向成功的年轻企业家"。这看起来是对陈久霖的支持,但法律界人士告诉陈久霖要做好心理准备:知道陈久霖"出身贫寒",说明对方已经对中国航油高层的履历了如指掌。如果李光耀想息事宁人,完全可以不提及此事。2006年3月,陈久霖获刑四年三个月。次年2月,陈久霖被国资委开除,并被开除党籍。

陈九霖受过良好的教育,但在他的性格里有一种赌性。在特定时刻它是一种动力,让中国航油在短时间内实现资产指数级的增长;在另一些时刻则是恶魔,在中国航油做空石油期货亏损之初没有及时斩仓,而是在高盛的建议下选择了更为凶险的展期,最终掉入高盛与其他资本大鳄合力设下的资本陷阱。

这些案例愈发彰显出,企业家这个在普通人看起来十分高大的身份,在某些境遇下其实相当羸弱。尽管喻华峰和陈九霖在出狱后各自重启人生,开创了另一番事业,但曾经的苦痛需要他们慢慢去消解,同时也在警告着任何一个对商业有着好奇心的旁观者——你真的有足够的决心跳入商海吗?

"非典型"的一年

2003年2月14日,大车小车在武汉江夏区排起了长龙。恰逢情人节,货车司机们期待的情人节礼物很简单——他们希望江夏区盐业公司能够多卖点食盐给自己。

南边的广东出现了"怪病"。在民间的口口相传中,这种"怪病"极易传染、原因不明、无药可治,但有一些"偏方"可以对付它,例如食盐里的碘元素、中药冲剂板蓝根和据称有杀菌功能的熏醋。

排在盐业公司门前的货车长龙是湖北对2003年非典型肺炎的第一轮反应。

不仅是武汉,黄石市居民在2月13日的半天里抢购食盐500多吨,洪湖、石首各抢购300多吨,均相当于当地一个月的食盐销量;咸宁单日食盐销售量飙到1600吨,是全市居民两个月的消费量。[①] 医学专业人士紧急在报纸上澄清"食盐防治肺炎"没有科学依据,属无稽之谈;湖北省盐业公司也发通知要求各地盐业部门对不法商贩抢购食盐、哄抬盐价的行为予以打击。

[①] 《SARS高地上的角力——湖北省2003抗击非典纪实》,李昌建,《长江文艺》,2003年第8期。

在面对未知时,人们的选择充满消费主义的后现代色彩——花出纸币可以为迷茫的人们带来极大的心理慰藉,尽管他们只是一轮轮流言的受害者。

堆在厨房调料柜角落的几袋食盐不是什么神奇的护身符,一旦市场上的食盐价格回到正轨,这些白色晶体粉末连半点囤积居奇的投资价值都不具备。咸涩的滋味只能在未来的烹饪中慢慢消化。

39岁的黄立没有抢购食盐,他想要购买的东西比食盐更加难以获得。为此,他正陷入一场艰难的谈判。

黄立出生在西安,从6岁开始在武汉生活。黄立的父母原本在汉阳一家军工厂工作,部队的福利、工资待遇都相当不错,但为了让孩子接受更好的教育,他们申请调入华中科技大学的前身华中工学院。黄立先后就读于华中工学院附中和华中工学院无线电系,一直在"华工系"读书,直到1987年研究生毕业。漫长的成长经历足以让黄立培养出对这座城市的感情。

1999年,黄立辞去了体制内待遇很不错的工作,用全部积蓄30万元创办了一家名叫"高德电器"的企业。在2003年之前,高德电器就如同它的名字一样,专注于电力系统。为了保证输电网络的安全,运营人员经常要对输电设备测温,但高压电线不能用常规的方式进行测温,红外测温便成了一个聪明的解决方案。2003年,黄立羽翼丰满,决定专精于红外测温设备的制造,公司随后也改名为"高德红外"。

当时市场上红外探测器技术被美国、法国垄断,要想生产红外设备,只能从国外进口,每次最多进口几十个,并且还要经过法国三个政府部门长达半年的审批。购买量直接影响成本价格,为了扩大生产规模,黄立在2002年末把法国一家红外探测器件生产企业的销售总裁请到武汉当面谈判,终于,对方同意一次性出售给黄立1000个器件。当时,红外测温设备只能应用于锅炉、高压线等工业领域,缺少更日常的使用场景就意味着销售渠道受限。如果不是因为非典疫情,1000个器件足够高德红外消化一段时间。

然而疫情猝不及防地袭来。2003年3月,来自法国的1000个器件运抵武汉;同时,黄立接到一个电话。电话那头是武汉市疾控部门,对方希望调几台红外测温设备过去。此时香港已经出现了疫情扩散,媒体报道中每日增加的确诊人数证明这不是一场远在天边的公共卫生事件,它随时都有可能蔓延到每个人的身边。黄立意识到了这一点,他一边嘱咐工厂开始昼夜不停地加班生产,一边联系法国公司,要求追加订单进口更多设备。

黄立的迅速反应为阻击非典疫情立下重功。2003年4月,高德红外成为首都机场唯一的红外测温设备供应商。黄立还记得产品的精确性能:"把红外摄像机对着人群拍摄,哪怕是隔几百米,一秒钟之内都能测出谁的体温有异常。"随后,高德红外的产品向全国铺开,在大部分机场、码头、火车站等重点区域使用。黄立认为高德红外在非典疫情中异军突起是运气。——如果不是高德红外恰好在疫情来临前"攻略"下稳定的原件供应商,在红外测温核心技术遭遇技术壁垒的情况下,疫情监控网络很难快速建立起来。

在疫情肆虐的两个月里,高德红外盈利超过5000万元。2003年全年,高德的测温产品占据了国内95%的市场份额。

同样在疫情中找到机遇的还有荆门人罗秋平。

1988年,曾在武汉大学和上海科学院进修化学专业的罗秋平决定下海创业。1992年,一个新的洗涤剂品牌"蓝月亮"在他手中诞生。进入21世纪,罗秋平面临着丰富产品线的压力。究竟什么样的日化产品能够成为消费者日常所需,从而带来新一轮的增长点?经过思考,罗秋平选择推出一种中国消费者还不熟悉的新品类——洗手液。

传统上,中国人更加习惯用香皂洗手,洗手液想要进入消费者的日常生活需要大量的市场推广。与蓝月亮同时进入洗手液市场的还有两个竞争品牌,几年下来,二者双双放弃,只剩罗秋平在苦苦坚持。

非典疫情暴发后,人们对于个人卫生的重视达到了近似恐慌的程度,共用香皂容易造成交叉感染的弊端也终于为大众重视。为了抗击疫情,蓝月亮决定向一些公共场所捐赠洗手液,这一举措帮助蓝月亮积累下产品知名度,迅速成为洗手液领域的领军者,并潜移默化地改变了市场的消费习惯。

对于武汉市民而言,他们更熟悉的日化产品是两年前大街小巷的广告位上经常能见到的"卓尔洁神"。今天的人们从"卓尔"二字就能看出这一产品出自阎志的手笔,但那时候,大部分人既不知道卓尔是谁,也不知道阎志是谁。

21世纪初,以广告业起家的卓尔面临转型压力,开始多元化尝试,其中便包括在日化领域的探索。2001年,卓尔注册生物科技公司,推出以"卓尔洁神"为名的消毒洗洁剂等多款快消产品,以地毯式广告"轰炸"市场。卓尔长于策划营销,阎志更是因为成功帮助白云边酒业扭亏为盈被誉为"策划少帅",然而"卓尔洁神"收到的市场反应平淡,产品积压在仓库里找不到销路。一年后,阎志对于生物科技的热情消退,转而寻找新的方向,昙花一现的广告了无踪影。

2003年,非典疫情让"卓尔洁神"柳暗花明。市民们疯狂抢购超市货架上能买到的一切清洁除菌类洗涤剂,"卓尔洁神"的库房几天内被一扫而空。峰回路转的局势给"卓尔洁神"的产品线画上了一个不错的句号。

有一个细节可以印证"卓尔洁神"在卓尔集团发展史上的定位:在库存积压被市场消化后,面对供不应求的局面,卓尔并没有乘胜追击重启日化类产品的生产。市场有市场的热闹,但公司从管理层到执行层的头脑早已冷静下来,他们不得不承认,即使有了戏剧化的结局,"卓尔洁神"也是企业多元化道路上的一次败笔。

武汉人民包容了卓尔的失败,阎志也欠下武汉市一个人情——这个人情他会还的。

位于武汉西南方的仙桃也因为非典疫情的来袭而变得热火朝天。这个故事同样要追溯到十多年前。

1986年,仙桃的一家国营编织厂从武汉一家外贸公司接到了一个日本订单,要求他们用无纺布制作便携袋。

当时仙桃没有几个人知道无纺布是什么,此时全世界的无纺布消费量为110万吨,正处于不断增长的上坡期。日本人开出的订单金额不小,让仙桃人有动力去市场上对无纺布做一次充分的调查。制作无纺布的原料来自于石油,经过化工处理后,这些高度聚合的有机物具有透气、柔韧、价格低廉、循环可利用的特点。20世纪80年代中期,我国广东、江浙一带已经有无纺布布料的生产厂商,仙桃的编织厂从江浙购入无纺布,做成便携袋后卖给了日本人,第一次品尝到了来自无纺布的甜头。

由此开始,来自国外的订单越来越多,仙桃也相继出现了专门做无纺布制品加工的企业和家庭作坊。经过10多年的发展,进入21世纪时,无纺布已经成了仙桃的一大传统轻工产业。

无纺布是制作口罩的材料之一,非典疫情暴发后,国内口罩订单急剧增加。仙桃市的无纺布企业夜以继日地加班,大批厂房灯火通明。

在非典疫情的影响下,2003年,仙桃无纺布产值达到8亿元;2008年的禽流感疫情过后,仙桃的无纺布产值已经接近60亿元。虽然仙桃的无纺布产业不断扩大,产品也从低端的"三大件"口罩、鞋套和工作帽转向医疗防护、航空内饰、婴妇用品等高端市场,但由于品牌意识的缺失,大多数工厂依然做着贴牌代加工的工作,而品牌的培育才是一家企业被市场认知前要做的最漫长、最复杂、高投入的工作。

比仙桃人更早意识到这点的是黄冈浠水人李建全。1991年,从体制内出走的李建全在珠海创办了稳健医疗。到21世纪初,"稳健"已经成为全球领先的医用敷料品牌。

2003年的非典疫情将香港变成了一座被阴霾笼罩的苦痛之城,病毒在这座城市先后造成1700人感染、229人死亡,旅游业受到重创,经济亦呈现萧条之势。为了保证香港口罩供应的稳定,在无纺布口罩价格涨至3元时,李建全坚持将稳健医疗生产的口罩以0.55港元一只的价格出售给香港医管局,并且持续供货1000万只。同样地,稳健医疗还向深圳以0.6元的价格供应口罩约2000万只,帮助市场稳定供给和价格。

比起稳健医疗集团在行业内的地位,如今的年轻人更熟悉的是集团的子品牌"全棉时代"。这个2009年创立的品牌从营销方式上贴近年轻消费群体,树立了清爽的品牌形象。

此后,稳健医疗集团两条腿走路,分别用"稳健"和"全棉时代"两个品牌,在各自的垂直领域获得了广泛的知名度。像稳健医疗集团这样能够实现清晰的品牌塑成和由产到销的全产业链建设,这是仙桃的大部分无纺布企业至今仍然需要苦苦探索的。

2003年4月之前,SARS病毒还没有蔓延至湖北。直到4月20日。这天,黄冈收到了一份来自公安部的紧急传真:北京一名受感染患者李某患病前曾在黄冈停留。紧绷的神经终于听到了警铃,黄冈迅速将与李某有过接触的人一一列出排查。

4月17日,李某曾感到身体不适前往黄冈市中心医院内科就诊,接诊医生张宏在第二天开始出现头痛、高烧、全身无力等症状。接到传真后,张宏被隔离会诊。最终,张宏被确诊为输入性非典型肺炎患者,成为湖北省首例非典型肺炎病例。

与此同时,病毒也悄悄潜入了武汉。4月21日,华中师范大学谭传凤教授入住武汉市传染病医院,10天前,他在北京出差时感染SARS病毒,成为武汉市首例非典型肺炎病例。

湖北并不是疫情的重灾区,与香港一样疫情严重的城市是首都北京。

非典疫情早期,连医护部门都没有足够的防护意识。在北京人民医院,发热病人被集中到一处天井集中输液,病人在局促的屋子里交叉感染,中央空调又将病毒传到医院各处。这座医院遭遇了人类与 SARS 病毒最大也最艰苦的遭遇战。从 2003 年 4 月 5 日开始,这所医院共有 220 人感染,其中包括 93 名医护人员。

4月下旬,卫生部部长张文康被免职,北京市市长孟学农引咎辞职,刚刚在 3 月份的"两会"上出任负责外贸商务、公平交易以及卫生事务的国务院副总理吴仪兼任国务院防治非典型肺炎指挥部总指挥、卫生部部长,组织领导全国"抗疫"工作。在这位武汉"铁娘子"的领导下,敢于进言的中国工程院院士钟南山得到重用。钟南山建议,北京的医疗力量不应各自为战。随后,北京市委、市政府决定在昌平小汤山建一所定点医院,集中收治非典型肺炎患者。

此时的北京已经处于一种恐慌的情绪之中,世界卫生组织将北京列入疫区,原本车水马龙的大街,麻雀可以恣意地落下歇脚。虽然有市委市政府命令在前,建筑商也退避三舍,不愿参与定点医院的建设。更加紧俏的是人手——为了躲避疫情,许多来京务工的建筑工人早已离开了北京城。

2003 年是十堰人刘合炳来到北京的第 17 个年头,从学徒工做起,此时的他已经拥有了一支建筑施工队。刘合炳和他的兄弟们取得的成绩十分亮眼——位于王府井的君悦酒店便是由这个团队施工完成的。2003 年,君悦酒店工程荣获"鲁班奖"。4 月 23 日,得知政府建设小汤山医院的消息,刘合炳连夜找到担负此次建筑任务的六家建筑公司领导,主动请缨上阵。对于用工紧缺的局面,他提出,工程要多少人、要什么工种,建筑方只管提,他去协调工人,决不会说一个"不"字。为了赶工,刚刚作完保证的刘合炳叫上木工、瓦工、水暖工、油工连夜开进工地，400人的团队日夜不休奋战在小汤山建设现场。

仅用了7天时间，4月30日，25000平方米的小汤山医院正式建成。随后，北京的疫情得到显著控制。

刘合炳的团队享受到了时代的回报：在变革与建设中的北京，他们参与了许多地标式建筑的建设，包括首都机场T3航站楼、国家会议中心、"中国尊"等，获得了包括"鲁班奖""詹天佑奖"在内的120多个奖项。

在没人敢坐飞机的时候，逆向思维的周鸿祎践行着巴菲特的名言"在别人恐惧的时候贪婪"。他想到此时竞争对手正处于懈怠，更应该发展一些稳定的代理关系，于是他戴上口罩经常乘坐航程三四小时的飞机南下谈判。从短期来看，周鸿祎临阵磨枪地拓展业务为当年3721卖身雅虎提高了身价；但如果将周鸿祎与雅虎的决裂纳入考量，这个年轻程序员的舍命奔波显然没能取得足够的回报。

疫情导致的销售系统宕机让金山软件也被搞得焦头烂额。雷军发现，在传统的商业模式受疫情禁足之时，网游可以24小时赚钱的业务模式实在过于诱人，失之东隅的金山将更多资源投入游戏开发。2003年年底，由金山软件西山居制作组开发的《剑侠情缘网络版》上线运营，同时在线人数达到10万，收之桑榆的雷军感叹："我们终于从盐碱地走进大草原了。"网络游戏从此成为金山不可或缺的一块收入来源。

另一个与非典疫情撞了个满怀的是重庆合川人周富裕。

过去的几年，背井离乡在武汉创业的周富裕从航空路起家支摊儿售卖酱鸭。经过多次试验，他发明了一套独家秘方，酱制而成的"怪味鸭"口味甜辣、回味悠长，在武汉很受欢迎。2002年，周富裕终于有了自己的店面，一年下来收入翻了好几倍。周富裕觉得，这是向北京挺进的好时机，春节一过，他便匆匆进京。周富裕没想到，在疫情暴发的北京，他连营业执照都批不下来，只能坐等天时。老天显然不站在周富裕一边，还没等疫情得到控制，他用来贮存原料的冷冻机突然坏了，鸭子大量变质。周富裕的"进京赶考"最后以赔掉 50 万元而告终，他只能退回到武汉大本营继续做本地生意。

时间进入 2003 年 5 月，疫情危机逐步解除。

5 月 7 日，一张照片刊登在《武汉晚报》头版，照片中一对男女穿着西装、婚纱，戴着口罩从人行道上走过，正并肩前去拍摄婚纱照。照片的近景中，闯入镜头的人行道栏杆已经虚焦，增加了些许"照片是临时抓拍"的"烟火气"，照片上的情侣踩过条条斑马线，似乎正在从"疫情生活"走向"日常生活"。这张名为《非典时期的爱情》的照片有着天然的感染力，似乎人们熟悉的生活方式很快就要回归了。

6 月 7 日，湖北省最后一名非典型肺炎患者出院，全省病例清零，所有疑似病例报告也被排除，全省确诊病例数被定格在 7 人。

2003 年 1 月至 5 月期间，疫情对湖北的第三产业产生了负面影响，交通运输、旅游、餐饮、商业零售、会展等行业首先受到冲击，与前一年同期相比出现了增幅回落甚至负增长，但短暂的疫情没有改变湖北经济增长的大局。2003 年，湖北生产总值首次越过 5000 亿元大关，达到 5395.91 亿元，比上年增长 9.3%，不仅超过了全年 GDP 增长 8.5% 的预期，还摆脱了湖北经济此前持续了五六年的徘徊局面，回到加速上涨的通道。

重大公共卫生事件让人们更加注意健康风险，人们多少会意识到，比起虚无缥缈的板蓝根，一份保单能够带来的安全感是实实在在的，这让保险业在 2003 年迎来急剧增长。这一年，陈东升创办的泰康在几乎没有做宣传的前提下，保费轻松突破 133 亿元，保费突破百亿元意味着泰康步入了中大型保险公司行列。

2004 年，非典疫情结束一年后，一份意外的"收获"飘然而至：《武汉晚报》记者邱焰凭借《非典时期的爱情》获得了第 47 届荷赛奖日常生活新闻类三等奖。这是国际专业新闻摄影比赛中最具权威的赛事。获奖消息传回国内却引发了一场官司。照片中的男女双双向邱焰提起诉讼,指出照片是摆拍的,二人本职工作为模特,彼此并不相识。他们认为,照片被冠以"爱情"之名,对他们的声誉和生活都造成了不良影响。法院在判决中认为,照片是一场商业营销的产物,所谓的"非典时期的爱情"确属失实。

曾经挤占了每一寸生活空间的疫情,只剩下零零碎碎的新闻。对于病毒的恐惧、对于自然的敬畏,在慢慢退去、抽离。这片土地上的人不会想到,17 年后,将有另一场疫情卷土重来。

Chapter 6

第六章

碰撞与转型
2008—2013

楚天航空梦

工作时，侯勇兵总是忍不住地想起妻子。这个 26 岁的电工刚刚结婚三个月，让他特别高兴的是，妻子的肚子里正在孕育着新的生命。

砖厂制砖需要用水，员工们经常开着铁驳船来江上取水。这一天天气不好，雷电交加，铁驳船在汉江上颠簸不堪。

武汉王家墩机场离市区很近，以往的取水作业，砖厂工人们经常会看到飞机掠过。可是这一天，即使在电闪雷鸣中，引擎的蜂鸣声也显得有些太大了。顺着声音的方向望去，侯勇兵看到，一架飞机正沿着江面，以极低的高度向铁驳船飞冲过来。侯勇兵和船上其他 6 个同事的安危悬于一线之间。

那一刻，操控他们肢体的只有本能，可是漂泊在江上的铁驳船比起导弹一般袭来的飞机，机动性实在是太差了，他们没能逃离从天而降的危险。

事故报告显示，2000 年 6 月 22 日下午 14 时 51 分左右，武汉航空公司航班号为 WU343 的国产运 7 飞机，机头左下方的电气舱撞上了铁驳船的一角，机内弹出的电缆被拉断，卡在了铁驳船的一角上。这次冲撞让飞机段成两截，机尾落入汉江。随后飞机被惯性抛向汉江堤坝的斜坡，造成了第二次撞击。第二次撞击彻底将飞机打碎，残骸散落在江中，以及江堤岸边长 120 米、宽 60 米的区域里。

机上的 38 名旅客、4 名机组人员，以及铁驳船上的 7 人，总计 49 人，全部遇难。

"九天之际，安放安属？隅隈多有，谁知其数？"屈原在 2300 年前提出的疑问反映了人类对天空源于本能的好奇。也是在一种征服欲的驱使下，湖北开始了在航空领域的探索。

1984 年，邓小平提出"民航业不能一家独揽"，各地开始申建地方性航空公司。武汉市委、市政府认为，筹建航空公司可以加快开放、搞活地区经济，市长吴官正亲自拍板，投入 200 万元资金作为经费。武汉军区空军司令部与武汉市委、市政府经过研究，选定曾在军队服务 28 年、刚刚从空军转业的湖北人程耀坤负责武汉航空公司的筹建工作。

1985 年冬天，程耀坤带着申请来到了国家民航总局。工作人员看到来自武汉的申请，疑惑地拉着程耀坤问："你们是不是少写了一个 0？"同时期，各地正在筹建的地方性航空公司总数达到十六七家，这些公司申报的资本少则几千万，多则上亿。相比之下，拨给武汉航空公司的 200 万元启动金显得格外寒酸。

200 万元的资金还不够给武汉的一个辖区更新电车，但这已经是省吃俭用攒下来的家底了。武汉市锐意改革的领导班子十分清楚，如果不能在政策松绑后的第一时间站上新的起跑线，作为陆运和水运时代重要枢纽的湖北将会在航空时代到来时丧失主动权，最终成为他人的陪衬。

国家民航总局没有因为经费"少了一个 0"而拒绝武汉，1986 年 4 月 16 日，武汉航空公司获得了飞行许可证和航空营业执照。作为军民共建的地方航空公司，军方也为武航提供了大力支持。就在武航从民航总局领到执照的第二天，总参、空军联合发文，破例批准武航使用王家墩机场及设施。

这让武航成为当时国内唯一一家获准进入军用机场的地方航空公司。[①]

通过分期付款的方式,武航从空军购买了四架"伊尔14"、两架"运5",共六架老旧的军用飞机发挥余热。武航的第一个业务是空中观光:市民花上15块钱就可以在三镇上空翱翔15分钟,俯瞰这座钢铁之城和环抱她的长江、东湖。这项业务为成立当年的武航带来了8万元的盈利。随后,武航又拓展了人工降雨、航测摄影、飞播造林等业务。然而,客运航线才是航空公司收入的大头,此时的武航还没有拿到运营航线的批文。

为了尽快投入客运,武航盯上了一条民航人口中的"死线"——武汉至恩施航线。恩施机场位于海拔2000多米的鄂西山区,这里四面环山,气候复杂。此前,有3架飞机在这条航线上坠毁。民航总局于1983年关闭了这条航线。恩施地处山区,交通不便,切断了空中走廊,当地政府和居民意见很大。其他航空公司不愿意复飞这条线路,期待的目光只能落在武航身上。省委向武航表示,只要武航可以飞,就给武航批这条航线。

1987年11月17日,武航的"伊尔14"客机安全降落在恩施机场。机长由经验丰富的原空军特级飞行员担任。拿下汉恩航线对武航来说意义重大,从这一天起,武航终于有了属于自己的第一条航线。13年后,前面提到的那架失事的WU343次航班,执飞的便是恩施到武汉的飞行任务。

有了第一条航线的基础,武航获准经营的航线逐渐多了起来。特别是跨省航线开通后,武航的客运量和收入剧增。1993年,为了扩大航队规模,武航向美国国际融资租赁公司租赁了三架波音737-300型客机。20世纪90年代中后期,武航维持稳定的盈利,1996年盈利达到最高的6000万元;即使在受到亚洲金融风暴冲击的1998、1999年,武航盈利也超过3000万元。

[①] 1984年11月1日,邓小平在中央军委座谈会上提出,空军可以腾出一些机场,支援国家发展民航事业。

尽管报表上的利润喜人,但飞机的使用权和所有权属于高价资产,在重资产运营的压力下,武航的管理已经随着公司的资金拮据出现了"技术变形"——节约成本意识逐渐盖过了安全意识,形成了一种从公司领导层向一线机组人员由上而下的压迫。

例如,倘若武航的航班处于"边缘天气",机组作出延迟起飞的决定,为了省钱,公司工作人员会"做工作",动员机组起飞;如果航班出现备降或返航增加了公司支出,机组有时会受到领导的指责。1999年12月,武航一架波音737飞机落地拉平时发现地面有薄雾,在看不清跑道的情况下强行着陆。对于这种极端危险的行为,公司竟然给予了奖励。

侥幸心理会给人以无端的勇气,这种勇气让人一时忘记了,"侥幸"之所以被称为"侥幸"是因为它随时都有可能消失。

2000年6月22日这一天,湖北省气象局雷电监测站记录到6401次闪电,气象条件复杂。根据黑匣子的记录,由于王家墩机场周边天气不好,WU343次航班副驾驶4次提出备降其他机场,机长认为"没必要"。当时飞往汉口的其他15架飞机全部备降天河机场,只有WU343次客机坚持尝试在王家墩机场降落,最终坠毁。

"6.22"空难没有立即击垮武航。在随后的两年里,武航发展到资产30亿元、拥有17架飞机、运营66条航线。但武航时代的结束是必然的。这是一种结构性的"死亡":既然一家地方性的航空公司无法平衡安全与资本之间的关系,它就只能像一绺枝条一样被嫁接在更粗壮的枝干上。

2002年,在中国加入WTO的大背景下,国航、东航、南航三大航空集团成立。借着这个契机,武航完成了重组,由武汉航空公司、东方航空公司、上海均瑶集团、武汉东湖高科四方,联合组建"东航武汉有限公司"。

其中,持股18%的民企上海均瑶集团是重组中的惊喜。2002年3月,国务院批准《民航体制改革方案》,确定了机场和航空公司向民营资本开放的基本原则。均瑶集团就是借着这个机会成了航空公司的大股东。

创始人王均瑶以私人包机业务起家,两年前借助三峡库区扶贫与湖北结缘,此次参与武汉航空公司的重组,显然是想在民航领域实现更大的抱负。

在民营经济活跃的浙江和市场成熟的上海,均瑶集团可以发展得顺风顺水,然而,湖北的营商环境是否成熟到可以容纳一家外来的民营企业进入到民航这样一个高资本壁垒、高政策壁垒的行业,这是王均瑶和湖北省都需要躬身探寻的答案。

王均瑶没有止步于入股航空公司,他的下一个目标望向了宜昌机场。

机场向来被视为涉及国防和军事战略的敏感"禁地",宜昌机场更多了一层军事战略意义——三峡大坝就建在宜昌境内。但王均瑶选择宜昌也有足够的理由——这里是他湖北扶贫的起点。宜昌三峡机场通航于1996年年末,王均瑶为三峡机场开出了收购加改建的"大礼包",其中3.5亿元会用于收购,2亿元用于机场改造。

2003年2月,媒体传出消息称,均瑶集团终于获准以5.5亿元的总价入主三峡机场,报道中提到,湖北省政府提供了很大的支持。这似乎是王均瑶以民营资本的身份在航空事业上的又一个突破。然而新闻热闹了一阵便归于沉寂,没有了下文。三峡机场的归属成了一个谜,谜底要在一年以后才会为公众知晓。

东航武汉公司的股权分布是这样的:除了均瑶集团占股18%,武汉东湖高科持股2%,其余80%的股份被武汉市国资委和东航平分。股权分散、没有控股方、两大股东持股比例相同且接近40%,这样的股权分配不符合商业社会的运营规律。

一年后,股权分散的弊端显现了出来,两大股东的分歧影响到东航武汉公司的正常运营,第二次重组势在必行。

虽然武汉市国资委与东航在公司运营思路上经常相左,但市委、市政府更看重武汉航空业的长远发展,市国资委并没有控股航空公司的"野心"。因此,在武汉市国资委手中的40%股权成了左右此次重组走向的重要力量。东航希望能够受让股权,达到控股的目的;王均瑶希望武汉市国资委能将公司的控制权交到均瑶集团的手里。

如果这次重组早几个月到来,王均瑶也不会有勇气提出控股航空公司的要求。

2004年1月,在中国民航改革与发展的记者招待会上,民航总局局长杨元元首次表示,将同意民营企业和旅行社办航空公司。这意味着民营资本可以成为航空公司的主体,这在2002年《民航体制改革方案》的基础上又迈出了一大步。

虽然这项政策落实尚需时日,但国内钟情民航的民间资本已经行动起来,"鹰联""奥凯"等公司相继开始筹建。对于均瑶集团来说,比起从头筹办航空公司,多年包机业务的经验和手中持有的东航武汉公司股份让他们有一条近路可以试着走一走。恰逢东航武汉公司启动第二轮重组,王均瑶没有理由不信心满满地投入这场拔河赛。

东航选择做武汉市政府的工作,王均瑶则向省一级的领导直接上书。

2004年7月19日,恰逢湖北省委书记俞正声、省长罗清泉赴上海考察,王均瑶在集团大本营上海将陈情信交给省委书记俞正声,再次提出希望通过受让或受托国资股权的方式,取得东航武汉公司的经营权,并指明了此前投资中遭遇到的问题。

就在同一天,武汉市委书记苗圩、市长李宪生出席了《转让中国东方航空武汉有限责任公司部分国有股权框架协议》的签字仪式。根据这份协议,武汉市国资委将所持的40%股权中的38%转让给东航,东航即将实现绝对控股。

习惯了胜利的王均瑶没有亲眼看到自己的失败。9月,经常腹痛的他被查出直肠癌晚期,两个月后,王均瑶因病离世,年仅38岁。在王均瑶病逝一个月后,2004年12月,东航武汉公司股权完成交割。东航吃下了来自武汉国资委的38%的股权,和均瑶集团手中的全部18%的股权,总持股达到96%。武汉市国资委和武汉东湖高科各保留2%的股权。

直到王均瑶离世后,媒体才挖出宜昌三峡机场的归属。原来早在2004年年初,海航便斥巨资收购了机场90%的股权。媒体援引一位机场内部人士的话来说,"宜昌机场从没属于过均瑶集团"。

在温州瓯江入海口游惯了东海的王均瑶,显然不适应长江中段烟雨莽苍苍的水情。比起浙江民营经济的活跃,湖北从基因里就是大国企林立的工业重镇。一方面,来自武钢或是二汽的国企管理者,走向地方执政岗位,进而入京,是一条被多次验证的通途。另一方面,由于武汉经济、政治、文化影响力在湖北省内一家独大,受到荆楚"不服周"性格的影响,在湖北省和武汉市之间,武汉总希望能够得到更大的自主权。

失去王均瑶的均瑶集团折翼湖北后没有放弃对天空的畅想,只不过在实现梦想的路径上选择了自身更为熟悉的民营经济领域:均瑶集团依次控股奥凯航空、参股鹰联航空,并于2005年创办了全资子公司吉祥航空。吉祥航空熬过了2008年那一轮资本的冬天,于2015年在A股上市。

2004年民航局放开民营资本的准入门槛,这件事激励的不只有王均瑶一人。

20世纪90年代中期,遭遇了"东宫""西宫"的失败后,兰世立一时收紧了锋芒,转向房地产和旅游业找寻新的财富机会。2003年,兰世立的旅游业务受到非典疫情影响,他把疫情视作机会,反周期地加大投资,重注了更多旅游项目,除了在内地各大城市的数十个网点,东星国际旅行社在香港、澳门等地设立分公司。外界无法知晓,此时东星的资金链在扩张潮中出现紧绷,一度连员工工资都发不出来。就在这时,兰世立在报纸上读到新闻,民航局先后批准鹰联、春秋和奥凯三家民营航空公司筹建。

兰世立旗下一直有机票代理业务,在湖北具有一定的市场占有率。兰世立通过代理机票联想到亲自去做民营航空公司。让人想象不到的是,这异想天开的搏命一击为兰世立赢得了更多的声望和财富——尽管它们只是账面上的。

2005年5月16日，在武汉市人民政府、湖北省人民政府的支持下，仅用了9个月，兰世立的东星航空就得到民航总局的批准，成为第四家获得许可的民营航空公司。手握航空业务的兰世立到达了人生巅峰。2005年、2006年两年，福布斯中国富豪榜将兰世立封为"湖北首富"，最高身家为24亿元。

中国的富豪们习惯低调，特别是被福布斯和胡润排上了榜单之后。兰世立是他们中的异类。2007年的福布斯中国富豪榜，兰世立的座次落回到湖北次富，落后于"日化大王"梁亮胜。对于位次变化，兰世立回答："福布斯把我低估了。"

兰世立志得意满，东星航空是他的底气，那些时常挂在他嘴边的猖狂之语可以毫不顾忌地喷涌而出：

"在客座率、经营利润、上缴税收等这些指标上，东星航空几乎都是100分，是包括民营、国有十几家航空公司里面综合评价最好的一家。"

"东星想飞什么航线就能申请到什么航线。"

"问东星为什么不上市，就像问一个已经拿到硕士文凭的人为什么不读中专一样。"

兰世立的骨子里还是那个拉开皮衣炫耀现金的青年。在他的"皮衣"下，有的故事是可以讲给大家听的，例如为人津津乐道的"以1.8亿元贷款做首付，租10架买10架，获得价值120亿元的飞机"；有些是不能被外人所知的，例如挪用贷款、利用虚假合同骗取贷款和融资。

随着时间的流逝，兰世立精心布置的资本障眼法慢慢消散：首先是兰世立挪用贷款补贴民航业的行为被银行发现，东星失去了从银行融资的渠道。此后东星集团筹资只能依靠国际融资和民间借贷。

用"空手套白狼"的方式解决资本困境，这不是什么锦囊妙方。相同的资本故事在中国商业史上上演过很多次,也还会上演下去。这些翻着花样的手法都有同一个名字——高杠杆。航空公司是一项高投入的业务。为了证明这个命题,武汉航空公司和均瑶集团都已经付出过昂贵的代价。

2008年年初,一场罕见的雪灾侵袭中国。湖北受灾严重,约有10万人在一周时间里没有饮用水。东星是一家立足湖北的航空公司,雪灾已经足以让公司瑟瑟发抖,但对于兰世立来说,由前一年次贷危机引发的金融海啸成了东星的另一场暴风雪。原定入股东星航空的美国高盛银行自身难保,放弃了投资,东星面临弹尽粮绝、债主逼门的窘迫局面。

从兰世立以往的经历不难看出,他是一个赌性很强的人,但"愿赌却不愿服输"成了兰世立的性格软肋。有媒体分析兰世立的失败经历时认为,不讲信用、不按游戏规则出牌,在旅游业可能短时间有效,但在极度讲究规范的民航业很快就会遭到严厉的处罚和制裁。

高负债让东星集团的股权抵押各处,只剩一个壳。各方不得不着手解决东星的债务问题。中航集团有意接手东星航空,为了促成交易,武汉市政府出面提供担保,协调武汉两家企业垫付给民航局9000万元。按照重组协议,交易将在2009年3月13日完成交割,就在这天下午,兰世立向武汉市政府提条件要超过300亩土地的开发权,遭到市政府的断然拒绝。随后兰世立高调宣布拒绝与中航集团合作。

兰世立的自行其是激怒了协议各方,不仅东星的债权人丧失了讨债的可能,更把为东星提供担保的武汉市政府推进了火坑。

在"东宫""西宫"两家饭店破产之时,兰世立曾欠下武汉市政府两三百万元的租金,这笔债务最终被拖得不了了之。有了这个先例,兰世立想在东星航空重组中故伎重施,通过与政府的利益捆绑攫取更大的利益,结果在透支了所有的资产之后,兰世立也透支了全部的商业信誉。老板的任性让东星航空丧失了任何生还的可能,2009年8月26日,武汉市中级人民法院最终裁定,东星航空破产。2010年4月9日,兰世立被判犯下逃避追缴欠税罪，获刑 4 年。

如果将理政视为烹小鲜，兰世立这样的投机主义企业家对于政府而言，就像鲜美的鲫鱼身上细密的刺。最大的难点在于，政府如何有"开天眼"的能力判断一个企业家的超前意识和行为，究竟是在为下一个时代奠基，还是投机谋私利。武汉市一度包容了兰世立的东山再起，但东星航空留下了一个无人接盘的烂摊子，债务人损失惨重，政府信誉受损。

从中国加入 WTO 后至今的 20 年时间里，中国逐渐发现，让政府主观地去判断一个企业家和企业的未来，这是在给自己设难题。于是，随着"非公经济 36 条"、《物权法》、"新 36 条"、"简政放权"等一系列法律、政策的出台，政府开始熟悉自己的新位置。十八大以后，企业家"爆雷"更多是触碰到了规则的高压线。

关于飞行，湖北需要等待新的想象力。

名落孙山

2012年11月27日，180万丹麦人守在电视机前，关注着遥远的中国湖北土地上三个年轻人的命运。这占到丹麦人口的32%。电视上播放的是中国导演陈为军的纪录片《出路》。

1992年，陈为军从四川大学新闻系毕业后加入武汉电视台，随后开始从事纪录片创作。他喜欢将镜头对准小人物，以小见大地展现中国变革的时代风貌，湖北是他重要的选题库。2007年，他拍摄的反映武汉小学生民主选举的纪录片《请投我一票》提名2008年奥斯卡最佳纪录长片，距离正式提名仅差一步。拍摄《出路》时，陈为军想要展现的大背景是中国的教育问题。

《出路》里的三个主要人物分别对应着高等教育的三个侧面。

王振祥来自一家叫"弘博软件教育学院"的自考学院。入职时，他的岗位是平面设计教师。生源是学校的财源，高考结束后的暑假，学校要求所有男教师下到各市镇进行宣讲招生，王振祥成了一个背着招生指标的"销售员"。王振祥很明白自己所在的学校是什么成色，这让他在宣讲招生时颇有负罪感。

王盼是一个来自赤壁市、学习努力却成绩不佳的应届高考生，她的高考分数是388分，只能入读三本或专科。无论是哪个选择都需要大笔学费,而她的父亲和身有残疾的母亲从事着最底层的体力劳动。

万超是武汉大学珞珈学院的应届毕业生。这是一个民办本科,虽然名字里带有"武汉大学"四个字,但它与武汉大学的关系远没有和大股东当代集团的关系近。万超毕业后,现实扑面而来,他只能带着自己并不耀眼的学历证书到处找工作。由于学历和能力上存在弱环,企业要么拒绝了他,要么在试用期后不愿将他转正。

1997年前后,中国提出教育产业化;2000年,湖北省率先在全国进行独立学院的试点。影片中王振祥说,教育已经成了中国"三大暴利行业之首",他没有指出另外两大暴利行业是什么,但他算了一笔账,他所在的学校一年学费12500元,最多的一年招收了5000名新生,单是这些新生就可以为学校带来超过5000万元的年收入。

以民办学校为中心,王振祥、王盼、万超三个人的命运形成了一个令人沮丧的闭环:即使王盼支付高昂的学费在民办学校完成了学业,她也有可能像万超一样,在毕业后无法顺利地找到体面的工作。

教育,变得板结而商业化,湖北不是始作俑者,但湖北有让这个怪胎生长的土壤。

所有的中国人都知道教育可以改变命运,湖北"惟楚有材"的传统加剧了社会对于学子的期待。湖北学风盛行,学生追求更好的成绩,教师追求更好的教学能力,这实际上在教育领域形成了一个供给需求市场。如果教育可以被视为商品,至少它是一种非标准化的商品。非标准化的商品在供给方和需求方之间存在着巨大的信息不对称,一旦这种信息不对称被用来攫利,它的深邃程度足以让人不寒而栗。

武汉大学的老校长刘道玉就曾亲身体验过这个黑洞。

1994年10月,武汉一家民企找到刘道玉,希望投资成立一家民办寄宿制中小学。投资人曾经就读于武汉大学干训班,自称是刘道玉的"学生"。1992年,中国出现了改革开放后的第一家民办学校,随后这种模式在广东、海南等沿海经济发达的地区迅速发展,后来发展到全国各地。此时距离刘道玉被免去武汉大学校长一职已经过去6年,在刘道玉的心中,一直都有践行教育改革试验的想法,刘道玉对于寄宿制学校的模式十分感兴趣,以名下基金会的名义参加了联合办学。

有一件事证明刘道玉对学校的用心。1996年,刘道玉因中风住院,出院后他做的第一件事就是为学校开设《创造思维方法》的选修课,培养学生的思维方式,为此他精心设计讲义,从1996年至1999年连讲三届,在一轮轮的讲课中不断更新课程设计。可以说,刘道玉将教育管理岗位上的未酬壮志一股脑地倾注在这所民办学校上。

刘道玉的"学生"背叛了这位广受尊敬的教育家。2000年,刘道玉才知道,原来学校的创办者一直把办学视为赚快钱的捷径,学校创办的6年时间里,财务长期处于黑箱之中,可用的资金被创始人挪为己用,学校已经债台高筑。2000年12月19日,刘道玉参与创办的民办学校被迫关门,关门时,学校尚有700名学生。

当改革步入热火朝天的黄金年代,刘道玉已经久居象牙塔,远离了布满利益陷阱的商业世界,一身学者气质的刘道玉自然无法适应其中的是非猫腻。这件事极大地打击了刘道玉,他的年龄与身体状况也不再允许他站上教学改革的第一线。

刘道玉见证的是民办教育的草创时代,直到2002年国家出台《民办教育促进法》,民办教育才开始迈进规范化的门槛。研究化学出身的刘道玉没能从教育的商业化尝试中看到多少亮色,下一个大张旗鼓进行商业化尝试的,是另一个湖北著名的化学老师——王后雄。

1987年,王后雄走上一线教学岗位,在黄冈县[①]一中担任化学老师。他没有局限于化学教学的研究,而是将教育学、教育心理学等教学理论与化

---

① 1990年12月,撤销黄冈县,成立黄州市。1995年,撤销黄冈地区和黄州市,设立黄冈市。

学授课联系在一起,逐渐形成了一套教育方法论。

王后雄的人生转折来自1990年。这一年,全国开始大规模开展中学化学竞赛,竞赛在即,市面上却没有一本合适的培训教材。在国家的"八五"出版规划中,华中师范大学领到了两本化学奥林匹克竞赛辅导书的任务,恰好可以解市场需求之急。化学竞赛是个新事物,华中师大选了好久也没有找到合适的主编,这时王后雄进入了他们的视野——王后雄年轻、教学水平好、肯钻研、有名气,是主编的理想人选。

在应试教育的大环境下,奥林匹克竞赛课程宛如"广播体操"——每一个成绩还算不错的学生都出于自愿或是被迫地投入了竞赛学习,让竞赛实际上成了一种"群体运动"。这就要求教辅图书符合"竞赛教育培训初级阶段"所需,既能把学生领进门,又要在后面的教学中体现出层次感,从而遴选出真正适合竞赛的好苗子。王后雄投入研究和写作中,他主编的《高中化学竞赛基础教程》《初中化学竞赛跟踪辅导》相继在1993年之前出版问世。这两本中学化学教师主编的图书得到了同行、专家、大学教授的认可,一年内各自销量几十万册。

用现在的话来说,主编畅销教辅书的经历实际上把王后雄打造成了一个大IP(可进行商业延展的知识产权),他在35岁成为湖北省特级教师,39岁起享受国务院特殊津贴待遇;2001年,不到40岁的他,被调入华中师范大学化学系,成为华中师大的特聘教授。

2002年前后开始,王后雄团队与新疆青少年出版社开始合作,出版了一系列教辅类图书,涵盖多个科目。正是在双方的合作中,"黄冈密卷"成了一条新的产品线出现在全国教辅市场。

随着十余年的发展,黄冈密卷打破教辅壁垒,展现出长尾的文化影响力。2018年,曾经获得茅盾文学奖的湖北作家刘醒龙出版了新的长篇小说,故事以风靡全国的黄冈密卷为引子展开,小说的标题也定为《黄冈秘卷》。

"北海淀,南黄冈",在十多年的时间里,"黄冈"二字成了教辅书的一块招牌,除了《黄冈密卷》系列,《黄冈兵法》《黄冈正卷》《黄冈秘方》《黄冈秘典》等图书不一而足,仿佛藏经阁的各种秘法全都散落在了黄冈的土地上。

作为黄冈教育的排头兵,黄冈中学不愿意见到这样的场面。2007年年末,在一次全国性的教育论坛上,时任黄冈中学校长陈鼎常当众表示,包括《黄冈密卷》在内的市面上诸多沾上"黄冈"二字的教辅书"都是假货"。

"假"与"不假"是相对的。诚然,黄冈中学亲自编纂的教辅书只有两套,分别是机械工业出版社出版的《黄冈中学考试卷》和《黄冈中学作业本》。但将其他教辅一概归为"假货",陈鼎常出言又过于武断。

如果说在教育领域"惟楚有材",黄冈就是那个"于斯为盛"。黄冈中学和《黄冈密卷》各自在教学领域和教辅领域打出了品牌,同在黄冈的地界上,虽然相互没有关联,却相互成就。谁帮了谁更多一点,这是个扯不清的问题。十多年后的2018年,当媒体再度炒冷饭,重申《黄冈密卷》不是黄冈中学的内部教辅材料、没有黄冈中学教师参与编纂时,还是有人会后知后觉地恍然大悟。

造成"黄冈教辅"困局的是,没有人能够把地名"黄冈"二字垄断为商标,王后雄团队曾经试图将"黄冈密卷"注册成商标,截至本书成书,在17年间,申请都没有获得通过。而作为一种共享的品牌资源,黄冈带来的附加值又过于强大,每一个教辅书编写组都希望乘上东风。作为黄冈中学校长的陈鼎常显然认为,市面上师出无名的"黄冈系"教辅书海,既借力了黄冈中学的名声,又破坏了黄冈中学的名声。但这与监管部门的评判尺度是不同的——在陈鼎常发言的几天后,湖北省新闻出版局不得不出面表态,证实《黄冈密卷》是正规教辅资料。

陈鼎常担任黄冈中学校长前是学校的奥赛金牌教练。培养学生是个漫长的过程,这注定了他不是个急躁的人。但是在对教辅书的表态上,陈鼎常显然还是急躁了。陈鼎常不得不急躁,在历任黄冈中学校长中,他是最接近商人的角色。这倒不是由于他见利忘本,而是在他接手黄冈中学前,这所曾经风光的学校已经在教育产业化的道路上一去不返了。

时间回到1994年。这一年,黄冈中学迎来90周年校庆,为了报道一所中学的校庆,70多家媒体蜂拥而至。新华社、《人民日报》、《中国青年报》等媒体没有派驻湖北记者到现场报道,而是从北京直接派记者赶赴黄冈。在当天的《新闻联播》里黄冈校庆排在第五条新闻口播播出。时任国务院总理发来题词。

校庆引得群贤毕至,黄冈中学的体面是成绩换来的。黄冈中学对有能力参加竞赛的特长生采取类似体育运动的高强度训练,在历届奥林匹克竞赛上,黄冈中学赢得了两枚金牌、两枚银牌、一枚铜牌。时任校长曹衍清记得,各地向黄冈中学派来了考察团。黄冈中学大楼的地基死死地打在地里,是动不得的,但黄冈中学的老师是活的。考察团名义上是考察,实际上是在动员老师到南方去。

一切问题的根源都是经济问题,小小的黄冈中学没法孤悬杏坛,只能迫不得已地承受经济浪潮的拍打。曹衍清不得不尝试遵循"经济"规律试图留住老师,他的筹码是数量不多的招生名额。利用这些砝码,他去和政府部门做"交易",为教师的子女解决工作问题,或者换取"双轨制"下的物资指标,从而直接在经济上补偿教师们。这些补偿没法让教师们过上大城市的那种好生活,但在黄冈当地,在黄冈中学当老师已经是份很好的工作。

1998年,黄冈中学开始了第一次扩张。学校花费850万元买下了50亩土地,这其实超过了黄冈中学的经济承受能力。好在,在市政府的批准下,黄冈中学初中部被改为民营的启黄中学,由黄冈中学代管。启黄中学的学生在初中三年里要缴纳1.6万元学费及建校费。在这座700多万人的城市里,黄冈的人均GDP刚刚突破1万元,常年位列湖北倒数;下辖的9个县级行政区,有5个是国家级贫困县。但由于启黄中学几乎成了黄冈中学的预科班,这实际上是绑架了家长的钱包,为学校输血。输进来的血能够保持黄冈中学不至于失血休克,远不能大富大贵。

21世纪初,黄冈浠水人、经济学家钟朋荣向时任黄冈中学校长汪立丰建议,"黄冈中学是黄冈市'优质资产',可以扩大规模,办成一所万人中学"。前面提到过,钟朋荣是随着市场化改革涌现的经济学家,可以说他在对校长提建议时,已经将黄冈中学视为一种企业化的实体,扩大规模不过是企业经营里常见的扩大再生产。

汪立丰一开始并不接受这个建议,两年后,他接受了教育产业化理念。黄冈市政府无偿向黄冈中学划拨300亩土地,学校另外购买200亩土地,在这500亩土地上,一个总建筑面积10万平方米、气势不亚于国内任何一所大学的黄冈中学新校址破土而出。为了建成这座新校舍,黄冈中学投资3.5亿元,其中贷款超过1.15亿元,这些贷款每年将会产生超过600万元的利息。

交接到陈鼎常手里的,就是一所背负着高昂债务的黄冈中学。

时任黄冈市委书记刘雪荣总结过黄冈中学的三大法宝:高考、奥赛和教辅材料。这三大法宝是陈鼎常校长的"防线",向挂着"黄冈"名头的其他教辅材料"开炮",是战略性防守。在黄冈中学官方参与出版的两本教材《黄冈中学考试卷》和《黄冈中学作业本》的封面,显眼地印着"黄冈资料满天下,黄冈中学独一家"的标语。可越是强调"正统性",越是展露出黄冈中学节节败退中心有余而力不足的状态。

教辅材料,终究要教师来编写;市场对于教辅材料的认可度,也需要黄冈中学的成绩来背书。黄冈中学的学生还记得,《黄冈中学考试卷》和《黄冈中学作业本》在21世纪第二个十年里销声匿迹。这无声地证明着黄冈中学三大防线的溃败。

一方面,优秀教师的外流从20世纪90年代开始从未间断。向东有江浙,向西有武汉,向南有广深,向北有北京,黄冈中学出身的金牌教师迈开腿走向四方。另一方面,黄冈中学的生源也受到威胁。来自武汉的华中师范大学第一附属中学、武汉二中等重点高中会为优秀生源开出优厚的条件,例如减免学费,为贫困生提供生活补助等。而黄冈下辖的县级重点高中也通过开设实验班等途径积极截流生源。黄冈中学腹背受敌,新世纪前20年湖北产生的高考状元中,黄冈中学只占了1个。

更让黄冈中学受伤的是,国家的每一步高考改革,都打在了黄冈中学的"七寸"上。

2002年,教育部推动各地自主命题,没有了"全国高考一盘棋"的大背景,黄冈中学的标杆地位被弱化了许多。

2010年,北京大学启动了自主招生计划,实行"中学校长实名推荐制"。湖北入围的39所高中里,没有黄冈中学的名字。有人认为,这是黄冈中学"应试教育"模式遭遇到的"最典型否定"。

2014年开始,根据教育部的规定,获得全国或省级奥赛奖项的高中毕业生,将不再具备高考保送资格。这本是黄冈中学在荣光不复后,为数不多的能够让学生踏入顶级学府的通途,竟然也被堵死。2013年最后一届具备保送资格的学生中,黄冈中学17人被保送,其中8个幸运儿被保送至北大、清华。

说到曾经为学校带来无上荣光的国际奥赛,由于教师和生源的流失,黄冈中学从2007年起便没有获得过任何奖牌。

湖北省内,各城市间经济发展极度不平衡。2013年有媒体统计,黄冈市从地税支出的"两费"(教育附加费和地方教育附加费)为3500万元,这一数字相当于武汉的3%。经济的不发达曾经激发了黄冈学子改变命运的壮志,成就了黄冈中学的穷且益坚;同样也是经济的不发达,让黄冈中学坠志青云。

《南方》杂志记者李焱鑫在一篇黄冈中学报道的采访手记中写道:"'应试教育'的年代,小城尚能与大城一搏;'素质教育'的今天,小城在大城面前,纷纷败下阵来。"根据北京大学的相关统计,从1978到1998年的20年间,来自农村的北大学子比例约占三成。而2000年至今,考上北大的农村子弟只占一成左右。

固然,寒门贵子变少了,一方面得益于城镇化的进程,中国的农村与城市人口比例逐步从改革初年的八二开,变成如今的五五开;但另一方面,山窝里越来越难飞出金凤凰,来自资源分配不足所造成的天然的不公是原因之一。

农村学生,占据黄冈中学生源的60%。高考依然可以改变他们的命运,可是黄冈中学十几年前把她的学生们推及的高度,现在的学生们已经难以企及。2020年,突然有一群出身于二三线以下城市、通过高考迈向大城市的谋生者嘲笑自己是"小镇做题家"——他们长于做题,做题在一定程度上改变了他们的生活轨迹,但一旦走入大城市,难以适应的挣扎与自卑还是扑面而来。

这时的黄冈中学没有办法做得更多,只能回归到让自己成为一个"小镇做题家"的乐园。2014年起,新任校长何兰田开始主持黄冈中学工作,此后,黄冈中学将每年招生人数缩减了三分之一,过去被稀释的升学率有所回升。减招后毕业的应届生,一本率接近98%,六成学生可以进入"211工程"高校。

陈为军的纪录片中文名字叫《出路》,英文名则是 *Education, Education*。"教育,教育",重复的咏叹,说明它虽然已经出现了不可调和的问题,却仍是很多人唯一的出路。

2021年7月,新华社刊发了由中央全面深化改革委员会审议通过的《关于进一步减轻义务教育阶段学生作业负担和校外培训负担的意见》。教育部有关负责人就该意见答记者问时指出:党中央对此高度重视,站在实现中华民族伟大复兴的战略高度,对"双减"工作做出了重要决策部署,要求从政治高度来认识和对待。

基础教育关乎着社会公平。国家"双减"政策的提出和落实,国家对于学校及校外培训机构近年来涌现的多种影响教育公平的现象有所意识,并迅速出手整治。意见中明确将"资本裹挟"列为校外培训机构的"一宗罪"。这一表述,加之意见中对于公立学校的严格规定,"双减"政策被视为"教育去产业化"的重要标志。

作为教育大省的湖北,必然会在"双减"政策下经历一些震荡,特别是会影响到一批根植于湖北多年的教育企业,但从长远来看,只有让教育与资本和产业脱钩,更多的楚才才能够摆脱"教育内卷化"的焦虑,拥有更多改变人生的机会。

巨兽长成

2007年,陈一舟回归到互联网舞台的中央。

尽管陈一舟的好友雷军明确表示过看不清互联网社交的商业模式,但陈一舟始终对此情有独钟。2005年,陈一舟旗下的千橡集团手握着猫扑、5G校园网两个社交产品。这年7月,千橡得到了美国风投公司AccelPartners的投资。AccelPartners名不见经传,但他们在投资陈一舟的两个月前刚刚投资了Facebook。

美国归来的陈一舟有着很开放的心态。在社交这条赛道上,他可以把手下的小鱼养成大鱼,也可以通过吃掉其他小鱼把自己变成大鱼。也是在2005年年末,另一条痴迷社交的小鱼诞生了——福建人王兴和朋友一起创办了"校内网"。陈一舟放任这条小鱼长了10个月,然后在2006年10月一口吃掉了它。千橡收购校内网后,5G校园网与校内网完成合并。

互联网社交要瞄准学生市场,陈一舟的脑袋里很明确这一点。在ChinaRen校友录时代,喜欢尝试新事物的年轻人形成了群聚效应。虽然年轻人已经换了一茬,但这种渴望新鲜的精神是永远不会改变的。社交网络在全球范围内的"老大哥"Facebook也是从大学校园起步,完成用户的原始积累的。这是一条已经被人踏平荒草的经验之路。

校内网为自己砌了一道象牙围墙,只有具有特定大学IP地址或者大学电子邮箱的用户才能注册。这样的设置相对精英化、私密化，让大学生们喜欢通过校内的日志、相册、状态分享自己的生活。精准地切入大学市场也带来了麻烦，教育主管部门对于校内网的名字向陈一舟表达过不满，认为公众容易将校内网与教育部旗下的"教育网"混淆。

在校内网专注校园社交的时候，曾经在新浪担任高管的北京人程炳皓创办了开心网。程炳皓没钱注册下 kaixin.com 的域名，只能退而求其次，选择 kaixin001.com 作为域名。开心网没有校内网那样的注册壁垒，面向社会开放，同时通过游戏组件吸引流量。其实这些游戏组件也是源自 Facebook 的舶来品，但"好友买卖""抢车位"等玩法依然吸引着都市白领。2008 年下半年，根据 Alexa 网站流量全球综合排名的记录，开心网的日页面浏览量一度超越了老牌门户网站新浪网和搜狐网。

陈一舟很明白社交网络的命脉是什么——流量是广场上堆着的金砂，金砂可以被重铸成什么样子、发挥什么样的价值，这在眼下不重要，重要的是，每个人都要冲到广场上，把满满的一捧金砂带回家。校内网覆盖了 2200 所大学，用户突破 1800 万，这把陈一舟"家里"映得金碧辉煌。但当他望向邻居时惊讶地发现，程炳皓的金子堆得更高，冒着尖儿，已经高过了校内网。

与程炳皓不一样，陈一舟不缺钱。2008 年春天，软银宣布以 3.84 亿美元入股千橡，这笔投资会分 4 年注入。巨额的投资超过了很多互联网公司上市时的融资额，人们将陈一舟视为"目前未上市互联网公司中最后一个大佬"。面对开心网的威胁，财大气粗的陈一舟展现出他机巧的一面：10 月，陈一舟买下了那个程炳皓买不起的 kaixin.com 域名，4 天后，陈一舟又在该域名下推出一款外观看起来与开心网高度相似的社交网站。由于域名和外观十分具有误导性，混淆视听的"山寨开心网"很快成长起来，获得的用户数达到千万级别。程炳皓就此多次约见陈一舟，但陈一舟没有理会。

这是一场你争我夺的战争。一群巨兽被关在笼子里，它们疯狂吞食、急速长大，当笼子的空间让它们变得比肩继踵，争端在所难免。

回过头来看，陈一舟与程炳皓之间的互联网社交战役看似来势汹汹，其实只是大时代背景下的一场小规模遭遇战。这场争端闹到了法院，持续了两年才宣判。最终北京市第二中级人民法院作出判决，陈一舟的千橡公司构成不正当竞争，不得使用与"开心网"相同或近似的名称，并赔偿程炳皓的公司经济损失40万元。

虽然陈一舟败了，但判决足以让他笑出声。在互联网格局急剧变化的年代，两年的时间足以影响太多东西。社交网站不能躲进小楼，只注重校园而不注重职场，这是开心网异军突起带给陈一舟的警示。正好教育部门多次因为校内网的名字找上门来，陈一舟索性将校内网改名"人人网"，将产品定位拓展到整个社会。同时，人人网宣布与"山寨开心网"合并，完成了用户导流。

要知道，陈一舟从王兴手里买下10个月大的校内网，花费了5000万元。彼时的校内网和鼎盛时期的开心网不可同日而语，这样比起来，用40万的法务成本，陈一舟不仅精准狙击了同赛道上的对手，还换来了大笔流量，赚得盆满钵满。

陈一舟的直觉是正确的，击垮人人网的只能是流量的外泄。当人们不再喜欢访问人人网，一个孤零零的社交网站就变得不再有意义。但聪明的陈一舟没有办法预知谁会给人人网带来釜底抽薪的一击。胜利的战场上没有号角，只有环伺四周的其他猎手。

互联网的未来在哪里？人们还是习惯性地望向美国市场。

美国最炙手可热的互联网公司已经从几年前的Google变成了Facebook和Twitter。陈一舟旗下的人人网是Facebook的中国学徒，人人网的创始人王兴则在2007年创办了类似Twitter的网站"饭否"。这两个象征光明未来的产品，似乎都和中国社交媒体界的"前辈"腾讯没多少关系。

腾讯不愿坐视红利流走。2009年,腾讯以一个百万级的价格买断了"开心农场"的所有权。开心农场是在各个社交网站都十分受欢迎的"偷菜"小游戏。腾讯将它更名为"QQ农场",专供QQ空间。陈一舟用他习惯的方式面对这次危机——人人网组织一个团队山寨了另一个开心农场,继续为用户提供服务。

此时此刻的腾讯,手中已握着资本大棒,陈一舟并不害怕资本大棒,这让他忽略了腾讯拥有造出另一个秘密武器、一举击溃人人网的能力。

2010年的中报显示,腾讯的半年度利润超过了百度、阿里巴巴、搜狐、新浪四家互联网公司的总和,达到37亿元。

腾讯左突右进,名声却跌落到谷底。吴晓波在《腾讯传》中引用了这一时期互联网同行为腾讯列的三大"罪状":一直在模仿,从来不创新;走自己的路,让别人无路可走;垄断平台拒绝开放。按照这几条罪状,只要腾讯维持扩张,战火可能会烧到每一家互联网公司的后院。

周鸿祎就感受到了烈火的炙热。2009年开始,腾讯旗下的"QQ医生"外观长得越来越像360安全卫士。2010年儿童节的前一天,QQ医生更名为"QQ电脑管家",从名字不难看出产品定位的变化——QQ医生只是一款针对QQ的安全伴侣类软件,而QQ电脑管家则主管电脑的全局安全问题。这与一直走在安全领域的奇虎360公司产生了正面冲突。

对于腾讯来说,进入安全领域只不过是地主把余粮当作种子,撒了一些在地里;对于奇虎360来说,这就是生死对决。一开始,周鸿祎愿意与腾讯合作,他联系马化腾提出了一个合作的意向,包括将枪口一致转向百度,以及帮助腾讯投资一批公司布局生态。马化腾拒绝了他的建议。

以往的经历已经证明,周鸿祎是一只高压锅,越是给他压力,他越容易"爆炸"。

周鸿祎发挥技术所长,从9月起,360相继发布"360隐私保护器"和"扣扣保镖"。360隐私保护器监测QQ的行为,以此为依据,360声称QQ

未经用户允许扫描用户硬盘，侵犯用户隐私；扣扣保镖则允许用户自行卸载 QQ 弹窗、QQ 广告、QQ 音乐、QQ 宠物、QQ 秀等附带功能。前者从道义上将腾讯置于不义之地，后者断绝了许多 QQ 的收益来源。

扣扣保镖推出一周内，下载量超过 1700 万次，腾讯急忙向深圳市公安局报案。但对于用户桌面右下角的战争，无论是深圳市公安局还是工信部，一时都不知道该如何定性。马化腾如临大敌，技术人员告诉他，扣扣保镖备份了 QQ 的好友关系。社交关系链是腾讯的商业腹地，他将 360 的"袭击"视为用户劫持。2010 年 11 月 3 日，腾讯向用户公布了那个"艰难的决定"，要求同时安装两家软件的用户在"卸载 QQ"和"卸载 360"之间二选一。在接受媒体采访时，马化腾表示，这是"腾讯历史上最大的灾难"。

2010 年，360 安全卫士的装机量约为 1.2 亿至 1.5 亿，这是个很不错的装机量。周鸿祎的团队曾经在用户积累的基础上推出浏览器业务，360 安全浏览器的市场占有率一度冲至市场第二，仅次于微软 IE 浏览器。但同样在 2010 年，QQ 的同时在线人数突破了 1 亿。

装机数与在线数的区别，反映出 360 和腾讯体量的差别。更何况，用户从 360 选择其他的安全产品，切换成本不高，但让 QQ 用户切换到另一家从零开始加好友的社交产品，只有代表"Facebook 模式"的 SNS 社交网络和代表"Twitter 模式"的微博有这个底气。

有了体量和用户黏性的考量，周鸿祎从一开始就进入到弱者的角色里。在微博上，周鸿祎控诉腾讯："如果你是个创业公司，抄袭别人的产品，强制推广一下自己的产品，别人也可以理解，因为生存是第一位的。但是你每年收入 200 多亿元，市值 3000 多亿元，像团购这样的苍蝇上的那点肉也都不放过，也要跟创业公司去抢。"

周鸿祎擅长的制造舆论为 360 赢得了很多支持者，但一旦腾讯选择"玩硬的"，360 也只能是先退缩的一方。在腾讯要求用户"二选一"后，360 主动下线了扣扣保镖，并弹窗请求用户卸载扣扣保镖。这样一来，360 更是把自己塑造成了决斗场里为了自由而倒下的一方。

随后,腾讯对360就不正当竞争提起诉讼,此案一路上诉至最高人民法院。从扣扣保镖开发上线到终审判决,中间经历了1210天。2014年2月24日,最高院做出判决,维持一审判决结果,认定360的行为构成了不正当竞争,赔偿腾讯经济损失500万元。360对腾讯也提起了反垄断诉讼,法院不认为腾讯构成了垄断地位,这次诉讼360也没有取得胜利。虽然两起主要的诉讼腾讯均取得了胜利,但腾讯内部也不得不承认,在"3Q大战"中,腾讯"赢了官司,输了舆论"。

在工信部的敲打下,360与QQ很快恢复了兼容,但"3Q大战"彻底改变了中国互联网行业的局势。此后,互联网纵横捭阖,巨头们以资本为桥梁加速扩张,小公司盼望着被"带头大哥"们入股或收购,从而保留生存的机会。

2014年曾经与腾讯因为流量问题而交恶的UC浏览器彻底投向阿里阵营,UC浏览器的创始人黄石人何小鹏先后出任阿里移动事业群总裁、阿里游戏董事长等职位。同一年,荆门人成从武创办的高德地图,也被阿里并购。

垄断存在吗?互联网的从业者用诚实的身体给出了和法院判决不一样的答案。垄断就在那里,只不过它不会明晃晃地把自己叫"垄断",它叫"流量",叫"生态",叫"布局"……

单一的产品不足以筑起一道安全的围墙。除了"3Q大战",这几年发生的另外几件事也让人再次确认了这一观点。

首先是雷军的一次失败。

在2010年创办小米后,雷军选择从软件领域"冷启动"。这一年的12月,小米推出了一款叫"米聊"的社交通讯软件。米聊并不是小米原创的产品模式,在2010年10月,一个简单的手机通讯软件kik登陆苹果、安卓双平台,在短短15日内吸引了100万名用户。米聊是kik的模仿者。

另一个人也注意到了 kik。差一点就在 1998 年被雷军招入麾下的华中科技大学校友张小龙此时已经是腾讯旗下的产品经理,他每天都会关注互联网领域有什么新东西诞生。在 QQ 邮箱的阅读空间里,他第一次知道了 kik。随后张小龙给马化腾发邮件,建议由自己的团队做一个类似的产品,这一提议得到了马化腾的同意。就这样,前后相差一个月,张小龙主导开发的微信也在 2011 年 1 月上线了。

雷军和马化腾都是中国最早一批玩互联网的人,此时从他们第一次触碰电脑开始,20 多年已经过去了。他们和同时代的程序员不一样的地方在于,从程序员走向公司的管理岗位,这要求他们对于互联网的趋势保持高度的了解。幸运的是,他们还没掉队。一款软件的模式被两个人同时看好,这至少证明了 kik 模式的含金量。

如果一款软件是面向未来的,在一场漫长的赛跑中,谁早出发一个月,领先并不会有多明显。米聊和微信几乎同时起步,除了模仿了 kik 的产品形态,它们还模仿了一款香港社交软件 TalkBox,二者相继在 2011 年 4 月和 5 月加入了在 TalkBox 中表现抢眼的对讲机功能。这个功能给两个软件都带来了显著的用户增长。

但马化腾手下负责微信开发的人是张小龙。张小龙带着微信团队推出了"摇一摇"和"漂流瓶",随后,又推出了"查看附近的人"功能。他认为,"这个功能彻底扭转了战局"。借助地理定位交友,在没有动用 QQ 资源的前提下,微信用户大量增长,每日新增用户数超过 10 万。

后面的故事我们都知道。连同时在线人数破亿的 QQ 都败给了微信,何况米聊呢?微信杀死的另一个对手是陈一舟的人人网,或者说是 Facebook 式的 SNS 模式在中国的所有效仿者。2011 年的"五四"青年节,人人网在美国上市,这是人人网最后的荣光。在人人网上市的同一时间,腾讯依靠 QQ 和微信建立起来的流量和生态优势,已经成长为让陈一舟无法反击的撒手锏。

"在熟人社交上,我们打不过腾讯,也不应该去想这种可能性。人人网本质上是一个虚拟社区,每一个虚拟社区都会有最终消亡的一天。"2018年,陈一舟回过头看人人网的失败时认为,具有即时通信网络属性的社交产品在一个地理区域内最终只会留下一个。陈一舟的总结十分到位。当马云亲自下场带着阿里巴巴企图切入社交时,蹩脚程度堪比腾讯的电商尝试。

马云输给了微信,还有电商和支付平台自留地;雷军切入移动社交失败,但他的最初目标是比软件服务更加往上一个维度,抢占移动的终端手机硬件;陈一舟的问题在于,人人网留给他的缓冲带不够。虽然手中的现金可以让陈一舟以投资续命,但人人网的颓势,自微信起势后就已成定局。

总有人忍不住站出来,期望成为阻拦巨人入侵的那个人。和周鸿祎的360一样,这种行为与其说是勇猛,倒不如说是无可奈何。2013年冬天,黄冈人汪林朋手挽着手成了人墙的一部分。

从1999年接手居然之家以来,"北漂"汪林朋已经在家居领域默默成长了14年。1998年住房制度改革后,中国实行了近半个世纪的福利分房制度彻底终结,住房分配进入货币化时代。这促进了房地产行业的快速发展。家装建材是房地产的下游领域,随着改革受惠颇多,什么都好卖,暂时还不存在竞争。

21世纪初,家居市场上逐步出现竞争,居然之家通过"先行赔付""一个月内无理由退换货""多处购买,统一退换""明码实价"等服务,提高了行业整体标准,也树立了品牌知名度,逐步成为行业领导者。所谓的"行业领导者",常常是宣传口径的说法,同行业里都是竞争对手,事实上谁也领导不了谁。

但2013年,居然之家不得不站出来。居然之家的竞争对手红星美凯龙、吉盛伟邦、集美家居等18家中国家居行业最大连锁或区域大卖场也和居然之家站在了一起,他们的对手是阿里巴巴。针对即将到来的2013年"双十一",19家家居企业联合签署了《关于规范电子商务工作的意见》。其中,明确规定"不能变相让卖场成为电商的线下体验场所","未经卖场允许,不许利用卖场的商标、商号进行宣传","不许通过电商移动POS将卖场的业务转至他处交易"。

此时距离淘宝网成立已经过去了10年。2012年,"淘宝商城"更名"天猫",加重布局B2C市场。伴随着淘宝的成长,无数行业都尝试过坚守,或抵抗这种全新的商务模式,最终活下来的无一不是融入其中。家居市场相较于最先被电商"革命"掉的那些产业具备一定的特殊性:家居产品体积大、重量高、客单价高、替换周期长、消费频次低,消费者对实地体验、所见即所得的需求更高,这一度成为家居行业的"护城河"。但电商引领的革命是彻头彻尾的革命,巨兽还没有吞食到某个行业,只是时机未到,而不是它吃不下去。消费者确实喜欢在家居商城体验产品,但正是因为商品的客单价高,到了下单环节,他们会跑到网上,搜寻更加实惠的价格,哪怕一个微小的折扣也可以带来可观的节省。只要物流体系跟得上,省略中间环节的网络销售,价格势必比实体店具有优势,而以居然之家为代表的家居实体店则在承担了高昂的场地成本后,为其他渠道作嫁衣裳。

汪林朋"抵制"电商是他守土固边的一点小小努力。汪林朋应该做一些更大的工作。时代给了他4年时间,让他重新思考供应链、产品价格体系的改革,当他把一切想通和理顺之后,他可以与阿里巴巴化干戈为融资,成为手拉手去市场上赚钱的好朋友。这是后面的故事。

互联网行业随着硬件发展急速扩张,成为一条摊开的、泥泞不堪的道路。以腾讯和阿里巴巴为代表的巨兽如同卡车呼啸而过。车道只有那么宽,想继续走在这条道路上,从业者要思考道路上哪里还有空间容纳自己的车位。一部分幸运者借着机会跳上了车,顺风向前走上一小段;不幸者跌落路边,成为卡车过后留下的泥点子。

自我怜悯,这是被时代抛下的泥点子最后的努力。

从汉正街到广埠屯

眼睁睁地看着一座城市的荣誉变成泥点子是件让人痛苦的事。

这也是为什么在武汉市民之家的城市规划展览馆里,有关汉正街的部分,介绍了它过去的辉煌历史,展示了它未来感十足的规划设计图,唯独没有汉正街现在的照片。

汉正街既属于历史,也属于未来,但它不属于现在。

现在的汉正街与这座现代城市格格不入。从汉正街向外延伸,周边的道路变得像蜘蛛网一样黏稠,如果一辆汽车赶在交通高峰时段误入这里,便像蜘蛛网上的小虫子一样只能缓慢地挪动身躯。由于大型运货卡车不许驶入这里,民间创新出了一种独特的电瓶板车。这种板车的前舵极为精简,无须遮挡,最大程度地节约空间,后面的车身可以堆上小山一样的货物。载满货物的电瓶板车如果走在机动车道上,身板看起来太瘦弱;走自行车道,又明显过宽。于是司机们把车开成了洄游的鲑鱼,见缝插针,加剧了道路的堵塞。拥堵的路口随时都可能被塞得像一个孔明锁。

街边小店的音响要和马路上的笛声比高低。音响不是一户一个,分布得反倒有些和谐:如果相邻的两家店经营业务相同,比如都是卖服装或是卖布料的,他们共享一个音响就可以了。店与店只有一墙之隔,东家的喇叭招徕的顾客横竖会去西家比价,就不必浪费布设两份音响。

公安部门树立的宣传牌敬告汉正街上的来往者不要打架斗殴,"打输住院,打赢坐牢"。直白的表述叙述着街巷里的冲突程度,提醒外人在这条街上,码头文化从未远离。码头文化曾经为汉正街带来过活力,"货到汉正街活",在汉正街最高光的20世纪80年代早期,这里不仅吞吐着南来北往的货物,也接纳了来自全国的客商。前店后厂的模式一度培育出汉派服装这样具有区域特色的商品,但是随着汉正街与时代的脱钩,孕育出汉派服装的汉正街自身都成了武汉发展历程中的一个遗憾。

对于汉正街的第一轮冲击来自20世纪80年代中期国营商场的转型。吸纳了更先进经营方式的武汉商场、武汉中百、武汉中商、汉商集团、六渡桥百货集团以"五朵金花"的姿态接管了武汉的百货业态。第二轮冲击则为21世纪开始的电商大潮,这本应成为汉正街弯道超车的一次机会,但站在电商面前,人们才发现,汉正街在改革开放初期的创新是一种"古典主义"的创新——这种创新是求生式的,只要有了一口饭吃,得过且过,而不是骨子里的渴望变化。

汉正街变得守旧,与汉正街的人员构成有很大的关系。坚守汉正街的商户大多是60后、70后,对新事物的接受程度很低,即使他们心里明白批发业务没有前途,但学会将货物搬上网、通过网络进行客户管理、制定复杂的促销策略等复杂的流程,也足以让商户们望而却步。

但是归根究底,汉正街的发展症结在于,当个体经济在这里盛行时,武汉没有抓住机会将汉正街的产业实行集群化整合,没有把个体经济的源头变成民营经济的孵化器。在这一点上,浙江义乌、福建石狮是个体经济转向民营经济集群化发展的"模范生",比起汉正街的"小而散",义乌和石狮的商贸经济很快选择了"大而专"的路线,专业化、规模化、集群化、国际化,同时依靠临海的外向优势,一举将汉正街甩在身后。

汉正街今日的拥堵与杂乱还印证了另一个问题:2011年开始,武汉市政府便倡导将汉正街整体搬迁至汉口北,显然这个规划没有能很好地落实。

　　这并不是说整体搬迁的政策方向出了问题。2011年1月,毗邻汉正街的武胜路发生火灾,导致14人丧生。这起火灾让市政府下定决心开始对汉正街进行改造。也是从这一年开始,汉正街周边禁行货车。确实有商户搬迁到了汉口北,但如同雨后春笋般涌出的电瓶车填补了货车的空缺一样,商户搬走腾出的空间很快又迎来了新的入驻者。

　　武汉市政府曾考虑为汉正街整体搬迁设定时间表。尽管卓尔集团力主开发的汉口北规划更合理、设施更完备、电子化及国际化程度更高,但汉正街毕竟是一个精确到细胞的有机体,这里为底层商户解决了民生问题,即使饱受交通拥挤、物流阻滞和火灾隐患的困扰,一刀切式的整体转移也不易实现。显而易见的是,武汉最终选择以缓和的政策引导与经济引导一点点地消化这个曾经为城市带来荣誉、却已显得日渐臃肿的旧式商区。这其中最重要的一部分是汉口北的建设——汉口北若是长年冷冷清清地孤悬城边,是没有力度吸引汉正街的商户搬迁过去的。

　　早在2010年,汉口北国际商品交易中心就举办了第一届"中国汉口北商品交易会"(简称"汉交会")。汉交会每年举办一次,它与著名的广交会专注于进出口不同,商务部将汉交会列为重点内需市场交易平台。这样的定位不仅契合了转型期中国扩大内需的经济战略,也让地处华中的汉口北有了差异化的比较优势。

　　在2014年11月《人民日报》对汉口北的报道中,汉正街蕲春服装商会的丁姓会长讲述了自己的经历。丁会长从2002年开始在汉正街做服装批发生意,几年后他发现生意越来越难做,铺面租金年年上涨,由于汉正街一带交通拥挤,他每天都要担心第二天的货要怎么运进来。因此在得知汉口北开办电商基地后,他干脆搬迁过去了。他认为汉口北的基础设施更好,适合做电商;搬到汉口北后,年销售额为3000万元至5000万元,比在汉正街做批发生意翻了几番。

汉口北国际商品交易中心先后开辟了小商品、床品、窗帘、日化、五金、灯饰、文具、酒店用品、鞋业和服装等近20个承接汉正街小商品市场搬迁的专业市场,还引进了海宁皮革城、桐乡羊毛衫、广州箱包、义乌饰品、二手车交易等汉正街原先没有涉足过的专业市场。

在承接汉正街商户的过程中,汉口北集团发现了商户们不愿"触网"的根本原因:网络是商业的未来,但商户中有些人一辈子连电脑都没碰过。为此,汉口北集团推出一揽子计划:免费提供5万元贷款,用于线下商户的网络宣传推广;建立一支数百人的电商团队,帮助商户打理网店,如商品拍摄、线上沟通、投发快递等,鼓励商户在淘宝、天猫、京东等各大网购平台开店。尝试"触网"4个月后,3200多家商户开了网店,占市场商户总量的18%,网上销售额近15亿元,占线下全年销售总额的10%。

2015年,在第六届汉口北商品交易会上,中国首家"互联网＋专业批发市场"模式的综合型电商平台——卓尔购正式上线,6700个汉口北传统批发商的网上档口开张营业。这是汉口北集团针对商户大多从事批发行业的特点开发的垂直到B端电商平台,截至2018年上半年,汉口北市场内的商户触网率达到80%,全国1500多个专业市场入驻,入驻商户46万家。

在2007年卓尔集团重注汉口北时,作为一场商业博弈,这个项目极有可能成为另一个多元化道路上失败的"卓尔洁神"。阎志在卓尔内部的大项目上的"一意孤行"是出了名的,这为汉口北的开发加上了一点"不得不做"的莽劲儿,但真正能够为项目的前景提供心理安慰的,只有阎志对汉口北这一块地的战略判断。

在项目开发时,这里还不叫"汉口北",而叫"黄陂南"。由于它地处黄陂区,连区政府都不愿意把这里改名,去贴汉口的热度。阎志则坚持"汉口北"这一名字。2017年,在汉口北动工十年后,阎志主编的图书《汉口商业简史》出版发行,这本书实际上是一本迟来的"商业计划书",它替阎志回答了很多问题,包括为什么要选定这里开发国际商品交易中心,以及为什么他要坚持将这里改名"汉口北"。

在阎志的眼里,一座城市是必然要经历规模扩张和新陈代谢的,现在已经成为繁华地段的汉口不可能一直承载大规模商品批发的职能,那么,汉口北就是汉口的继承者。阎志是一个富有浪漫气息的企业家,选址汉口北也反映出他的这一特点。距离今天的汉口北国际商品交易中心不远处就是有着3600年历史的盘龙城遗址,它是迄今为止在长江流域发现的唯一一座商代古城,也可以视为荆楚商业文明的发祥地,因此,在汉口北继承汉口自1861年开埠以来积累下来的现代商业文明,既是一种延续,也是一种回归。

湖北的商业历史并不盛产名商巨贾,以汉正街商户为代表的中小商人才是湖北商业历史的主要书写者。当马太效应不可救药地推动着世界进入新时代,中小商人需要一个可以抱团取暖的庇护所。从这一点来看,汉口北较之汉正街的一大不同点在于,汉口北不仅是"地主",还成了"管家"和"老师"。或者说它是一个线下的、区域性的阿里巴巴,更有针对性地守护着武汉的一部分商业文明安安稳稳地进入下一个时代。

武汉的另一个商业地标广埠屯,虽然没有像汉正街这样名满全国,却也在20世纪80年代末至90年代初名噪一时,留下了"北有中关村,南有广埠屯"的名声。2006年,新开业的广埠屯资讯广场把这句标语挂在大楼的外墙上,宣示着广埠屯在电脑配材领域的"正统"地位。虽然招牌这样挂着,大家心里都明白,南边的广埠屯还是比不过北边的中关村的,但中关村伫立在那里,至少给了广埠屯一个追赶的目标。然而,当21世纪进入第二个十年,连中关村都不得已地面临着转型,就更不要提广埠屯了。

一个在中关村创业大街上开店的湖北孝感人真切地感受到了时代变化带来的压力。涂金灿原本是湖北的一个语文老师,辞职后先后在深圳和北京打拼,有了积蓄后,他开办了一家专门做族谱的公司。2010年,他把公司从海淀区东南部的魏公村向北推进3公里,搬到了位于中关村的"海淀图书城"。族谱与图书有着很强的关联性,涂金灿租下了一栋3层楼的房子,每年租金90万。编修族谱的业务很有市场,经常有客户带着厚厚的手稿从外地专程来北京,请涂金灿帮忙撰写族谱。每个月涂金灿的收入可以达到几十万元。

2014年6月,正是创业风潮最为强劲的时候,与此同时,实体店的图书销售模式日渐式微,此消彼长之下,海淀图书城更名"中关村创业大街",原本的图书商户一家家撤走,"互联网""估值""融资"成了这条小街上的高频词汇。一年后,中关村创业大街已经成为中国互联网创业者心中的"圣地",店面租金也水涨船高。2015年4月,涂金灿的房东找上门来,提出房租要涨到280万一年,这更符合当时的市场价格,却远远超过了涂金灿的心理预期。房东和房客从此僵持起来。

5月7日,国务院总理李克强到中关村创业大街考察调研,涂金灿想方设法挤进人群,把自己的名片递给总理:"总理您好,我是修家谱的。"涂金灿几个月后还记得总理的回答:"哎哟,这条街上居然还有这样的传统行业,好,好!"涂金灿希望与总理的一面之缘能帮助他留在中关村。

到了2015年9月,在中关村创业大街上与互联网完全无关的店面还剩下四家:涂金灿的族谱公司、一家菜品均价为15元的牛肉面馆、一位四川老板开的文房四宝店和一家专门贩卖中小学教辅书的书店。涂金灿试图将家谱业务同互联网之间做一些联系,他在店面外的海报上显眼的位置写上"互联网+百家姓""互联网+亲友圈"字样。但是创业者和投资者对涂金灿的"互联网+"概念丝毫不感兴趣,他们络绎不绝地前来涂金灿的店面踩点,盘算着将涂金灿撵走之后他们可以怎样在这里用科技改变世界。

无论是涂金灿与总理的简短对话,还是他骨子里的文人傲气,都无法与市场的供需关系抗衡。原本拥有1000平米店面的涂金灿只能不断地"割让"空间,蜷缩在越来越小的族谱书店里继续他的修谱事业。

涂金灿的落寞却反衬出了中关村的焕然一新。强化区域内的科技创业元素,成为一个硅谷那样的科技创新中心,这是中关村的新命运。

如果中关村没能适时地从电子市场转型成为科技基地,它的结局将会如何?关于这个问题,似乎广埠屯更有发言权。

武汉也有科技创新基地,但它不在广埠屯,而是在更加朝气蓬勃的光谷。这就导致广埠屯成了一段被遗忘的时光。与留守在汉正街的商贩一样,广埠屯坚守者成了互联网时代下的灰烬余烟。这里已经没有了十年前的人头攒动,依然留在电脑城内做生意的人,要么正准备撤店转型,要么是不知道该转向何处的迷茫者。

2014年,老牌科技媒体《电脑报》发表报道,讨论广埠屯电脑一条街商户的转型难题。这篇报道的主人公叫王家永。

2000年前后,在一家国营证券公司从事行政工作的王家永被查出患有甲状腺癌,术后的王家永不能从事劳累的工作,由于公司业绩不佳,他被要求内退。考虑了身体状况,王家永决定落户广埠屯,租下了第一个门店。

广埠屯是一个"造富场"。曾经坐上过"湖北首富"之位的雷军和兰世立都是从广埠屯发迹的,早年从广埠屯走出的互联网创业者还有天空软件站的创办者张鹤。1998年,刚刚大学毕业的年轻姑娘赖春临想在南极电脑城租一个铺位,发现铺位早被一抢而空,她租下了一段15平方米的走廊开始做攒机生意,一台电脑可以赚上千元。这段经历让赖春临在十多年后成为湖北省内第一个被媒体大肆宣传的女首富。

随着经济的发展,国内对于台式机的需求日渐加剧,市场像一只巨兽,一台一台地吞下装配完好的电脑,广埠屯的商户"愁货不愁卖"。

但市场不是一个无底洞,巨兽牙缝间漏下的利润越来越小。来自笔记本电脑和智能手机的冲击更是重创了台式机市场。

赖春临由个人电脑组装转向网吧电脑组装,最终转向网吧管理软件完成了转型。同样在广埠屯以电脑装机起家的王洪涛2009年选择将业务搬到线上,从国美和苏宁各取一字,将店铺命名为"宁美国度"。与他事业轨迹类似的还有京天网盟的李晓峰、攀升兄弟的陈孝军、名龙堂的张冉。这四家扎根武汉、从事线上个性化电脑定制业务的企业,占据了全国线上定制电脑80%的市场。

比起这些成功转型者,王家永的生活轨迹与更多的广埠屯商户重合——或者受制于视野,或者受制于能力,他们成了夕阳产业下的坚守者。

在业务好的那几年,王家永待人亲和,有稳定的老主顾,他不会像一楼一些临街的铺面靠"宰人"为生。但随着业务萎缩,王家永显露出焦虑。维修笔记本电脑不足以维持生计,他开始哄骗顾客——顾客的电脑因为显卡或内存条松动而出现故障,王家永会骗顾客说是硬件坏了。换装一个硬件,能够带来更多的利润。

台式机装配市场的萎靡无可救药地传导到小小的广埠屯。2014年,王家永经常下午才到店里,一天只工作四五个小时,"继续做吧,一年亏一万;不做的话,一年亏三万"。

《电脑报》的报道在这里戛然而止,但逐年的亏损和无望的前景让王家永逐渐变得乖僻暴躁。据临近的商户回忆,王家永总怀疑有人故意阻碍他做生意,频频和邻居们起摩擦,甚至专门装了摄像头监视谁在抢他的生意。王家永越是古怪,别人越是对他敬而远之,原本可能为他介绍客户的熟人不敢与他继续打交道,王家永的生意陷入了恶性循环。

从2015年起,王家永的经济状况显然更加恶化,他开始用"老赖"的方式拖缴物业费和房租,以至于物业几次想要把他清走。为了避免与乖戾的王家永正面冲突,物业借口是周边商户想要清走他,这反而让王家永愈发对相邻的商户充满变态式的戒备。从那时起,王家永开始随身带刀,并经常威胁称谁赶他走,他就杀人。多年前的手术并没有清除王家永身体内的所有癌细胞,王家永的生命正在经历一场倒计时。作为一个癌症病人,王家永推演出一套偏激的价值观——"反正活够了,杀一个够本,杀两个赚一个"。

2016年7月23日上午,王家永对面铺位的段吉霞正在吃一碗热干面当早餐,王家永开着吹风机给旧电脑吹灰,灰尘落到了段吉霞的碗里,段吉霞有些生气,说了一句:"你搞么事呢?"王家永没有停下手里的工作,瞪了她一眼,嘴里开始骂骂咧咧。

过了一会,清洁工做保洁,准备清理掉段吉霞铺面前的一个矿泉水瓶。段吉霞见铺子里还有矿泉水没喝完,就说了一句:"不忙,等会儿一起清走。"周边商户想要"清走"自己,这正是物业告诉王家永的,再度听到这两个字,王家永失去理智,拔出水果刀,跳到段吉霞面前,连续刺了十几刀,随后又开始追砍电脑城里几个与他有宿怨的老相识。王家永造成了3死4伤,一天后,他被警方抓获归案。

这场突发的刑事案件,像是广埠屯黄金时代的休止符。

早在2013年,赖春临就带着她创办的盛天网络落户光谷金融港,并从这里登陆资本市场。2016年末,宁美国度搬到距离广埠屯9公里外的光谷智慧园。"不满足于做广埠屯老大,公司未来在光谷。"搬家前,宁美国度创始人王洪涛说。

这句话暗合了几乎所有武汉科技企业的共同心理——广埠屯已经成为过去的代名词。同样做电脑定制的京天网盟、攀升兄弟搬到了汉口北,只有名龙堂还坚守在广埠屯。

早年广埠屯作坊式的配件商铺之所以有生存空间,来源于市场的不饱和、信息的不对称。二十多年里,计算机信息技术产业已经愈发高端和专业化,重构了上下游市场的整体样貌。像宁美国度这样的企业依然在做电脑装配的生意,为了迎合市场的需要,也不得不成立产品研究院、建立组装工厂,并且向电脑延伸出的其他产业转型。

汉口北接替汉正街,光谷接替广埠屯,"无可奈何花落去"的背后,是一座城市的进化。时代在大口吞吐,有残忍,有希望。只有革新是由内而外的,变化才会显得脱胎换骨,它不仅体现在产业上,也体现在城市建设上。推进一座千万人口大都市的城市建设,既需要时代的眷顾,也需要决断的勇气。

后"四万亿"时代

2008年,中央为了应对世界范围内的经济危机出台"四万亿"经济刺激计划,其中1.5万亿被用于修建铁路、公路、机场等基础设施。此后,铁路连续三年每年投资都超过7000亿元。

面对中国缺乏高铁核心技术的大局面,铁道部向外国企业提出"以市场换取技术"的原则,国家强大的行政力为谈判提供了支持。铁道部在高铁项目上让外商之间形成竞争态势,吸收、利用外商的先进技术,等到1300公里的京沪高铁上马,这条线路上已经全部是自己掌握的技术了,足以称之为"完全自主知识产权"。铁道部的策略使得中国高铁在短短的几年里汇集了国外四五十年的技术积淀。

从2008年到2019年短短十余年的时间,中国成为世界上高速铁路系统技术最全、集成能力最强、运营里程最长、运营速度最快、在建规模最大的国家。

在此期间,湖北铁路事业取得长足发展。2005年铁道部的体制改革中,武汉由铁路分局升格为武汉铁路局。2009年12月,中国开通的第一条高铁也是京广高速铁路线上的武(汉)广(州)段。在武广高铁开通的同一年,湖北省境内在建的铁路项目达22项,建设总投资达到1600亿元。

不只是高铁。2014年,经济学家陈志武在博鳌亚洲论坛上在评价"四万亿计划"时表示,"中国的'四万亿',实际上不仅仅是4万亿,就湖北一个省刺激方案就超过4万亿了"。陈志武指的应该是湖北省在2010年轰轰烈烈公布的投资计划。该计划中涵盖3.76万个投资项目,分为先进制造业、服务业、基础设施、农业水利、生态环境、社会发展六大类,总投资规模达12.06万亿元。

2007年,国务院批准了武汉建设"两型社会"综合配套改革实验区,范围覆盖了武汉城市圈;2009年9月,《促进中部地区崛起规划》经国务院批准,湖北作为六个中部省份之一也在其中;2010年3月,国务院又批准了《武汉市城市总体规划(2010—2020年)》。湖北的"12万亿"是在3月下旬紧接着喊出来的,看起来,时间点有过精细考量。

12万亿的投资规模,是中央经济刺激计划的3倍,是2009年湖北GDP的10倍,是湖北省年财政收入的147倍。虽然按照湖北省政府的计划,资金来自官方和民间多个渠道,但湖北作为一个中部省份,连印钞票的能力都不具备,猛然升空的卫星不禁让人疑问,钱从哪来?

按照规划,在2012年前开工的项目应该达到1.3万个,约需资金6万亿元。这6万亿元是这样分配的:各级政府总计掏钱4300亿元,国内贷款7700亿元,企事业单位自筹32500亿元,利用外资、债券等其他资金5600亿元。算下来,还有1万亿元资金没有着落。

即使不去考虑那虚无缥缈的1万亿元,对于经济底子并不殷实的湖北来说,其余的5万亿如何落实也是问题。在湖北提出计划的3个月后,国务院下发通知开始整顿地方融资平台。想开源的尝试还没有落实,就被政策截了流。时间进入2011年后,媒体上再也见不到关于湖北12万亿元投资的讨论。

12万亿元的省级计划落空,武汉却在四处破土建设。

2008年,武汉迎来了新市长——阮成发,他是李宪生之后武汉市的第二个本土市长。与李宪生类似,阮成发的职业经历也是从市属国企起步,坐上省会市长之位前,他一直在湖北的各级岗位稳步升迁。

本土市长对于家乡更有感情,阮成发的任务,是在李宪生的基础上落实好武汉的城市建设,以此来带动周边城市圈的经济发展。无论是中央的"四万亿",还是湖北的"12万亿",在所有已经落实的规划中,武汉的基础设施建设必然是重中之重。

2009年,武汉市城建投资达500亿元;并在2010和2011年相继达600亿元和700亿元。2011年,阮成发由市长调任市委书记。这一年武汉市政府统计,全市有5700多个建筑项目。迸发式的城市建设虽然会起到后人乘凉的作用,但栽树的过程中,也难免会影响到眼下居民的生活。2011年6月,武汉因暴雨导致全城积水,全市88处渍水点中,有46处是施工建设造成的。市民们根据阮成发的名字谐音给他起了个外号——"满城挖",开始是武汉人自己叫,后来外号顺着网络变得全国闻名。

阮成发不回避建设导致的问题,在市人大代表会上,他回应道:"我知道,在网络上有人叫我'满城挖','十一五'在城区挖,'十二五'还要挖到远城区去。"在座代表一片笑声。"建设不会停止,我会顶着骂名继续下去。"阮成发接着说。在他看来,武汉城市基础设施建设的落后已经成了阻碍城市发展的瓶颈,不大力搞建设,很多问题解决不了;不搞建设,他也对不起这座城市。

以武汉一直梦想成为的芝加哥为例。1909年,两位同时具有建筑师和城市规划师身份的美国人丹尼尔·伯纳姆(Daniel H. Burnham)和爱德华·本内特(Edward H. Bennett)撰写了《芝加哥规划》(*Plan of Chicago*)一书。这本书被视为美国现代城市规划的起源。在来自1909年的城市规划里,两位作者认真地对芝加哥的基础设施建设作了布局,包括涵盖快速客运交通、地铁、高架铁路等多种交通方式联运的综合客运体系,其中甚至提到了用四通八达的地下交通体系连接铁路站,通过建设换乘枢纽让乘客实现在不同运输方式之间的无缝切换。这个计划不仅被芝加哥采纳,也被世界上许多大都会采纳。而最想成为芝加哥的那个学徒，在100年之后才开始猛然加快追赶的脚步。

同样临水，武汉与芝加哥各有不同。芝加哥东临密歇根湖，自湖畔以西，城市有极大的延展空间；武汉则是生长在长江、汉江上的城市，三镇早已合为一体。想要协同起这座现代城市，"一桥飞架南北"远远不够，地理的阻隔只能用造桥这种最古老的方式完成跨越。截至2020年，武汉通车和在建的长江大桥总数达11座，穿长江隧道数达5条。放眼全省，最高纪录是同一时间有12座长江大桥处于建设之中，让湖北成了名副其实的"中国桥梁博物馆"。

建设是必要的，但是建设中带来的许多麻烦可以是不必要的，阮成发也在努力减少大兴土木为这座城市带来的负面效应。

一个比较成功的例子是，在阮成发的支持下，从2015至2016年，武汉市的2932台渣土车"穿"上了智能定位系统。这套系统是由光谷一家从事卫星导航应用10余年的公司开发的，中国自主知识产权的北斗导航系统提供定位支持。渣土车上的传感器每天帮武汉居民盯着渣土车的一举一动：如果在非倾倒地点，车的货物载重减少3%以上，系统便认定司机有违规倾倒的嫌疑，传感器会打开车上的摄像头记录沿途抛洒过程，影像记录会成为重要的执法依据。武汉交管局统计了采用该系统前后一年的同期数据，发现新系统让渣土车交通事故数下降了40%左右。由于收效明显，这套由武汉首创的系统很快推广到全国。

武汉市政府没有为这套系统增加额外开支，政府提供了使用场景，钱是运送渣土的公司出的。但武汉还是要面对那个老生常谈的资金来源问题。武汉市拥有城投集团、地产集团、地铁集团3家市级城建投融资平台，以及环投公司、水投公司等垂直领域的企业承担投融资和基建任务。同一时期，中国有超过10000个类似的地方政府融资实体，银行的贷款流入这些公司，使得城市建设带来的债务在政府财政的负债表上没有显示。中央政府对冰山下的危险的知晓,直接促成了 2010 年对地方融资平台的整顿①。

原有的城建投资大多遵循 BT(建设—移交)、BOT(建设—运营—移交)、PPP(公私合营)融资等模式,国家不断地对地方融资收紧融资渠道、提高融资门槛后,武汉市提出了一种新的财政资金"拨改租"模式,基本思路是平台投资建设,政府制定租用计划授权租用,财政支付租用使用费、银行支持融资。事实上,"拨改租"是 BT 模式的一个变种,换汤不换药。

一份来自财政部的报告显示,截至 2012 年 6 月 30 日,武汉债务额达 2037.05 亿元,负债率相当于国际通行标准的 1.36 倍,政府两年内每天需偿债 1 亿元。但市长唐良智透露,武汉的五年规划中还将投入 2 万亿元,这几乎相当于英国未来二十年计划城建投入的一半,而武汉 2012 年的 GDP 为 8000 亿元,英国则为 14 万亿元。

自 20 世纪 90 年代后,武汉彻底退出了国内金融中心城市的竞争,金融创新不再是这座城市的热词,为了解决资金来源问题,2013 年,武汉不得不再一次把金融创新搬了出来。这一年 10 月,武汉地铁集团发行了国内首只永续债——"武汉地铁永续债",所筹资金全部用于武汉轨道交通 6 号线一期工程项目的建设。

武汉的第十座长江大桥杨泗港长江大桥的建设项目原定于 2013 年 10 月开工,据承建方中国中铁内部人士透露,受到武汉市政府性债务过高的影响,杨泗港大桥建设被临时推迟,主要原因在于担心政府还贷风险。② 最终,杨泗港长江大桥延缓至 2014 年末开工,并赶在 2019 年武汉军运会前实现通车运营。

遍布全市的建设项目让武汉的交通时常成为一场"堵局",但对武汉来

---

① 也是由于此次整顿,让湖北省的"12 万亿计划"还没有开始就彻底结束了。
② 《武汉负债率为国际标准 1.36 倍 每天需偿债 1 亿》,张家振、童海华,《中国经营报》,2014 年 2 月 22 日。

说,冒着高负债的风险推进城市建设,本身也是一场赌局。武汉要赌的是,随着城镇化的发展和区域一体化的建设,武汉的经济可以一路向好发展,不断有新的产业和新的人才成为这座城市不可分割的一部分,在他们"后人乘凉"的时候,可以源源不断地为城市贡献财政收入,以填补政府先期建设所欠下的巨额债务。

2015年,武汉获得2019年军运会举办权。这是武汉将要承办的一项重大国际交流活动,自然而然地,军运会成了武汉向全世界展示建设成果的检阅台。中央政府对武汉市平衡建设与债务的态度可以从主政官员的仕途走向上窥见端倪——在军运会的检阅到来之前,在武汉大建设期间担任市委书记的阮成发和市长唐良智均获得了升迁。

当建设工地一个个完成破茧,从麻烦变成了便利,时间为这座城市带来了和解。对待前市长"满城挖",市民的态度不再那么有怨言。2019年秋天,在被问到"卸任的武汉市长里,你认为谁做得最好"时,一个从小在武汉长大、年过50岁的司机没有思考一秒便给出了答案:"阮成发。"

武汉是一座充满愿景的城市,所有关注这座城市的人都不得不这样承认,但是武汉未来将会企及怎样的高度,这种将梦想量化的尝试往往可以难倒很多人。来自上海的房地产商人张玉良想要用实际行动在这个问题上表个态。

2010年12月8日早晨,这名绿地集团掌门人带着远道而来的一瓮黄浦江水出现在武昌。这是一场高规格的活动,湖北省委书记李鸿忠、省委副书记王国生、武汉市委书记杨松、市长阮成发均出席了典礼。典礼上,省市领导与张玉良一起将长江之水与黄浦江之水汇入一起,预示凝聚两地力量。嘉宾们见证了设计高度606米的武汉绿地中心的奠基。按照规划高度,它将仅次于632米的上海中心大厦,成为中国第二高、世界第三高的摩天大楼。总部在武汉市的中建三局将承建武汉绿地中心项目。

在专业建筑领域,建筑师们衡量一座在建的摩天大楼的建成高度,不会去翻规划稿、效果图和新闻通稿,这些都是会随时变动的,唯一不会变的标准是建筑物的基坑。只要基坑落实了,建筑的实体高度就不能再增加了。2012年,武汉绿地中心开挖的基坑成为亚洲最大的基坑。基坑挖得越大,也就意味着未来建成的建筑物会越高,坊间已有传闻,武汉绿地中心根本不打算屈居于上海中心大厦之后,反而有意夺下"全国第一"。

2014年,媒体报道,建设中的武汉绿地中心高度已经超过此前江城的最高楼、336米高的民生银行大厦,并且计划将建设高度拔高到636米,以4米之差力压上海中心大厦。虽然放眼世界,所谓的"第一高楼"永远只是一个相对的概念,但人类无法抗拒对高度的崇拜。如果武汉绿地中心如愿建成,便不仅是一个地标,也会成为一个城市的发展目标。

美国是摩天大楼的故乡,在亚洲造楼运动兴起以前,全球十大高层建筑中,美国占了一半,其中20世纪30年代的芝加哥和纽约正是这股风气滥觞之地。但21世纪初,美国开始反思摩天大楼崇拜,"9·11"事件加深了这种慎重的态度,一些人开始担心高层建筑的安全问题,一位纽约记者笑称:"恐怖分子总不会开着飞机去撞我们家的两层小房子。"

上海金茂大厦的设计者、美国著名结构工程师法兹勒·康(Fazlur Khan)曾这样说:"今天造190层的建筑已经没有任何实际困难。要不要盖摩天楼或在城市里如何处理摩天楼,那并不是工程问题,而只是个社会问题。"随着超高层建筑的高度提高,其建造成本会呈几何级数量增加,维护成本也必然水涨船高。中国经济在新世纪进入丰水期,"四万亿"计划又是从上游开闸泻水,这解释了为什么包括武汉在内的所有大中城市都在短时间里密集地沉迷于摩天大楼。

在国家对这场向上延伸的竞赛喊停之前,竞赛的参与者们会变得越来越狂热。汉口滨江国际商务区一处地块被香港周大福拿下,拿地时政府要求建筑物主体塔楼整体高度不低于600米。这座大楼被规划为110层、648米高。全国范围内,摩天大楼的规划高度像拍卖场上的喊价一样,直逼全球最高建筑、位于迪拜的哈利法塔。

降温始于 2017 年初。此时武汉绿地中心的建成高度已经突破 439 米，刚进入 1 月，武汉绿地中心就被责令停工。同年 7 月，武汉市城管委再次发函，要求项目高度不得超过 500 米，以保证天河机场的净空高度。由此开始，500 米的限制也变成了全国地方政府对待新建摩天大楼的一致标准。

最终，武汉绿地中心的建筑高度被压到 455 米，后开工的周大福金融中心高度被定为 475 米。

摩天大楼的"身高"被划定了上限，并不意味着武汉的天际线不会再有多少改变。建设永远是存在的，也是必然的。

2018 年 12 月 27 日，又一座意义深远的摩天大楼在武汉奠基开建。它是由卓尔控股、泰康人寿、当代集团、楚昌投资、伟鹏控股、湖北联投、奥山集团等多家楚商掌管的实力企业联合筹资打造的"楚商大厦"。大厦建成后，武汉总商会总部、楚商联合会总部和各行业商会、异地商会总部都将入驻大厦，大厦顶层将设全球楚商领袖峰会永久会址，这座大楼将会成为全球楚商的大本营。

楚商大厦没有追求一枝独秀，它的建筑高度将和武汉周大福金融中心一样，以 475 米并列为武汉第一高的建筑，同时它将与长江对岸的武汉绿地中心相互呼应，形成一道"H"型的"长江之门"。

楚商大厦的成功开工，得益于楚商群体的重新集结。从某种角度上说，这是自 2010 年以来，湖北在商业文明建设上最宝贵的收获。楚商不再是各自为战的分散个体，一个有组织、有愿景、价值观一致的团体正在以全新的面貌出现在中国商业舞台。

新楚商集结

汽车飞驰在高速公路上。

天气预报显示,未来几天将会是雨雪天气。车轮已经感受到了地面传来的寒冷,之前的雨雪在路面上结下了一层薄冰。已经是农历腊月廿七了,高速公路上的车辆明显密集了许多。人们赶着回家过年,不忍轻易放慢车速——这是个危险的信号。

一连串的碰撞声从高速路上传来。在湿滑的路况下,20多辆汽车在南兰高速开封市陇海铁路桥路段追尾,其中的一辆车里坐着武汉黄陂人孙水林、他的妻子和3个子女。这场交通事故夺走了一家五口的生命。

2010年2月20日,农历正月初七,《楚天都市报》编辑部接到了一个电话。打来电话的人叫孙东林,他说有五名亲人10天前在河南的车祸中遇难后,遗体还在异乡,善后工作遇到很大困难,希望报社能够帮忙。此时的孙东林是绝望的,同样的电话他已经打给了好几家媒体,均没有得到回音。

此时正值春节假期,这解释了为什么善后工作会延后。不同诉求的求助电话每天都会打进报社,《楚天都市报》的编辑们也在评估这通来电的新闻意义:事故发生在10天前,已经没有了时效性;事故发生在河南,都市报主要服务的本地读者未必感兴趣;虽然造成了人员伤亡,交通事故本身不具备特殊性。但出于人性关怀的考虑,编委会还是决定向河南派出一名记者——从业9年的机动记者舒均。

舒均发现,在车祸的第二天,孙东林就赶到兰考县人民医院辨认了哥哥一家。他没有来得及处置遗体,在哥哥被撞得稀烂的轿车后备厢里找到了26万元现金,急匆匆地赶回了湖北老家。遇难的孙水林启程时已经天降大雪,为什么要带着一家人冒险驱车回家?过年回家为什么要带这么多现金?孙东林为什么急着赶回湖北?

为一连串的问题找到答案后,舒均拼出了故事的全貌。

20世纪80年代末,在建筑工地打工多年的孙水林带着弟弟孙东林拉起一支建筑队伍在北京、天津、河南等地承包一些装修工程。最开始队伍只有十几个老乡,随着口碑的积累,业务扩大,装修队最高发展到200多人,成员不仅来自湖北,还来自河南、河北、内蒙古等地。

业务扩大后,兄弟俩各自单飞。哥哥经常教导弟弟:"如果农民工跟你辛辛苦苦干了一年,你还拖欠他们的工钱,明年谁还会跟你干呢?"工钱结算决不拖到初一,这是两个人立下的规矩,此前凡是遇到资金流转困难,即使用积蓄垫付,孙水林也会结清农民工的工钱,绝无拖欠。

考虑到节前银行可能无法大额取现,2010年,孙水林决定直接带现金回家结算。腊月廿六日当天晚上,孙水林在弟弟家做客,看到网上预测说高速公路可能会在未来几天因天气原因关闭,他决定马上启程,赶在过节前把工钱带回老家。第二天凌晨,孙家五口遭遇了车祸。

哥哥在出工的20年里没有欠过农民工一分钱,孙东林在找到26万元现金后,也第一时间驱车赶回老家。由于没有账单,孙东林和家人决定让民工们凭良心领工钱,说是多少钱就是多少钱,最终在除夕的前一天,结清了60多个工友的工钱。26万不够,孙东林还贴上了自己的6.6万元和母亲的1万元。

《楚天都市报》连夜编发了这篇报道,随后,孙家兄弟的事迹被央视《新闻联播》、《人民日报》、新华社等重要新闻平台播发。媒体将孙氏兄弟赞誉为"信义兄弟"。

孙东林相继获得"全国五一劳动奖章""2010年感动中国十大人物""第三届全国道德模范"等数十个奖项或称号。在一次颁奖后，孙东林泪眼朦胧，口中喃喃："我不想要这个奖，我要哥哥。"

在商业领域，最能代表湖北形象的就是湖北出身的商人们，因此楚商也成了湖北重塑商业形象的最佳抓手。

2009年6月6日，北京湖北企业商会成立，会长陈东升在商会成立庆典上发言。他没有使用"鄂商"作为湖北商人的代称，而是第一次以"楚商"为这个刚成立的团体定名。

陈东升是一个不缺"圈子"的企业家，他是"九二派"的领军人物，是武大第三届杰出校友，是亚布力中国企业家论坛的创始人之一。但是陈东升明白，一个地域性的商帮与他所处的其他"圈子"的属性是截然不同的，当一群企业家以地域为黏合剂试图形成一个商帮的时候，一种故土难离的羁绊会天生地拉扯他们，无论这群企业家现在飞得有多高，商帮将成为一条看不见的细线，让他们与家乡产生联系。陈东升在北京领导成立北京湖北企业商会，是想通过自己的商业地位和影响力，将在京楚商汇聚起来，形成合力的同时，最终落点是回馈湖北。

陈东升的一腔热情很快地付诸行动，但是如果只是建立一个在京的湖北商会式的组织，还远远达不到重构楚商的目的。一个宏大的目标，需要政府与民间合力推动。幸运的是，湖北方面也看到集结楚商的必要性。

2010年，黄陂人陈旭东出任湖北企业发展促进会会长。

湖北企业发展促进会是挂靠在湖北省经信委下的非营利团体，陈旭东在退休前最后一个职位是湖北省经信委副主任。这一年10月，陈旭东举办了一次"楚商论坛"，200多位湖北企业家代表出席会议。会议公开提出将湖北商人由"鄂商""汉商"统一更名为"楚商"。有人表示赞同，自然也有人表示反对，反对者认为既然湖北的官方简称就是"鄂"，为商人群体改名是没有必要的。

湖北省社科院副院长谈到更名问题时提出,"鄂"字,在读音上同"恶",字型上两个"口"、一个"耳",爱吵架又偏听偏信,最重要的是其中还有一个"亏"字,既不宜和气生财,还容易亏本。学者讲出"讨口彩"的解释,引发了更多的反对意见。有人认为"楚"字在湖北话中也与"丑"谐音,不做"恶"人,做个"丑"人也好不到哪里去。

事实上,关于字面背后的隐喻完全可以不拿到台面上讨论。

2011年9月28日,湖北省外宣办召开新闻发布会,时任湖北省工商联主席赵晓勇宣布,湖北商人从此正式简称为"楚商"。这意味着,在今后的公务活动和政府机关公文,以及对外交往和经贸活动中,凡涉及湖北商人的称谓统一称为"楚商"。

回溯至春秋战国时代,楚地以其重商之风闻名。然而在中国漫长的历史中,商业文明遭遇了断代与重构。封建社会进入鼎盛时期,农耕文明高度发展,楚商不再是古楚"商农工贾"文化不间断的继承者,而是被主流价值观同化,屈从于"士农工商"的价值排序。这种情况成为一种常态,一直延续下来。

《湖北日报》认为,历经20世纪的种种变革,湖北的商业意识依然还没有萌发新芽。由于湖北地处内陆,又是国家的老工业基地,计划经济体制影响较深,封闭意识残留较重,在此之上呈现出两种倾向:一种是"重官轻商","门难进、脸难看、事难办",剪彩仪式、表彰活动,官员坐前排,企业家往后靠;另一种是"重文轻商",重视教育科研的湖北,大量的科技成果无法落地。

楚商更名的2011年是"十二五规划"的开局之年。这一年,湖北过千亿元的产业达到8个,全省规模以上工业增加值同比增长20%左右,从数字上看,这似乎是个还不错的成绩,但政府十分清楚,湖北最大的软肋是产业发展不足,最稀缺的资源是企业家。在这样的大背景下,楚商能够顺利更名,离不开一个重要的推力——时任湖北省委书记李鸿忠。

2008年,李鸿忠接任湖北省省长。从深圳市委书记调任湖北的李鸿忠很清楚湖北的弱势在哪,也知道中央将他调到湖北,是希望他能够解决湖北的哪些难题。针对湖北商业底蕴不足的问题,李鸿忠提出"产业第一,企业家老大"。此后,无论是在省长的位子上,还是在省委书记的位子上,只要有机会,李鸿忠都会着重强调这句话。

2012年1月,李鸿忠出席了在武汉举行的"湖北省2011年度十大经济风云人物"颁奖典礼,除了再次强调"产业第一,企业家老大"的理念,合影留念时,他特别要求"企业家坐在第一排,领导站在第二排"。这不是一个新鲜的提议,在东南沿海中国经济最发达的那些地区,"企业家坐前排"稀松平常,但在湖北,远没有形成这种惯例的土壤。但是当省委书记亲口提出这个提议,在以后的活动中,它就可以成为一种新的常态。座次的变化表现出政府自我定位的变化,政府部门不再是单一的管理者,打破"官本位"意识,一个重商、亲商、悦商的人文环境必然会带来更大的收益。6月,"产业第一,企业家老大"被写入了湖北省第十次党代会文件。

这一年7月初,由武大校友田源、陈东升、毛振华等人创立的亚布力中国企业家论坛,第一次将夏季高峰会带回武汉。从机场到会议驻地,"产业第一,企业家老大"的标语挂了一路。罕见的阵仗让发轫于江浙的企业家郭广昌都受宠若惊,致开幕词时,他表示还不习惯被称为老大,企业应该"做所有人的孙子"。经济学家张维迎调侃,现代社会做孙子最幸福,爷爷奶奶爸爸妈妈都围着孙子转,"孙子"其实就是"老大"。

不难想象,将2012年中国企业家论坛夏季高峰会会址定在武汉,是以陈东升为代表的楚商群体与湖北省官方达成的一次心照不宣的共识。以会议为传声筒,湖北已经喊了四年的"企业家老大"理念将会突破省域的限制,正式面向全国的企业家群体,并邀请他们重新评估湖北的商业意义。

湖北籍经济学家辜胜阻认为,商帮的形成,需要有支柱性的产业、标志性的人物、共同的价值观、相互沟通机制等条件。在五年的时间里,楚商群体终于达成了辜胜阻所言的商帮形成的前提条件:以高附加值的科技产业为支柱产业;以陈东升、雷军为代表的标志性人物;推崇现代化的、阳光化的商业文明为共同的价值观;以遍布各地的各级楚商群体为沟通桥梁。楚商们需要点击那个写着"领取奖励"的按钮,以一个群体的形态站在世人面前。

终于,2013年11月,首届"楚商大会"在武汉举行,湖北省楚商联合会在大会期间成立,陈东升当选第一任会长。首届楚商大会公布的《楚商宣言》里,引用了一个多世纪之前,湖广总督张之洞为武昌城新修的奥略楼题写的对联"昔贤整顿乾坤,缔造每从江汉起;今日交通文轨,登临不觉亚欧遥"。实际上这是借用张之洞的语调祈祷一场全新的荆楚商业繁荣。楚商大会期间,湖北收获签约项目290个,投资总额达6240多亿美元。投资就是信心,是"产业第一,企业家老大"得到的最好奖赏。此后,楚商大会以两年一届的频率召开,成了全球楚商的一个嘉年华。

在现代社会里,信息传递、资金流转、商业流通的广度已经远远超越了封建时代,百年前自发形成的商业群体已然消亡。这个时候,为什么还要成立一个全新的商帮?

"朋友多了好办事",对于企业家而言是这样,对于湖北地区的经济发展也是这样。很多楚商拨冗赶赴武汉,一届一届地参加楚商大会时,心中应该影影绰绰地想到过这件事的意义。这些隐约的想法是可以被提炼、汇集、具象出来的。

在重农抑商的传统社会,一个地区只要拥有差不多的资源禀赋,就可以用传统的农耕养活自己;如果这个地方有一定的文化传统,读书则是实现阶层跃迁的理想途径。农风或文风盛行的地方,很难孕育商业文化,像徽商这样所在地域有考学传统,又能形成天然商帮的少之又少。打开中国地形图,当代商帮盛行的粤、浙、闽地区,无一不是高山丘陵密布,农业资源的匮乏让他们只能通过商业寻找出路。

被逼出来的商业之路可以在政策松动之后帮助商人迅速找到利润点、积累财富，但是其中过程充满灰色气息。眼下的中国已经不缺少"先富起来"的人，为了兑现改革启动时"先富带动后富，最终实现共同富裕"的承诺，中国需要坚守程序正义，同时具有家国情怀的企业家。

陈东升回顾泰康的发展历程时认为，泰康始终将自身的发展融入国家与时代的洪流中，融入社会消费结构的转变中，融入大众生活方式的变迁中。雷军大刀阔斧地杀入制造领域后，不奢求所有人都能够理解小米的商业模式，只希望零售行业的制造、效率变革到来时，人们还能记得"雷军"这个名字。汪林朋在21世纪初的家居行业不断首推规范政策时，用"商业文明的回归"解释自己的行为……

早期的湖北企业家有一种重塑时代的家国情怀。从文化上来看，楚文化受古楚文化的影响，在不受周天子重视，同时地理环境恶劣的前提下，不得不发奋自强。大一统的历史突破了小国寡民时代的家国认同，儒家文化与古楚文化在个体对家国的态度上重合。新中国成立后，国家是积贫积弱的，这很容易唤醒楚文化和儒家文化中渴望国家强大的奋发意识，所以当改革开放为湖北企业家提供了舞台，贴近改革启动点的他们更理解改革的初心，愿意将"为社会带来改变"置于"个人财富增长之上"。

21世纪后，社会上的逐利气息变得浮躁，新加入赛道的企业家很容易陷入一种单纯的财富竞赛。可这并不是一个应该躺在功劳簿上数钱的时代，国家时刻都处于转型期，时刻都在面临结构性变化的问题，这些问题需要企业家的力量做出疏导。如果以超越农耕文明的视角来看，企业家应该扮演的角色与强调社会公共利益的儒家文化并不矛盾。当商业文明成为企业家共同倡导的价值观时，那些无法进入阳光的财富便会由于其自身的不可持续，被自动挤出、回归社会财富。

中国的农业人口比例正处于历史最低值，并将会随着城镇化进程进一步缩减,农耕文明退位所造成的真空,需要一种商业文明来填补。

商业文明提供了一种解决社会问题的逻辑:对市场走势的战略性预判是企业家立于不败之地的根本;在社会结构变化到来前,预见性的企业家已经提前搭好了新的产业结构;全新的产业结构消化了从耕地走向城镇的巨大劳动力,保证了劳动力市场的供需稳定和社会的稳定。也就是说,这环环相扣、紧密作用的商业逻辑构成了社会的避震器和舒压阀,也正是转型期的中国所需要的。

文明是规则之上的规则。楚商集结的背后,不是简简单单的名字变化。乡土血脉固然是地域化商帮的基础,但作为一个现代化商帮,楚商的壮大必然要超越乡土血脉的原始羁绊,连接他们彼此的应该是一种对于新型商业文明的期待和共识。在更高的框架下进行商业运营,无疑会导致更高的成本,也会带来更丰厚的长尾收益。正是楚文化基因中"敢为人先"的气质,帮助楚商群体优先参透其中的利害关系,让对商业文明的倡导成了这个群体的共识。

商业文明是社会共享的财富,新的时代与旧的文化在这里闭合。新楚商们很明白,商业文明对于一个企业家群体的聚合作用,比他们的乡情、籍贯更具黏合性,因此他们也愿意成为商业文明的摇旗呐喊者,共同走进下一个时代。

Chapter 7

第七章

大洗牌
2014—2018

零售破局

2012年,曾因"南都案"获刑的《南方都市报》原副主编兼总经理喻华峰参与创办了生鲜电商网站"本来生活"并担任CEO。

此前,喻华峰是一个广告销售人才,从广告到电商,即使都是在卖东西,也难免隔行如隔山。喻华峰没有电商经验,但是他所经历的年代和媒体人的眼光赋予了他特有的敏感度,在选择网站即将主推的爆款商品时,喻华峰注意到了中国商业界的传奇人物褚时健。

褚时健的传奇来自于他对企业点石成金的能力,也来源于他坎坷的人生历程。

1979年,褚时健出任云南玉溪卷烟厂厂长,用10来年的时间,将这家处于亏损中的地方卷烟厂打造为亚洲最大的卷烟厂。在主管烟企的18年间,褚时健为中国创造了991亿元利税,然而受制于当时的体制,他的个人收入并不能与其创造的价值挂钩,一年年的工资算下来,他的总计收入不到80万元。巨大的落差让他走向歧路。

1995年,褚时健被卷入贵州省领导干部贪腐案,调查部门发现,玉溪卷烟厂的光荣厂长存在贪污、挪用巨额公款和收受贿赂等问题,其亲属也从中收取了大量财产。调查过程中,褚时健唯一的女儿在狱中自杀身亡。1998年,褚时健被开除党籍,同年被判处无期徒刑、剥夺政治权利终身。

2001年，褚时健保外就医，他决定做点什么让自己的身体尽快好转，经过一番考察后，他选择了适合云南当地气候的冰糖橙种植。在褚时健一贯严苛的精准管理下，果园里的冰糖橙连年增产，实现了盈利，"褚橙"这个名字也在市场上慢慢叫响。不过，褚橙的销售依然以线下渠道为主，处于一种小富即安的状态。喻华峰的"本来生活"就是在这个时候找到了褚时健。

褚时健自然没有听说过"本来生活"，更不知道喻华峰是谁，事实上，褚时健并没有介入电商的打算。当时褚橙的市场推广已经交给褚时健的孙辈来执行，有过海外求学经历的孙辈对电商更了解，他们认为北上广的经济模式比云南省要成熟，在云南无法开拓的电商渠道，也许在北上广行得通。

更重要的是喻华峰的经历吸引了褚橙团队，单从经营能力来讲，喻华峰是经受过市场检验的金牌媒体经理人。而同时了解褚时健和喻华峰经历的人也会承认，年龄刚好差距40岁的两个人在人生轨迹上具有一定的相似性。

褚橙方面为这次合作加上了一个条件：起订20吨。这对于喻华峰来说是一次赌博。"本来生活"刚刚成立，又是诞生在互联网电商行业拼杀逐步进入红海的阶段，每日的访问量和成交量都不是很高，在线销售的褚橙规格为5公斤一箱，20吨就意味着要售出4000箱，加上在京销售的褚橙价格为西南线下市场的两倍多，北京能否吞下这20吨褚橙成了未知数。相信褚时健的影响力，也相信自己对商业的判断，喻华峰还是决定冒这次险。

到了开卖的那天，喻华峰发现自己的商业判断和实际表现有了点偏差。幸运的是，不是他太激进了，而是有点太保守了。上线不到5分钟，褚橙就售出了800箱，本来生活的服务器一时承受不住瞬间涌进的访问量，出现了宕机。2012年，从本来生活网站售出的褚橙定格在了200吨，是当初定下的起订量的10倍。

前一年的亮眼表现让喻华峰在制定2013年销售策略时更加大胆，他下了1500吨褚橙的订单，依然销售一空。褚橙横扫北京，成了现象级爆品，这导致全国市场也对褚橙求之若渴。当喻华峰想趁热打铁再多订一点褚橙的时候，云南的褚时健手里也没货了。

喻华峰用自己精准的市场嗅觉，把偏安于西南一隅的褚橙带入了全国消费者的视野；褚时健用自己苛刻的品控标准维持住了褚橙的品质，也让默默无名的"本来生活"网一举成名。

成就喻华峰的不仅是他和褚时健的人生共鸣。零售，作为最原始的商业形式，曾经启迪了楚商先辈，这种商业基因如今也在泽被楚商。这看起来似乎是矛盾的：同一种商业文化，为什么束缚了汉正街和广埠屯的手脚，却能为另一些楚商带来新机？探寻这个问题的答案，不妨剖开一个美味的样本——武汉的鸭脖产业。

鸭脖产业扎根武汉的历史并没有很多人认为的那么久远。1993年，家住精武路附近的汤腊九把家改成了小饭馆"九九酒家"，由于店面深处背街小巷，生意不好，汤腊九决定前往重庆学习卤味技术。学成回到武汉，汤腊九开始了实践，在选择主料的时候，他尝试将销路不好的鸭脖进行卤制。卤好的鸭脖的味道飘到巷子里，四邻都忍不住探头来问："九九，你在搞什么鬼啊？好香啊！"

卤味鸭脖投入市场后，反响极好。汤腊九小富即安，赚钱后关了店铺四处追着足球赛跑，成了一名职业球迷，堂兄弟汤光山把卤鸭脖的生意捡了起来。1996年最火的时候，汤家的鸭脖店可以把徐东路万吨冷库的100吨冷冻鸭脖全部买光，每天营业额可达三四万元。每隔两三天，汤光山的老婆就要提着10万左右的现金去银行存款，银行见一个穿着朴素的妇女不断有大笔现金进账，怀疑她是贩卖人口的。直到行长偷偷尾随她回家，才知道这是鸭脖店的老板娘。

无论是汤腊九还是汤光山，都是普通人家出身，没有产业化的意识。汤光山看到精武路上很多人在20世纪90年代的国企改革中下岗，便邀请他们来学习如何卤制鸭脖。做鸭脖的方法在精武路上渐渐地不是秘密了,精武路也成了鸭脖一条街。

2002年,根植于湖北、常被认为是"新现实主义"作家的池莉在小说《生活秀》中,借着书中人物之口说出"鸭颈下酒,越喝越有","吃了鸭颈,添福又添寿"等言语,神秘又美味的鸭脖引发了读者的好奇。随着《生活秀》被改编成电影和电视剧,越来越多的人对武汉精武路上的鸭脖产生兴趣。只可惜,精武鸭脖的知名度虽高,小店林立的精武路上,各家店铺依然处于散兵游勇的状态,甚至连"精武"二字的商标都流落到天津一家公司的手里。

2007年到2011年,武汉与天津展开了漫长的商标拉锯战。2011年3月8日,北京高院终审判决,裁定武汉方胜诉。保全住"精武"鸭脖的武汉企业又后知后觉地一窝蜂抢注含有"精武"二字的商标,以至于几年之内,在国家商标局申报的、已受理或注册的各式"精武"商标多达38枚。琳琅满目的"精武"鸭脖让消费者丧失了辨识度。

20世纪70年代,美国人艾·里斯(Al Ries)和杰克·特劳特(Jack Trout)提出了"定位理论",强调产品、服务、机构应该抢占客户头脑中的预期定位。精武路鸭脖品牌杂营的现象,实际上就是跌穿了定位理论的边界:当所有人都在以"精武"作为商标的时候,顾客连区分不同的商号都已经很困难了,更不要说将商号、产品、产品体验三种不同的概念联系起来。因此,虽然武汉留住了"精武"品牌,但它已经很难对鸭脖产业带来推进。

"精武系"为商标明争暗斗的时候,2015年,"周黑鸭"和"绝味鸭脖",两个品牌里不带"精武"二字的鸭货零售占据了武汉70%的鸭货市场。前面提到过周黑鸭的创始人周富裕,他是重庆人,在武汉打工发明了酱鸭做法,一步步创办"周黑鸭"品牌。绝味鸭脖虽然以湖南长沙为总部,其创始人戴文军却是武汉人。

从表层来看,周黑鸭和绝味鸭脖都在鸭货市场出现起势之时,确立了面向年轻人的品牌定位。精准的定位让双方在营销中更加有的放矢。

两家最精彩的一次交火是在2014年电影《变形金刚4：绝迹重生》上映时。此前，周黑鸭已经发觉自家的客群多是15岁至25岁的年轻人，随即将定位从餐桌食品转向了休闲食品，并提出了"会娱乐更快乐"的口号。选择《变形金刚4》植入广告，就是周黑鸭践行"娱乐化营销"的一次尝试。绝味鸭脖的起步略晚于周黑鸭，周黑鸭在《变形金刚4》中隐秘地一闪而过耗资不菲，这超过了绝味鸭脖的承受能力。没有资本去捆绑电影，绝味鸭脖选择捆绑影院。在《变形金刚4》上映期间，绝味鸭脖在北京、上海、深圳、长沙和武汉等城市的影院发起活动，影迷凭当天《变形金刚4》的电影票就可以参加活动赢得奖品。绝味鸭脖将活动的名字定为"拯救吃货，还需'脖'派领袖"，通过谐音的方式，让这次搭便车的营销反而更加契合变形金刚电影的主题。

在店铺拓展方式上，周富裕的周黑鸭主要以直营的方式铺开，戴文军的绝味鸭脖则选择通过加盟店开枝散叶。从开店数量上看，绝味鸭脖常年达到周黑鸭店铺数的8到10倍，但周黑鸭单品定价更高，毛利率约为绝味鸭脖的2倍。两家企业的一个共同点是，规模都远远超过了精武路上的普通鸭脖店，也注定它们需要搭建更复杂的供应链体系。供应链的通畅才是支撑它们在品牌上搏杀的保障。

这与以汉正街、广埠屯为代表的早期专注于销售领域的楚商全然不同。汉正街长于批发、广埠屯长于零售，但他们的弱势是对上游产业链缺乏掌控。"货到汉口活"的隐含意义是货物是天然地流向汉口的。在信息传递受阻、物流体系不畅的时代，有货自远方来，地理中枢的优势允许商人们不必在产业链上多费心力。但互联网打通了信息传递，基建打通了物流体系，这是武汉的传统销售行业在新世纪遇冷的根源。无论是喻华峰，还是周富裕和戴文军，他们在适应新时代的同时，都将触手伸向了产业链上游：首先是掌控货源；其次是对生鲜类商品极其重要的物流运输与仓储的把控，周黑鸭和绝味鸭脖还涉及生产中心的选址与店面铺货；最后才是适应市场的营销手法。这是帮助褚橙走出云南、鸭脖走出武汉的根本推力。

零食生鲜搭配供应链管理,帮助周黑鸭、绝味鸭脖,以及做高端零食的良品铺子相继上市,但将供应链体系做到极致的是十堰人叶国富。

1998年,因家贫辍学的叶国富南下广东闯荡。三个月后,他在钢管厂找到了一份业务员的工作。一年后,学历和经验都不如同事的叶国富销售业绩竟高居全厂第一。厂里的大部分业务员不懂钢管生产,与客户谈业务时,对方想知道多久能交货,他们没法给出准确时间;叶国富则不同,每天出去跑业务之前,他都会到车间去转转,同时了解一下生产流程和生产进度。结合车间的生产状况,客户只要报出要货数量,叶国富立即就能敲定交货时间,这赢得了客户的信任。叶国富的商业天赋,来源于他对产业链的关注,在小小的钢管厂便是如此,这也奠定了他日后的商业之路。

2002年,叶国富在佛山创业,开了一家化妆品店。店铺采用"既卖化妆品又给顾客化妆"的方式,这在佛山还是首创,很快店铺火了起来。2004年,叶国富将自家的一系列店铺改名"哎呀呀"。平心而论,把店铺定名"哎呀呀"是一次"借力"营销的行为:当时市场上已经有了一家饰品连锁品牌"啊呀呀"。为了实现更快的拓展,叶国富拥抱了网络,在百度和3721上买断了饰品广告,只要有加盟需求的人在网上搜索饰品零售项目,"哎呀呀"总是排在最前面的结果。他陆续还签下了应采儿、SHE等明星担任品牌代言人,提高了"哎呀呀"的知名度。这段经历,在日后名创优品受到"抄袭"指责的时候,经常被人翻箱底。2010年年底,叶国富的"哎呀呀"在全国的店铺数量达到3000家。

虽然在行业内较早地借力互联网、使用搜索引擎竞价排名为品牌营销,"哎呀呀"却没有经受住电商的冲击,随着淘宝的崛起,"哎呀呀"一蹶不振。针对电商的问题,叶国富必须做出选择。

他没有像大多数人那样投入电商,这是一个看起来颇为危险的决定,正当所有人都在考虑如何将零售业务搬家到线上的时候,叶国富选择坚守线下。多年后叶国富回忆自己的选择时表示:"做电商有钱赚吗？今天全中国的线上流量已经被 BAT 拿走了,线下流量在哪里？就在我手里。"从这句话里可以看出叶国富的野心:他想的不是成为淘宝天猫上的一家店铺,而是成为与 BAT 平起平坐的流量平台。

2013 年,叶国富成立了"名创优品"。名创优品号称在日本成立,叶国富将自己定为名创优品的联合创始人,创始人头衔则交给了据称是"日本设计师"的"三宅顺也"(Miyake Junya)。从日文罗马拼音来看,三宅顺也这个名字集合了日本著名设计师三宅一生(Issey Miyake)和渡边淳弥(Junya Watanabe),这很快引来了网友的怀疑。名创优品选择让这个叫"三宅顺也"的人登上电视节目,与经济学者郎咸平坐而论道;另一边,网友们在三宅顺也声称的毕业院校查不到他的学籍资料,在互联网上查不到他的生活痕迹,进而网友认为所谓的日本设计师是找人扮演的。

与三宅顺也类似的是名创优品的英文名"MINISO"和挂在店铺外的红色 Logo,无论是从店面陈列,还是销售优质廉价生活用品的商业定位,总是让人想起日本两大百货品牌无印良品(MUJI)和大创(DAISO)。这种比"哎呀呀"更高级一步的"商业模仿",一开始像是一场行为艺术的"恶作剧",可是当叶国富一本正经地把"恶作剧"演下去的时候,消费者们已经可以做到不在乎名创优品是在抄袭,还是在做所谓的"微创新"。

叶国富在商业领域的两个榜样是美国著名百货商 Costco 和湖北老乡雷军创办的小米,这两家企业都将生产运输环节的不必要成本压低,从而以低价的形式把实惠让渡给消费者。针对每个品类的商品,名创优品找到该品类全球顶尖的供应商,规模化采购,买断制供货,压低过程成本,把毛利率控制在 7% 至 8%。

名创优品货架上的很多商品,从外观来看毫不避嫌地模仿了国际大品牌,但价格仅为对方的十分之一。消费者在购买使用后,感受不到明显的差异,很大的原因就在于两款商品的背后可能用的是同一个供应商。名创优品的性价比让消费者迷醉。在肉眼可见的实惠面前,消费者们不在乎名创优品正面对着近百个侵权诉讼——质量就是忠诚度,低价就是复购率。

叶国富对名创优品生态的布设已经超过了供应链的范畴,而进入到了产业链的范畴。名创优品采取托管式加盟,加盟方一次性需要投入超过100万元的特许经营费、保证金和装修预付金,对于拿不出保证金的投资方,可以以实体店或者自有资产做担保,在P2P金融平台"分利宝"上进行贷款。尽管名创优品方面极力否认"分利宝"与叶国富存在联系,留存在工商部门的注册记录里还是写明了叶国富是分利宝最早的法人。当然,随着国家清退P2P平台的进程,分利宝在2020年7月宣布项目结清,叶国富再也不必回应与分利宝究竟是什么关系了。

财经作家吴晓波在与叶国富对谈时表示:"名创优品撕掉了最后一层纸,即零售终端价格的虚高,一是渠道的陈旧与沉重,二是品牌商对价格贪婪的控制,把这两个打掉,价格的空间就突然出现了。竞争的要点也许真的不在线上或线下,而是工厂到店铺的距离。"

这段话,是对楚商群体涌现出的零售新星们最好的概括。

2013年,在叶国富创立名创优品的同一年,荆州姑娘彭心正在深圳到处推销她的创业计划。两年后,她与先生赵林第一次将几经修改的计划付诸实施,开了家线下茶饮店。彭心的网名叫"奈雪",这个新品牌便被命名为"奈雪的茶"。

与名创优品不同的是,"奈雪的茶"在茶饮分类中走的是高端路线;与名创优品相同的是,两个品牌都发力线下。

在彭心最早的商业计划书里,她的创业方向是开一家烘焙店或甜品店,赵林在餐饮行业的丰富经验帮助她在"奈雪的茶"里实现了这一愿望,他们将欧式面包加入了产品线。截止2021年上市,"奈雪的茶"采用直营的方式实现拓展,不接受任何形式的加盟。这可以视为"奈雪的茶"品质战略的一部分。

周黑鸭的周富裕和名创优品的叶国富白手起家,绝味鸭脖的戴文军、良品铺子的杨红春和创办"奈雪的茶"的彭心都有过供职上市公司的经历,殊途同归,他们都突破了码头式、中介式楚商销售模式的束缚,从供应链中发现了打破零售困局的方法。但由于产品多样化导致的供应链的庞杂,上述几家企业均因为食品安全或产品质量问题登上过新闻。

2016年的同一天,马云和雷军在两个不同的场合不约而同地提出了"新零售"的概念。很显然,"新零售"与"旧零售"的区别一部分体现了从事零售行业的"旧楚商"与"新楚商"之间的差别。但想要真正成为零售行业的"新楚商",打通供应链仅仅是第一步,能够实现对供应链严格的质量管控才是"新楚商"未来走向成熟的标志。

拥抱移动互联网

2015年8月25日,周鸿祎的生活就像一场"楚门秀"。与电影里被蒙在鼓里的楚门不同,周鸿祎是主动把自己的生活分享给网友的。

第二天是360新手机发布的日子,周鸿祎非常看重此次发布会。此前,360推出的同品牌手机是贴牌生产的,市场反响平平,于是周鸿祎铆足了劲,推出了这款合作研发的手机。他对此十分看重。

周鸿祎抽出时间来到发布会现场踩点,但会场的准备工作显然不能让他满意,他把情绪挂在了网上,在微博里用"火冒三丈"四个字形容心情。随后,周鸿祎乘坐已经有十余年车龄的宝马730回家,不料,车子在路上冒烟并发生了自燃。周鸿祎再次第一时间掏出手机,打开他所创办的花椒直播,像一个"前线记者"一样,将镜头对准了爱车,任由汽车烧了2分钟后,才将其扑灭。

做手机、搞直播,周鸿祎忙前忙后的原因只有一个——移动互联网时代已经到来,做手机是为了抢占终端入口,搞直播是为了抢占流量入口。整个2015年,周鸿祎比他人生中的任何时刻都更像一个"公众人物"——花椒直播的重要程度在他心中稳稳地位居前列,以至于他随时都在想眼前的一幕适不适合用来直播。一次,周鸿祎和滴滴打车创始人程维同行出游,看到路边两只青蛙正在交配,毫不意外地,他打开花椒直播,向网友们

"科普"起青蛙的缠绵。

周鸿祎的"楚门秀"没有帮助花椒直播在 2015 年至 2016 年的"直播大战"中胜出。直播是一个需要积淀的行业,一蹴而就的尝试并不能带来长久繁荣。这个道理,将在周鸿祎投资的熊猫直播上再一次验证——2019 年,熊猫直播正式宣布关站。

走在直播道路上的周鸿祎就像个冲入夜总会舞池的中年人,在一屋子年轻人的注视下,体力不支,尴尬退场。夜渐深浓,舞池中央的舞者越来越少,瘫在沙发座椅上的周鸿祎如果有力气抬眼看看,就会发现舞池里为数不多的人中还留着一个湖北老乡——小周鸿祎 14 岁的陈少杰。

陈少杰在大学第一年就退学创业,对此他毫不避讳。他的首个创业项目是一个游戏对战平台,小平台在市场上很快就遇到了阻力,陈少杰选择在 2009 年将其卖给盛大游戏。此后,陈少杰也成了盛大旗下边锋网络的一员。

2010 年,陈少杰出资买下了视频网站 AcFun,这是日本二次元弹幕网站 Niconico 在国内的第一个模仿者,在关注动漫、游戏的年轻人群体中颇有影响。与很多因为一腔兴趣而凝聚形成的互联网团体一样,AcFun 不像一家企业,陈少杰接手的 AcFun 如同学校里任何一个缺乏管理的社团一样杂乱无章。陈少杰没有对 AcFun 进行商业化、组织化、规范化的改革,而是以 AcFun 为流量池,向边锋网络旗下一款叫"生放送"的直播业务导入流量。

陈少杰对 AcFun 的所作所为引发了部分 AcFun 拥趸的不满。他们认为他对 AcFun 进行了流量"吸血",在榨干了 AcFun 的价值后,薄情地将其转手出卖,从而让 AcFun 错失了先发优势,给了定位相似的后来者哔哩哔哩弹幕网以赶超的机会。仔细剖开陈少杰在执掌 AcFun 的一系列决定后,真相似乎没有外人指控的那样功利:收购 AcFun 对于陈少杰而言,更像是一个财务自由的少年买下的一件实验品,他利用了 AcFun 用户的黏性,将流量导到新鲜的直播项目，但他并没有单纯地把 AcFun 当作一个榨取剩余价值的工具。最有代表意义的一件事是 2013 年 IDG 资本的投资人童晨慕名而来，想要投资 AcFun，陈少杰婉言谢绝了童晨的投资提议，转而建议他去投资与 AcFun 定位相似的哔哩哔哩。如果陈少杰想要从 AcFun 身上获得更多的财富回报，他大可以欣然接受 IDG 的投资要约，并依靠资本不断实现财富增值。陈少杰更钟情于直播业务，一旦专业投资机构入股 AcFun，必然会影响他的直播尝试，那种快乐被打断的痛苦，不是财富可以弥补的。

实验取得了成功。2014 年 1 月，斗鱼在广州注册成立。陈少杰和他的创业合伙人、儿时好友张文明很快发现，在一线城市林立的互联网公司里，刚刚成立的斗鱼充其量是一条"小鱼"。在激烈的人才竞争中，斗鱼常常是那个被求职者放弃的选项。斗鱼创始团队的 30 人大多来自武汉或已经定居武汉，举家迁往广州或是异地办公都不现实。综合考虑之下，背着"广州户口"的斗鱼选择在武汉光谷的地界上创业。

武汉是一片互联网洼地，尽管此时从名义上看，斗鱼还是一家"广州公司"，能够坚守武汉也让市里和东湖高新区格外关注，省市领导多次到斗鱼公司调研。做网络直播业务对宽带要求很高，领导们甚至连宽带费都亲自过问，这让陈少杰和张文明很感动。两位创始人决定投桃报李：2015 年 5 月，武汉斗鱼网络科技有限公司在东湖高新区成立；此后数月，斗鱼将隶属于广州斗鱼的资产，全部变更到武汉斗鱼名下，所有手续历时半年完成，资产转移成本高达 1800 万元。

2019 年 7 月 17 日，斗鱼在纳斯达克上市，成为第一家总部设在湖北并成功登陆海外资本市场的互联网企业。

斗鱼"洄游"武汉是湖北"企业家老大"的口号喊了 7 年后，在移动互联网领域收获的最大惊喜。很大程度上，这要归功于光谷在 2010 年后密集的制度建设。

1987年，唐良智以武汉邮科院工程师的身份入职东湖新技术开发区规划办，此后的20年里，他都是东湖高新区的一员。在短暂地主政襄阳（樊）市后，2011年，唐良智回到武汉出任市长。在另一个管理层级上，他可以以更高的视角和更大的能动性服务光谷。2013年2月，他专程回到高新区管委会，与公开选拔和引进的31名青年代表进行了4个小时的座谈。谈话中他提道："创新是高新区的灵魂。某种意义上，社会改革创新更为重要，甚至需要从制度上进行顶层设计。"这次谈话中，他提出要建设好"制度容器"。

说出这段话的时候，唐良智已经在建设光谷的"制度容器"。2012年，光谷出台了"黄金十条"，其中有许多创新型的规定，例如科研人员售出专利至少能得到收益的七成、科研人员可留岗8年去创业、大学生休学创业也算学分等。《凤凰周刊》认为，"黄金十条"的出台有利于建立以市场为导向的成果转化新机制，实现国家、高校和科研人员的多赢局面，为国家《促进科技成果转化法》的修改提供了实践探索。

随后，光谷在2013年实施"青桐计划"，并以"青桐汇"的形式帮大学生创新创业项目对接投资机构；2015年颁布实施的《东湖国家自主创新示范区条例》，以法规形式保护改革者、激励创新者；2016年出台的《武汉东湖新技术开发区关于促进"互联网＋"发展的若干政策（试行）》，支持区内"互联网＋"企业做大做强；2017年推出"新黄金十条"，进一步简政放权提效；2019年推出"'互联网＋'新十条"，加大对区域内的互联网企业的补贴力度。

光谷的产业布局经历了两次革命：第一次革命，将光谷这个以光电子产业为核心的区域拓展到生命健康产业、高端装备制造产业、新能源和节能环保产业、高技术服务业并行的"五路纵队"；第二次革命则与移动互联网时代并行，将承担国家战略的集成电路和半导体显示产业，以及"互联网＋"、云计算、人工智能为代表的数字经济产业纳入光谷。

2016年5月,李克强总理考察光谷时提道,"希望你们不仅做中国光谷,更要做吸引天下英才的'天下谷'"。光谷之"谷",引流的不仅是人才,还包括产业、资金、科技。

虽然不像周鸿祎一样直播汽车自燃和青蛙交配,其他的楚商也急迫地开始了移动互联网时代下的企业转型。

从2016年开始,卓尔集团开启了一系列收购进程。跨境电商兰亭集势、农产品电商中农网、化工塑料电商化塑汇、海鲜电商海上鲜等交易平台纷纷被卓尔收入囊中。卓尔虽不像阿里巴巴那样以淘宝天猫等C端产品直接针对终端消费者,但随着互联网设备的普及,包括B2B在内的所有交易都出现了移动互联的需求,阎志将互联网转型视为生死之事。2018年,完成了移动互联网时代布局的卓尔集团更名"卓尔智联",智慧、互联,卓尔用简单的方式勾画出新的公司战略方向和业务重心。

与阎志交情不错的马云在2013年向阿里提出"all in 无线",将一批得力干将投入无线事业部,其中便包括出身湖北的谌伟业。谌伟业把PC互联网时代的产品思维模式扭转到移动互联网上,又加上了湖北人擅长的商业思维,几个月后,他提出了一个问题:淘宝的交易量这么大,这些卖出去的东西最后去了哪?

2014年春节刚过,谌伟业找到时任阿里巴巴CEO张勇开了个会。回到团队的办公室,他将成员们聚拢在一起,告诉大家要内部孵化一项新业务。加入阿里前,谌伟业有过失败的创业经历,他知道其中风险,并把选择权给了团队成员——如果有人对这个项目没信心,他会把兄弟们安排去其他团队;但留下的人必须签"投名状",如果失败了,一分钱年终奖都拿不到。团队成员走了三分之一,留下的三分之二做了一个产品,叫"闲鱼"。

阿里巴巴旗下原来就有专注二手交易业务的"淘宝二手",但背靠着淘宝的大树,淘宝二手一直做得不温不火。谌伟业相信闲置市场的规模,他给团队定下了日活用户达到100万的目标,并开始对淘宝二手进行革命性地改版。2014年夏天，阿里巴巴将"闲鱼"公开投向市场。

　　与移动互联网时代相伴而来的是消费主义。年轻人可以很轻松地做出购买决定，又在新鲜商品到手后不久失去兴趣。无理由退货的规定有一定的前提条件，不足以给所有人都分发到足量的"后悔药"。这时，闲鱼的出现可以为冲动消费托底，帮助消费者实现部分资金的回笼——当然，这也可能引发新一轮的冲动消费。

　　从2017年起，用户想要使用闲鱼服务必须通过移动端的闲鱼APP，同时闲鱼关闭了网页端的入口。这引发了部分老用户的不满，也将闲鱼的纯移动端定位摆上台面。闲鱼的后台用户数据增长证明了移动互联网的势能：2019年，在创立5年之际，闲鱼的年成交总额（GMV）突破千亿，并在2020年的疫情中创下日均成交笔数及金额的历史新高。

　　另外两位湖北人也盯上了庞大的消费市场。2013年，武汉人毛文超和瞿芳放弃了高薪的工作，合作成立了行吟信息科技有限公司，公司名字里的"行吟"来自于伫立在东湖的著名建筑行吟阁。在产品定名上，两名创始人发挥了黑色幽默——公司推出的定位于海外商品推介的手机APP被叫作"小红书"。当Z世代①的年轻人打开"小红书"时，扑面而来的提高生活水平的商品推荐让他们很难想到，这三个字曾经代表着另一番含义。

　　为跨境电商做导流终究是一个过于垂直的领域，随着2017年用户数迅速破亿，小红书也在不断调整新的产品定位。无论是专注"电商"概念还是"移动互联网"概念，小红书都选择将核心落在社区上。专注社区，才会不断地将用户的智慧沉淀为企业的价值，并且在反复多变的市场风向中始终站稳上风位。

　　一旦认识到"移动互联网时代大势必将不可逆地到来"，问题就简单多了——只要考虑如何顺应大势继续赚钱就好了。也是因为这个原因，曾经

---

① 指1995年至2009年间出生的一代人。

高调"抵制"电商的居然之家与阿里巴巴实现了和解,并达成了合作。

2018年2月11日,居然之家董事长汪林朋和阿里巴巴CEO张勇站在了一起。相较于5年前居然之家针对阿里巴巴发出的语气逼人的"红头文件",这一天,心情颇佳的汪林朋穿上了"迎娶太太时穿过的"粉红西装。这是居然之家的首轮融资,融资总额130亿元。除了阿里巴巴,还有泰康集团、云锋基金等15家机构联合参与了本次投资。

阿里巴巴与居然之家合作的核心,用三个字来概括是"数字化"。八个月后,家具零售行业的数字化"样板间"出现了:在居然之家和天猫的联合打造下,2018年10月起,光临居然之家北京世纪金源店的消费者可以在店面的屏幕上选择喜欢的家装风格,查看样板间的3D浏览图。在AI和实时渲染技术的保障下,顾客可以像搭配衣服一样挑选装修方案。模拟图中所有的装修商品都能在居然之家线下门店和天猫旗舰店买到。

移动互联网带来了想象的空间,但不是所有的想象力都代表着未来。

2017年11月,武汉人钱治亚从神州优车离职,以创始人及CEO的身份开始运营瑞幸咖啡。仔细读起来,前面这句话让人充满困扰。通常来讲,一家初创阶段的企业创始人应该同时拥有最高决策权,但钱治亚似乎更像个执行者。这与她过去的经历有关。1998年,22岁的钱治亚毕业于武汉纺织学院外贸专业,留在武汉工作。2004年,她来到北京加入了一家名叫"华夏联合"的公司,这家公司是神州优车的前身。钱治亚是神州租车、神州优车两家上市公司的创始元老,并先后担任两家公司的首席运营官。"神州系"历来以重运营闻名,运营官的职责可想而知,神州优车集团内部人士评价钱治亚时,大多称其执行力强。

正是由于钱治亚执行能力出众,她被神州系老总陆正耀选中,以"代言人"的形象"创办"了瑞幸咖啡。在钱治亚讲述的故事里,陆正耀念于旧情为瑞幸提供了资金和办公地点,但瑞幸交给投资人的文件里明白地写着,这是一个"神州内部孵化的项目"。

瑞幸咖啡将移动互联网概念发挥到极致：虽然瑞幸迅速地在大中城市扩张着店面，但实体店不接受现场点单，所有消费者都需要通过手机上的瑞幸APP完成下单，通过外送或自提的方式取到商品。一位财经作家在为瑞幸著书立传时问钱治亚，什么事情是她在众人的反对中"铁腕"执行的，钱治亚回答："不能有收银机，必须通过APP下单。"原因是这样可以实现"数据留痕"。随后的故事让人们明白，所谓的"数据留痕"，不仅没有帮助瑞幸咖啡实现内部财务审计的清白，反而留下了造假的空隙。与其说这种反常的销售方式属于"新零售"，倒不如说它是通过强行切割移动互联网和非移动互联网，来为自身的估值填充好听的故事。

2018年9月，瑞幸咖啡入驻故宫，成为唯一入驻故宫的连锁咖啡品牌。这次入驻充满象征意义，此前，星巴克咖啡曾入驻故宫长达6年，2007年因遭到舆论的反对而被迫退出。在瑞幸咖啡的商业计划书和招股书中，对标星巴克也是一条十分重要的元素。

瑞幸的扩张伴随着巨额的亏损：2017年，瑞幸的收入为25万元人民币，亏损达5620万人民币；2018年瑞幸收入猛增至8.4亿人民币，净亏损达到16.19亿。扛着巨额亏损，截至2019年3月31日，瑞幸咖啡在全国28个城市拥有2370家直营咖啡门店。带着这份成绩单，瑞幸向纳斯达克发起了冲击。

从创办到登陆纳斯达克，瑞幸只用了18个月。媒体梳理了瑞幸咖啡的融资路线后发现，服务于瑞幸的机构，要么是陆正耀的老熟人，要么在神州系旗下的公司神州租车上市立下了汗马功劳。科技媒体PingWest品玩得到了一份B轮融资前瑞幸的商业计划书，其中列出的项目最大亮点是能够快速退出，"上市计划明确"——计划书里明确写着，瑞幸将在2019年内完成海外上市。

是的，瑞幸完成了对早期投资人的承诺，在计划好的时间点鸣钟上市，但它的内部显然不像它展露出来的那样诚实和坦荡。2020年1月31日，美国做空公司浑水公司宣布收到一份长达89页的做空报告,称瑞幸咖啡涉嫌欺诈。瑞幸硬着脖子扛了两个月,才在4月2日首次承认伪造了价值22亿元人民币的交易。

在造假一事坐实之前,并非没有人质疑过瑞幸的经营模式。瑞幸通过病毒式营销和高额补贴换取用户,只有这些用户具有足够的忠诚度,才能伴随瑞幸的规模扩大和对售价的升高不离不弃,帮助企业扭亏为盈。质疑瑞幸的商业观察者认为,即使将咖啡视为一种成瘾性商品,它的行业壁垒还是太低,瑞幸可以用自身的亏损培育市场,但市场的成熟必然伴随着竞争者的闯入,瑞幸的远期盈利能力不尽如人意。

有人坚定地站在瑞幸一边。2020年初,讲述瑞幸模式的图书《瑞星闪电战》登陆京东新书榜第一名。这本书的作者采访了瑞幸CEO钱治亚和COO刘剑,以一手资料为基础输出"洞察",帮瑞幸站台,并得到了国内著名管理学家的作序推荐。尴尬的是,在瑞幸承认造假后,最先被停职的两位高管便是钱治亚和刘剑。他们成了午门外的两个"祭品","牺牲"掉他们,才能帮助瑞幸留下一丝喘息的机会。

钱治亚并不无辜,但她不应该承担全部罪责,瑞幸咖啡是玩概念的资本裹挟着移动互联网孕育出的怪胎。沉迷于制造怪胎的人,冥冥中都是凯恩斯主义经济学家托马斯·皮凯蒂(Thomas Piketty)的忠实信徒。他的畅销书《二十一世纪资本论》提出了一则观点:发达国家的资本回报率始终高于经济增长率。用通俗的语言翻译,就是说,劳动带来的财富增长远远比不上资本所带来的财富增值,世界将在"马太效应"的道路上越走越远。在这条法则的指引下,企业争先恐后进入资本市场,操弄资本也成了许多富人竞逐财富的不二法门。

资本游戏旋涡

"撑起一片天空的传媒巨子啊,竟怜异乡不归人。"

如果用2007年中文网络上红极一时的"知音体"描绘知音集团创始人胡勋璧后来的故事,大概文章的标题就会是这样。

1984年,为了响应"全社会兴办实体经济"的经济大气候,湖北省妇联请到时任《湖北青年》杂志社编辑组组长胡勋璧,创办了自主经营、自负盈亏的市场化杂志《知音》。《知音》此后一直延续市场化的方式运作,成立了广告、印务、发行、物业等公司。知音并非像同时期的一些初富型公司那样进行多元化发展,知音新业务的拓展大多是沿着杂志出版这一产业链。唯一与传媒产业关联较弱的知音物业公司还搭上了房地产红利的顺风车,带来了可观的经济效益。胡勋璧在商业领域频频得手,帮助知音走上了发展的"快车道"。2000年,知音期刊出版实业集团有限责任公司成立,知音也从此由事业单位转制为企业。从1998年始到2005年间,知音集团先后接收、兼并了因经营不善而难以为继的三报四刊,并对这七家报刊重新进行市场定位,以此挺进文摘、财经、时尚等领域。

20世纪90年代中期开始,胡勋璧就将目光落在了资本市场,但正式启动上市工作是在2005年前后。知音集团谋求在香港上市未果后,掉转了方向。为了成功实现IPO,知音剥离了旗下的非主业资产,引入了湖北省内的福星集团及黄鹤楼投资等战略投资者。2006年8月，经中宣部、新闻出版总署批准，全国期刊第一家传媒集团——湖北知音传媒集团成立了，它随后开始接受上市辅导。这一年，知音传媒集团的收入为3.10亿元，利润1.14亿元。

知音旗下的大部分刊物处于亏损或年盈利数万元到几十万元的微利状态，但三大刊物《知音》《新周报》和《知音漫客》鼎足而立，支撑起集团的财务数据。特别是2006年成立的《知音漫客》。这是我国第一本全彩漫画周刊，作为以90后群体为目标读者的漫画杂志，《知音漫客》异军突起，月发行量达到520万册，仅次于日本著名的《周刊少年Jump》和《周刊少年Magazine》，是世界上发行量第三的漫画类杂志。2011年，《知音漫客》带来的利润超过4000万元。胡勋璧感叹："《知音漫客》给我们挣了一半的'江山'。"

《知音漫客》带来的收入增长一定程度抵消了《知音》杂志发行量已过盛年的暮态。但大环境是纸媒时代即将过去，如果《知音漫客》有一天不再受到市场追捧，还会有另一份刊物站出来托举知音集团吗？

胡勋璧不敢赌未来，他所能做的就是尽快推动知音集团上市。2011年，他向着目标迈进了一大步——胡勋璧等13位高管设计了一个持有集团10%股权的计划，如果计划获批，这些股权的市值，在上市后有望达到2亿元。但很快，持股计划被湖北省文化体制改革领导小组取消，理由是证监会规定"不允许文化企业高管持股"。

很显然，知音上市遇阻后，胡勋璧推动公司上市的热情大打折扣。2014年，知音传媒集团再次冲刺IPO，就在这个关键时刻，知音集团内部发生人事动荡：《知音漫客》的创始人朱家君遭到解职调查。《新京报》的报道显示，"功高盖主"的朱家君在日常管理中已经与知音传媒部分管理层出现嫌隙，而他被司法机关刑拘则源自知音传媒的主动举报。

我国《首次公开发行股票并上市管理办法》规定，谋求上市的股票发行人，3年内主营业务和董事、高级管理人员应该没有重大变化。因此当胡勋璧主动向朱家君出击的时候，他很清楚地知道，这种行为的代价必然是再次中止知音传媒上市的可能。

在朱家君被批捕的一个月后，胡勋璧也因"裸官"被人举报。他的孩子早年出国留学，妻子也随之前往加拿大，后来二人加入加拿大国籍。湖北省妇联建议胡勋璧接回家人后继续主持知音传媒集团的工作，显然，在家人和事业的选择题里，胡勋璧已经对后一个选项不感兴趣。在拒绝了妇联的建议后，他被免去知音集团党委书记和董事长职务，保留编委会主任委员一职。

胡勋璧的落幕是在两年后到来的。2016年2月23日一早，几名湖北省纪委的工作人员来到知音。这一幕不知在胡勋璧心中预演了多少次。他淡定地留纪委的同志吃了午饭，席间开玩笑地说"这几年一直有人在告我"。饭后，纪委工作人员带着胡勋璧驱车离去。11月16日，中央纪委监察部网站发布胡勋璧被开除党籍的处分决定。他没有受到刑事处罚。

资本市场是一个旋涡，从它空洞的底部，发出的不是危险的呼啸声，而是塞壬一样的魅惑之歌。胡勋璧被歌声吸引，却倒在了旋涡之外，恩施人成清波则拿到了资本市场的入场券，有机会体验更多花哨的玩法。

财务运作和资本运作，这两个最容易带来财富增长的"魔术"对成清波有着天然的吸引力。成清波研究生阶段就读于中南财经大学统计学专业，他的同学还记得，成清波不喜欢自己的专业，而是常常跑到会计系听课。这段经历启迪了他对财务与资本的理解。

1994年，成清波进入深圳市蛇口招商局工作，后来又在深圳市金田实业股份有限公司任财务经理。成清波的人生轨迹在这里发生了分叉：在他个人的叙述里，从1996年开始，编撰《中国房地产年鉴》帮他赚到了第一桶金；但财新网的调查显示，1996年，成清波注册成立深圳中技实业（集团）有限公司，并通过在资本市场上操控上市公司壳资源不断进行财富腾挪游戏。

2009年是成清波最风光的时刻,他评价仰赖资本运作从而实现滚雪球的"德隆系"是"空中楼阁"。成清波的底气来自于他手下的资产分布在高速公路、商业地产等现金流充沛的领域,可是他说这句话的时候忘记了自己的身份归根结底只是一名资本玩家,而不是实业家。那些很容易经由资本市场被成清波掌握股权的上市公司,大量资产是劣质资产,这些企业不仅不能带来正常的经营收入,反而成了吸血虫。虽然成清波可以依靠股权代持、设计复杂的股权结构为拆东墙补西墙打掩护,但高利贷筹得的资金自然不具备可持续性。揭开复杂的表象,除了时间上错开了几年,成清波的垮塌与兰世立别无二致。2016年,成清波因非法吸收公众存款获刑一年一个月,由他一手打造的"中技系"烟消云散。

同样被资本市场撞了一鼻子灰的还有李一男。比起成清波的资本游戏,李一男扑倒于旋涡里的难度系数更小、水花却更大。

在被爆出涉嫌内幕交易之前,外界更关注李一男的过往经历。这个湖南天才少年15岁考入华中理工大学少年班,在班主任宋文芝与华为建立了良好关系的前提下,李一男硕士毕业后加入华为并在27岁成为华为常务副总裁。2000年,华为鼓励内部创业,一度被视为最有可能接任任正非执掌华为的李一男创办港湾科技,并在2001年从华为正式离职。随着港湾科技的发展,业务领域同华为出现重合,两家公司在市场和人才竞争上频繁竞争。

2005年,华为通过收购将港湾科技揽入怀中。重回华为的李一男身份尴尬,他无法进入核心管理团队,只是挂上了一个"首席电信科学家"的虚职,在四面玻璃的办公室里熬了两年,他再度从华为离职。

2015年,再次创业不久的李一男被证监会带走调查。他被指控进行内幕交易的股票正是他的母校孵化出的上市公司——华中数控。时任华中数控总裁李晓涛是李一男的大学校友,两人也曾在华为共事。2014年2

月,华中数控与一家珠海公司商讨并购计划;5月,计划正式对外公布,同时华中数控股票停牌。在2月至5月的内幕信息敏感期内,李一男与李晓涛多次联络、接触,并满仓华中数控。检方指控,李一男及其亲属从华中数控的股票交易中获利744万元。他被判处有期徒刑两年六个月,并处罚金750万元。

没人知道李一男为什么要涉险进行内幕交易。虽然他卖出华中数控赚到的资金一部分流入了他刚刚创立的牛电科技,但随着他被司法机关控制,缺少李一男的牛电科技不得不重新取得投资界和供应商的信任,这也必然地延缓了牛电的发展节奏。

2014年至2015年,中国股市摆脱了2008年熊市的拖拽,迅速攀升高位,又迅速雪崩垮塌。湘鄂情的孟凯为转型大数据受阻而焦虑不已;盛天网络的赖春临则因为IPO的中止,一直等到2015年的最后一天才将公司送上A股,坐上湖北女首富的位置。围绕着"资本"二字,每个人都有着不同的焦虑。只有刘益谦乐呵呵地摇晃着钱袋,让别人听到里面的声音。

本书第一次提到刘益谦,他还是出现在首次嘉德拍卖会上的一个不懂艺术品的"愣头青",20年过去了,刘益谦的财富和眼光都有了成倍的增长。2014年4月,刘益谦在香港苏富比拍卖会上通过电话委托,以2.8亿元港币竞得明成化斗彩鸡缸杯。成化斗彩鸡缸杯是明代成化皇帝的御用酒杯,全球存世19只,大部分被博物馆收藏,只有4只在私人藏家手中,因而价格不菲。在办理鸡缸杯交接的仪式上,刘益谦刷了24次卡缴足款项,在拿到杯子后,他没擦一下杯子,便倒了一杯普洱茶进去,一饮而尽。行为艺术式的噱头引发了网友的热议。刘益谦不是那种公众知名度高的企业家,有人质疑他的艺术品收藏行为是"洗钱"。刘益谦用自己的方式回应质疑:在2015年11月的佳士得秋季拍卖会上,他再以1.7亿美元(约合人民币

10.84亿元)的价格拍下了意大利画家莫迪利亚尼①的作品《侧卧的裸女》。一掷十亿,这或许可以平抑一些洗钱的质疑,毕竟,监管机构很难容忍如此大额的非法资金沉睡在某个人的账户上,并允许他堂而皇之地洗白。

既然如此,另一个问题变得极为引人注目:刘益谦的财富从何而来?

我国在从计划经济走向市场经济的过程中,出现了生产资料的价格双轨制。与此同时,与生产资料价格双轨制并行的是企业所有权的"价格双轨制",即股权分置,具体体现为非流通的国有股、内部股、法人股与资本市场上流通的股份同股不同价、同股不同权。

生产资料的价格双轨制允许部分与体制存在利益关联的主体以低于市场价格的成本获得紧俏的生产资料,这直接导致了"官倒"现象的出现,在20世纪80年代末期引发公众的不满。但股权分置导致的现象是,由于国有股、内部股、法人股的非流通性,使得这部分股票的价格低于资本市场上的流通股。从表面来看,持股人的资产被打了折扣,使得他们没法将手中的股票在市场上套现;但从金融市场的角度来看,同一标的物的价格在不同环境下出现了偏差,这就为套利留下了空间。

刘益谦就是盯住了这一套利空间的"民倒"。在20世纪90年代,他大肆收购企业员工手上的内部股,进入千禧年后,刘益谦将目光转向尚未流通的国有股和法人股。这是个人投资者不允许进入的领域,刘益谦顺势在2000年成立了上海新理益投资公司。公司名称取"运用新的投资理念获取收益"的含义。企业持有的法人股在企业还不上银行贷款时会被人民法院强制拍卖,法人股的拍卖价格比起股市上的流通股要便宜很多,相应地,囤积法人股需要充沛的现金流,因为持有法人股会长期挤占资金。初中肄业的刘益谦拥有超前的战略眼光,他笃定地相信股权分置问题会在不远的将

---

① 阿梅代奥·莫迪利亚尼(Amedeo Modigliani,1884—1920)。《侧卧的裸女》创作于1917年,是莫迪利亚尼在巴黎期间的作品。

来得到解决,进而大举买入"一汽轿车""海南椰岛""恒大地产"等15家企业的2.5亿股法人股。在购入法人股的过程中,刘益谦对来自他的祖籍湖北的企业格外青睐,把自己的名字写上了安琪酵母、百科药业等湖北企业的大股东名单。

特别是百科药业这只股票,刘益谦在2001年至2003年多次增持,股比高达28.97%,帮助他第一次坐上了公司董事长的宝座。就在刘益谦还没把百科药业的股权捂热乎的时候,2003年6月,百科药业连续遭遇8个跌停板,股价从11.90元下跌到5元,流通市值缩水达11.8亿元。这次挫折让刘益谦决心从资本玩家向实业家转变,他积极策划百科药业转型,将百科药业的名称变更为"天茂集团",上马新项目主攻新能源化工板块。但经营企业并不像购入法人股,天茂集团在刘益谦掌控的十余年间,亏损成了家常便饭。

让刘益谦聊以安慰的是,国家终于在2005年以"开弓没有回头箭"[①]的魄力启动了股权分置改革,法人股得以进入流通领域。在2007年前后,刘益谦清空了手中掌握的所有法人股,获利颇丰。刘益谦的"法人股时代"过去后,他又将目光移向了定向增发,他大举参与京东方A、保利地产、浦发银行等著名企业的定增,仅2009年他就在定向投资上押注超过50亿元。

刘益谦的办公室挂着一幅写有"坚忍耐烦"四个大字的书法,这既是他对自己的要求,也是市场规则的强制要求。无论是法人股还是定增股,监管机构都设置有限售期的要求,这使得刘益谦的资本操作频率远远小于一般投资者,被动地实现了巴菲特式的价值投资,反而为他带来了更可观的回报率。

刘益谦的资本"法宝",除了他对市场走势的判断,也在于他对行为边界的把控。至少有两条线他把握得非常精准。

---

① 语出时任证监会主席尚福林。

其一是刘益谦对于一级市场和二级市场边界的把控。刘益谦选择将活动范围主要限定在一级市场。2008 年,曾经操控百科药业股价的幕后黑手之一、有"朱大户"之称的南京炒家朱耀明因涉嫌操纵证券交易价格罪受审,由于朱耀明和刘益谦的投资目标企业有所重合,坊间一度怀疑二人是否有合作关系。刘益谦对此回应:"不仅是我,整个新理益的任何人都不会介入二级市场的操作,不会买百科药业的一只流通股,这是肯定的。"

其二是刘益谦保持了与政府的距离。一级市场的投资受到政策风向的影响。刘益谦如同他的出身一样处江湖之远。2008 年年底,荆门市给天茂集团评了个奖,刘益谦领奖之后准备赶回上海,这让市委书记傅德辉十分着急,向来重视企业家的时任湖北省省长李鸿忠次日将要视察天茂集团,刘益谦没有改变行程,他告诉市委书记:"书记,我的问题省长解决不了,省长的问题我解决不了。"半年后,李鸿忠前往上海招商,准备见见刘益谦,刘益谦穿着 T 恤、休闲裤、运动鞋来到了现场。这让傅德辉再度大跌眼镜,只得将自己的西服脱给刘益谦穿,让他东借西借凑出了裤子、皮鞋、袜子、领带。"上海社保案"事件后,一度有人担心,以上海起家的刘益谦会不会受到牵连。倘若刘益谦严格地保持着对政治的疏离,那么政治弊案自然也不会牵扯到他。但这两条线却在 2015 年同时破例并发生交叉。

2015 年 6 月 13 日,证监会发文打击场外配资,抑制 2014 年以来的"疯牛",此后,上证综指总 6 月 12 日的 7 年高位 5178.19 点开始下挫跳水,并于 8 月 26 日触及低点 2850.71 点。

6 月 30 日早上 9 点,刘益谦在微信朋友圈发了一张有 5 台宽屏电脑的交易室照片,宣布正式回归二级市场。谈及回归原因,他的回答也很有"政治高度"——"中国的资本市场在这一届政府的领导下,是在向好的方向发展,现在没变,未来也不会变。""跟着党走,听政府的。""作为一个资本市场既得利益者,我希望能通过这样的行为为市场稳定起点作用。"刘益谦声称,他参与"护盘"的投入金额大约在十几个亿。

刘益谦高调出手"护盘"的动机是什么,只有他本人才能知晓。但不得不承认的是,吊儿郎当的形象背后,刘益谦是从事证券行业的楚商中一个划时代的分界人物——在他之前的陈浩武、张国庆活跃在中国证券市场形成的早期。刘益谦的"法人股大王"和"定增大王"两个诨名恰好对应了这两个阶段。

对于企业和企业家而言,资本应该回归到工具箱,而不是被拿来作为企业门楣的唯一装点。2015年的股市大跌带来的最重要的警示是,企业真正的成长来自于它的商品。一家企业的成长应该挤出虚荣,回归沉淀。

一个地区的经济发展亦是如此。

武汉"洄游"

笼罩在青山区上空那层掩盖焦虑的帷幕是在 2015 年下半年被渐渐撕去的。

"武钢不行了。"许多年前,这句话最开始流传时,只被视作零星出现的呓语,此时,连青山区擦鞋的小工都会在与主顾闲聊时扯起这句话。武钢的员工,即是个体,也是攀附在这个庞然大物上的细胞,他们会抓住连接巨兽全身的神经,并从自己独特的渠道感知整个共同体的冷暖。

让武钢人不能忽视的是来自上层的信号。2013 年,宝钢集团党委常委马国强调任武钢集团担任总经理,这是在马国强的职业生涯中,第一次回到他本科就读过的城市长期任职。此前,社会上频繁传出"宝钢和武钢重组"的声音,马国强的到来被视为是重组规划里的重要一步。可是谁都知道,时任武钢集团董事长、党委书记邓崎琳不喜欢"宝武重组"的提议。2011 年"两会"前,邓崎琳接受新华网专访时谈及"宝武重组",坦言他婉拒了国资委领导试探性的提议,并表示:"在我任上,把整个武钢的名字给抹掉了,这个没法交待啊!"[①] 2015 年 6 月,邓崎琳到龄退出领导班子,被免去

---

① 《原武钢一把手邓崎琳落马前拼命扩张,称任上不想被宝钢合并》,贺梨萍,澎湃新闻,2015 年 8 月 31 日。

武钢集团董事长、党委书记职务,马国强接任;不到三个月后,中纪委宣布邓崎琳涉嫌严重违纪违法,接受组织调查。冥冥中,"宝武重组"又成了一个可以探索的话题。

2015年,钢材价格持续下跌,这让业绩不佳的武钢雪上加霜。武钢集团旗下的上市公司武钢股份亏损超过75亿元,成为年度钢铁行业上市公司的"亏损王",亏损额占当年钢铁行业总亏损的11.63%。更大的危险隐藏在武钢集团:截至2015年9月,武钢集团负债总额接近1500亿元,其中1184亿元是流动负债,短期债务压力巨大。其中很大的资金被用于"邓崎琳时代"的大肆兼并。兼并扩张只提高了武钢的规模,没能为武钢带来效率。另一个让人忧虑的数据是,武钢股份的人均吨钢生产效率比行业平均水平低了近1/3。想要从低效的泥潭中拯救武钢,可选的方法并没有很多。

2015年12月,武钢开始动员临近退休年龄的员工提前退休,距离退休年龄还有5年以内的员工,按照年龄大小"一刀切"。媒体随即爆出武钢集团可能裁员1.1万人的消息,武钢很快发布声明否认。3个月后,在北京参加"两会"的马国强借着人民网访谈的机会,公布了更加庞大的转型计划:"在去产能这个大背景下,这8万人不可能都炼铁、炼钢,可能有4万人、5万人要找别的出路。"

马国强的措辞很讲究,他没有用上"裁员"这样刺眼的词语,武钢集团官方对于5万劳动力的去向解释为减员和分流。事实上,武钢更大规模的分流始于更早的1993年,在20世纪90年代中后期的国企改革到来前,武钢率先实施"精干主体、剥离辅助",近7万人从武钢集团母体剥离,不再吃"钢铁饭"。"武钢模式"也成了当年国企改革的典型样本。2011年,武钢非钢产业的营收达600亿元,利润达20.8亿元,占集团总收入28%的非钢产业贡献了集团60%的利润,这也是武钢建厂以来非钢业务首次超过钢铁主业务。但毕竟这是5万个钢铁产业工人劳动力,青山区,或者说武汉的经济到底要具有多大的弹性,才能像海绵一样重新吸纳他们呢?

对于 5 万被分流的武钢老员工而言,未来该如何生活将变成一个天大的问题;主语换成武钢集团,则要把前面这句话中的"生活"改成"生存"。武钢或许还有一丝自我拯救的机会,但一边是国家去产能的大背景,一边是武钢面临的巨大债务窟窿,国资委已经不敢冒险让武钢独自解决。2016 年 5 月,宝钢集团董事长徐乐江和武钢集团董事长马国强被告知,国资委有意促成两家合并,二人的反应都是"不太可能"。5 月 23 日,国务院总理李克强视察武钢集团。一个月后,外界才揣测出这次到访的深意。6 月,宝武两大集团的一把手再度接到国资委通知,要求两家实施合并。

合并模式类似于 2014 年中国南车和中国北车的合并。宝钢集团扮演了整合者的角色,武钢整体并入宝钢,武钢股份的 A 股股票注销,股东可以选择换股或兑换现金退出。两家合并后,新成立的宝武钢铁集团总资产将超过 7600 亿元,年产能约为 5800 多万吨,在全球钢铁业中仅次于年产能 1 亿吨的欧洲钢铁巨头安赛乐米塔尔(ArcelorMittal S. A.),排名第二,力压年产能均接近 5000 万吨的河北钢铁集团和日本新日铁。

"宝武合并"后,由来自武钢集团的马国强出任新集团的一把手。但对于武汉这座城市而言,亲手将"共和国长子"外嫁他人,意味着一个时代的结束。

时间的大手交错地把扑克牌片片洗落,代表武钢集团的那张牌被压在牌堆最下。洗牌过后,武汉要思考,手中握着的那副新牌应该怎样打。

陈一新是在 2017 年 1 月从中央全面深化改革领导小组办公室专职副主任的位置上调任武汉担任市委书记的。进京之前,浙江出生的陈一新一直在浙江省内任职。他是一名理论联系实践的官员,有过主政地区的经历。2012 年 1 月,陈一新刚刚履任金华市委书记。这一年里,温州经济增速由 9.3% 降到 6.7%,垫底浙江,低于浙江全省平均水平 1.3 个百分点,被媒体称为"断崖式下滑"。2013 年 6 月,陈一新"以救火队员"的身份接任温州市委书记。困扰温州经济的一大问题是不良贷款,陈一新在温州期间共化解了818亿元不良贷款。此外,陈一新升级了"温州模式",推行涉及各领域的"十大举措",2013年和2014年,温州市经济增速分别达到7.2%和7.3%,经济发展逐渐走出低谷。

温州是浙江人口第一大市,也是"中国民营经济之都";陈一新主政过的另一座城市金华,下辖的义乌市也以商品贸易闻名。带着这些履历,陈一新被中央派往武汉。据接近他的人透露,在武汉的一年多时间里,陈一新常常注视着武汉的地图,感叹武汉的行政面积"太小了"。行政面积的大小是相对的:武汉虽然素有"大武汉"之称,但在新一线城市中,武汉的面积只居于中游;可是单拉出来和北上广深四大一线城市相比,武汉的面积仅次于北京。陈一新口中的"小",除了在说区域行政面积,也是在说武汉的经济格局。

之前的许多年里,武汉一直在做"挖渠"的工作。前任湖北省委书记李鸿忠已经让"企业家老大"的理念深入人心;前任武汉市委书记阮成发的基建已初见成效,武汉从旧日的城市规划中涅槃而生。陈一新需要为这条"渠"引来水源。

有关武汉地区高校毕业生就业情况的档案资料显示,从2007年开始,毕业生留汉就业比例逐年递减,2007年为55.3%,2008年为52.19%,到了2011年首次跌破50%,仅为47.04%。因此从2012年开始,武汉就组织过系列招才工程——"楚才回家"。从2012年到2016年,"楚才回家"活动辗转武汉光谷、北京深圳、上海等地,最远办在了大洋彼岸的美国硅谷。据不完全统计,4年来,有一万多名楚才陆续回家乡创新创业。其中,中高端人才占3%,约300多人。

陈一新到任武汉后,2017年初,武汉启动实施"百万大学生留汉创业就业工程",希望在5年内留住100万大学生。想要留住年轻人,光有口号可不行,武汉人才外流的症结根源是适合年轻人发展的互联网等新兴产业规模小、工作岗位不足,因此为了搭建好适合年轻人的产业布局,2017年4

月,武汉又将招才与招商更进一步地融合在一起,针对武汉大量高校积累下的校友资源,启动了"百万校友资智回汉工程"。"百万校友资智回汉"是武汉的一把手工程,为了配合招才工作,武汉专门成立了"招才局",并邀请陈东升、雷军、阎志等湖北著名企业家担任"招才顾问"——通过向事业有成的老校友招商引资搭建新经济产业圈,再以新经济产业圈留住刚刚毕业的新校友,武汉形成了一个人才"闭环"。

通常来说,招商引资是一个漫长的工作,其背后涉及政策跟进、地皮规划、人员安置等多方面,但"百万校友资智回汉"得到了立竿见影的效果。作为就业者最青睐的光谷地区,2016年到2018年,人口从79.1万迅速翻倍至168万。与人口大量流入同时发生的是,许多企业选择将第二总部定址武汉。两年时间里,第二总部选址武汉的企业数量超过60家,其中不乏华为、小米等大企业。这个数字,在2008年到2016年的8年里只有6家。甚至有的企业,如毛振华创办的中诚信集团、刘益谦控制下的国华人寿更是选择将总部迁往武汉。2017年,武汉各类招商活动签约金额2.58万亿元,实际到位资金8227亿元,创历史新高。其中,校友项目签约1.3万亿元,占招商引资总额的50.4%。

当然,招商引资所要做的绝不仅仅是把投资吸引过来,在产业布局的规划上,武汉的招商引资应当具备一定的战略性。

从2004年起,湖北著名的制造业企业京山轻机就在江苏昆山投资设厂。京山轻机董事长李健解释过跨省设厂的优势:"当地产业链结构非常好,企业不需要上过多的加工设备,原材料基本都买得到,只要专注在研发和装配上就行了。"李健感受到的便捷来自昆山在产业链招商上下的功夫。以笔记本电脑为例,一台笔记本电脑拥有1000多个主要零部件,昆山政府看当地"缺什么",招商就"补什么",最终形成企业集聚、产业集群的"葡萄串"效应。

武汉大学经管学院教授邹薇认为,招商应该"把整个产业链'一锅端'",生产企业的上下游原材料就近布局,只有稳住产业链供应链,才能稳住企业家的心。而产业链条的长度和强度,决定着城市经济的创新力和竞争力。

中国正在快速进入一个老龄化社会,武汉也不例外。根据武汉市民政局 2018 年末的统计,武汉市 60 岁以上老年人口达到 187.94 万,占总人口的 21.27%;总人口中,14.06% 超过 65 岁。按照国际通用的划分标准,当一个国家或地区 60 岁以上老年人口占总人口的比重达到 10% 时,意味着这个国家或地区进入人口老龄化,65 岁以上老年人口数量占总人口的比例达到 14% 即进入"深度老龄化"。这也就意味着,从 2019 年开始,武汉正式进入深度老龄化社会。其中,曾经以国有重工业为产业支柱的青山区老龄化程度最高,达到 28.71%,老龄化程度最低的地区毫无意外地属于东湖高新区,只有 10.14%。除了年轻化,光谷人口的另一个特点是受教育程度高。在光谷的从业人员中受高等教育人口高达 81.6%,硕士以上学历人口占比 12.4%。

2015 年,当时还不为人所知的阮瑞在武汉徐东片区的一栋商住楼里创办了一家叫"艺画开天"的文化传播公司,公司注册在光谷。阮瑞曾经在中国传媒大学动画学院学习,2015 年,在爆款动画电影《大圣归来》引发的国漫热潮下,阮瑞决定回家乡创业。2019 年,艺画开天在视频网站哔哩哔哩上开始连载原创动漫《灵笼》第一季,取得了超过 4.5 亿的播放量;与此同时,哔哩哔哩宣布,著名科幻小说《三体》的动画版将启动,并交由艺画开天负责制作。

《三体》小说中的世界观庞大,剧情复杂且画面描述具有冲击力,对于影视化改编的技术要求很高。由于艺画开天在过往发布的作品中展现出了强劲的实力,来自全国的用户通过弹幕的方式在动画《三体》的概念预告视频中表达了对艺画开天的期待。同样在 2019 年,奥斯卡最佳动画短片奖提名作品《冲破天际》和现象级动漫电影《哪吒之魔童降世》的背后都有光谷制作公司的身影。

动漫是面向年轻人的创意产业,动漫产业在光谷的立足,正是这里保持年轻化、高知化的一个剪影。

2013年7月,习近平总书记视察湖北时曾经提出,湖北要奋力实现跨越式发展,努力建设成为中部崛起重要战略支点。如果将湖北视为中部崛起的支点,武汉就只能是湖北崛起的支点。

"钱从哪里来?""人从哪里来?""年轻人从哪里来?"这三个困扰许多非一线城市的核心问题,武汉在两年内找到了答案。现在,武汉握着一手新牌,自信地坐回牌桌上,对武汉而言,明天全部都是新的。

Chapter 8

第八章
凤凰浴火
2019—

扼住命运的咽喉

旅居加拿大的武汉人朱生,握着的手机从未如此忙碌。几个微信群像下雨前池塘里的鱼一样,交替着浮到消息列表的最上端,通讯录的页卡不断跳出好友请求。他和那些在微信上急着加他好友的人在为同一件事心急如焚——几天前的2018年12月1日,加拿大应美国当局要求逮捕了华为公司副董事长、首席财务官孟晚舟。

朱生在加拿大生活了十多年,他的另一个身份是原华中理工大学电信系1989级的校友。此前,为了方便沟通同在加拿大的华科校友,在他的发起下,他建立起了总人数700多人的校友群,分别叫"团结群"和"求实群"。"团结"与"求实"两个名字取自华中理工大学的老校训。在朱生从华中理工大学本科毕业的三年后,曾在华为公司担任接线员和秘书等基层工作的孟晚舟来到武汉,在华中理工大学攻读财务专业的硕士学位。正是这段学习经历开启了她日后在华为的财务生涯。

从表面上来看,孟晚舟在加拿大遭到拘禁源自于美国的指控。媒体报道显示,美国指控孟晚舟涉嫌违反美国出口管制向伊朗出售"敏感科技",并"以假账资料掩护"。但一些人更愿意相信,美国精准地把孟晚舟定为靶子,是为了震慑她的父亲——华为公司的创始人任正非。2018年3月开始,美国当局掀起了新一轮的对华贸易战,其中,华为公司和中兴通讯公司生产的 5G 设施在全球市场呈现出的竞争力,可能会长期影响美国公司在这一领域的市场份额。

不难预料,孟晚舟案的司法过程将会极其漫长,当务之急是尽快帮助孟晚舟取得保释。由于案由重大,加拿大司法机构制定了苛刻的保释条件,对于担保人的人选,法院要求其必须是加拿大的永久居民或公民,有一定的个人资产,最好有一定的社会地位。在意识到孟晚舟一家需要帮助后,朱生迅速在华科校友群开始了担保人的征集工作,他们没法精准把控加拿大司法机构对担保人标准的拿捏,只能本着"多多益善"的原则大量推荐候选人。最终,华中科技大学校友群通过信息裂变,不断扩大担保人的选取范围,据不完全统计,他们向孟晚舟的律师推送了约 20 位担保人。根据《南华早报》获取的担保人证词显示,最终的 5 位担保人包括曾是华为员工的一对夫妇、一位名下有大厦资产的家庭主妇(她的先生曾是华为员工)、曾经为孟晚舟提供购房中介服务的房地产商、一位与孟家相识多年的瑜伽教练。据朱生介绍,5 位担保人中的一人可能是经由华科校友辗转联系并最终入选的。

2019 年 5 月 15 日,美国商务部将华为及 70 家关联企业列入"实体清单"。也就是说,在没有美国政府批准的情况下,美国企业将无权出售元器件给华为。虽然这一制裁禁令不断被美国政府延期执行,但套索已经加在华为的脖子上。2020 年 8 月,华为消费者业务 CEO 余承东表示,自从 2019 年受到美国制裁后,华为少发货 6000 万台智能手机,由于没有芯片供应,2020 年华为手机的出货量会低于 2.4 亿台。

华中科技大学的老校友们在孟晚舟陷入困境时的仗义出手让人敬佩,但孟晚舟的保释没有缓和华为的困境。任正非知道华为的瓶颈在哪里,2019 年,他启动了"天才少年"计划,以年薪制招募应届毕业生,最高一档年薪达到 201 万元。延续着 30 年来的合作关系,华中科技大学再度成为华为的高端人才库。从 2019 年 12 月至 2020 年 8 月,共有 4 名博士毕业生入选

"天才少年"计划最高一档年薪,其中3人是华中科技大学的校友,他们都来自华中科技大学武汉光电国家研究中心。

根据华中科技大学的统计,近年来,华为每年会录取约300名华科应届毕业生,累计有超过10000名华科校友曾供职于华为;截至2020年,华为在职的华科毕业生数量达到5700人左右。这些丰富的校友资源推动了华为武汉研究院的落地。相应地,他们也必然会为华为实现精尖技术的突破提供动力。

2018年4月26日,中共中央总书记习近平在光谷调研期间做出指示:"核心技术、关键技术、国之重器,必须立足于自身;科技攻关要摒弃幻想、靠自己。"回看当时的背景就不难发现习近平的话意有所指。

美国商务部宣布7年内禁止美国企业向中国中兴通讯公司销售零件。由于中兴通讯制造设备的大量芯片供应来自美国,受禁令影响,中兴通讯不得不发布公告称"主要经营活动已无法进行"。最终,2018年7月,中兴通讯向美国政府缴纳14亿美元罚款及保证金后,换取美国商务部解除了出口禁令。

贸易战的背后是技术战,交战双方的弹药充盈与否、战壕深厚与否,取决于其各自的科技实力。当战火从春天的中兴烧到冬天的华为,即使是一个乐观主义者都会对战况无法避免的前景心知肚明。这是一场人类历史上少见的冲突形态——即使是冷战时期两个超级大国之间的科技竞赛,也是以台面上的军事肌肉为表现形式的,但中美之间以贸易战为表象、以科技竞争为实质的争端,交火双方会极力避免军事冲突,而将冲突范围限定在科学研究和技术产业化领域。这听起来文明了很多,但依然惨烈万分。失败的一方源源不断流失的不是鲜血,而是数以亿计的资金和世界范围内的技术话语权。

在非典疫情中大放异彩的光谷企业高德红外对此感触颇深。

红外仪器的核心器件是红外探测器,这一部件可以用于安防监控、危险气体检测、高铁运行检测、天文观测、航空航天等民用领域,也可以用于战斗机、无人机、卫星、舰船、导弹武器系统等军用领域。在2008年之前,中国生产出来的红外设备中使用的红外探测器全部依赖进口。受迫于美国的压力,法国是西方国家中唯一一个向中国出售工业级红外芯片的国家。正是凭借从法国进口的芯片,高德红外在非典期间帮助国家建立监控体系,为控制疫情立下汗马功劳。可是,由于国内的一家公司将高德红外使用法国红外芯片制造的红外热成像设备打入国际市场,2008年,法国政府迫于美国压力,立即对高德红外实施了严厉的制裁和产品技术封锁,全面禁止向高德红外提供任何规格的红外芯片及其相关技术产品服务。

这是一个危险的信号,如果高德红外不能掌握自主的红外核心技术,且不说企业能否存续下去,如果另一场像非典一样的公共卫生突发事件再次侵袭中国,公众的健康安全谁来保证?

华中科技大学素以产学研一体化闻名,高德红外创始人黄立展现出了华科校友的钻研精神。2010年,高德红外在深交所上市,黄立将募集到的20亿资金全部投入自主红外探测器的研发。这是一个艰难的过程,如果技术壁垒不够高,美国、法国没有底气仗着技术实力对其他国家作壁上观。研发需要配备高端人才、顶级设备,同时在技术上横跨几十个专业,高德红外的经历印证了习总书记口中的"科技攻关要摒弃幻想、靠自己",在研发工作一口一口吃掉了企业在资本市场募得的资金和全部经营利润后,2014年,高德红外终于完成了国产自主红外芯片的研发及批量化生产,技术指标达到国际先进水平,打破了国外的封锁与禁运。

现在,网友登录高德红外的官方网站,可以很容易地找到网站上的文章,字里行间毫不避讳且自豪地宣布高德红外的产品已经覆盖我国红外武器装备系统的全产业链。

中国企业并不是毫无反抗地等着来自西方国家的科技套索系在自己的脖子上。

在中国加入 WTO 的蜜月期过去后，强调"自主知识产权"一直是中国科技公司的口号。来自中国科技企业最具系统性的一次对抗来自 2008 年，这一年，阿里巴巴提出"去 IOE"计划，所谓的"IOE"是指 IBM 的小型机、Oracle 的数据库、EMC 的存储设备。IBM、Oracle、EMC 的产品并没有像红外探测仪那样随时会受到管制的风险，阿里"去 IOE"的初衷更多是出自商业原因，同样地，美国的谷歌、亚马逊等企业也因为不愿意向"IOE"支付高额的知识产权溢价从而选择自行开发替代品。

然而让中国科技企业感到脊背一凉的是 2013 年曝光的"棱镜门"。英国《卫报》和美国《华盛顿邮报》在报道中指出，美国国家安全局自 2007 年开始实施一项绝密级的网络监控计划，微软、苹果、谷歌、Facebook 等美国互联网巨头均被曝光加入了计划，向美国政府部门提供用户隐私数据信息。虽然"IOE"三家没有出现在"棱镜门"的名单上，但如果"科技企业向美国政府泄密"这一路径已有先例，每一家使用其设备的中国企业都不得不开始担心，它们远在大洋彼岸的商业伙伴一旦受到美国政府的强制要求，会不会通过后门程序把中国企业存在上面的核心数据交给政府部门，甚至更严重一点地，双方的合作会不会在中美关系激化时被强行终止？

"棱镜门"曝光引发的震动就像一只光滑的棱镜刮过玻璃时发出的尖利响声。响声悠远地传到太平洋西岸，在国人听起来，就像是山坡另一边狼啸的长长尾音。山的那一头是有狼的，一些人此时才认识到这一点，可是早在 30 年前，同样是出自华中科技大学前身华中工学院的一名学者就早早地喊出过"狼来了"三个字。

出生江苏的冯裕才 1976 年调入华中工学院担任计算机专业教师，此后他的事业没有离开过这座城市。"文革"接近尾声，反智的思潮已成过去，学者们有机会回到相对安静的实验室，对中国的未来做出自己的思考。也是在这一年，在武汉邮科院一间简陋的实验室里，44 岁的研究员赵梓森拉出一根长度为 17 米的玻璃细丝，这是中国第一根石英光纤，它开启了武汉这座城市和光学技术的渊源。

在接触计算机的最初几年里,冯裕才面对着还很落后的机型不断地思考着自己未来即将从事的领域。大学学习军工的他有着朴素的家国情怀,他希望找到国家最需要的领域,好让自己未来投入在研究中的每一分每一秒都能为国所用。慎重的思考后,他选择了数据库管理系统开发。

数据库是一类特殊的计算机软件,它的开发难度极大,却又是大部分应用软件的技术骨架。在大洋彼岸的美国,从 20 世纪 70 年代末到 80 年代中期正在经历一场数据库技术革命,后来成为数据库全球巨头的 Oracle 公司也刚刚诞生,这样算下来,冯裕才的起点并没有比美国同行晚太多年。冯裕才的想法很朴素:数据库软件太重要了,它的应用也太普遍了,随着全面电子化时代的到来,中国应该拥有一套自主的数据库系统,将数字安全托付于国外产品是有风险的。这个想法陪伴着冯裕才走过了 20 世纪 80 年代、90 年代,在迎来新世纪的曙光之前,冯裕才团队开发的数据库已经小规模地应用于国内数据库市场。

冯裕才的至暗时刻来自 21 世纪初。随着国外的开源数据库进入中国,一种弯道超车的焦虑在行业内蔓延,与冯裕才同时期进入数据库开发领域的国内同行纷纷拥抱开源数据库,冯裕才和他一手创立的达梦数据库成了唯一坚持自主知识产权的坚守者。即使在当时,开源数据库的源代码量也接近 100 万行,随着产品迭代,这个数字将会不断攀升。从一个角度来看,既然百万行代码都握在国人手里,自然安全是有保证的;但是从另一个角度来看,有限的二次开发周期不足以让开发人员彻底消化这 100 万行代码,而开源数据库的技术主导者依然在国外,国内开发者对技术路线的影响有限,还是免不了被人牵着鼻子走。冯裕才刚刚将他在华中科技大学的学术研究所改制成为公司,面对急剧变化的市场,他想,不管挣不挣钱,先做好产品,做国家的数据库"备胎"。

从 2008 年的"去 IOE",到 2013 年的"棱镜门",再到 2018 年集中爆发的"中兴事件""孟晚舟案",在十年的时间里,信息技术领域的自主可控性一步步地被市场认可,越来越多的企业愿意给冯裕才的达梦数据库"备胎转正"的机会。2020年,达梦数据库入选湖北省"科创板种子"企业名单,并顺利完成股改,准备向资本市场发力。

冯裕才的经历表现出了光谷扎堆的科技突破型企业的一种普遍性。从1978年的全国科学大会后,国家开始重新重视科学技术,经过了漫长的发展,到了21世纪,仍然需要我国科技工作者进行攻关的项目必然具有很大的技术壁垒。因此在科技上有所突破的企业领头人往往同时身兼科学研究者和企业管理者两个职位,在学术和商业领域寻求拓展。对于一般人来讲,单纯地做好一个学者或是做好一个企业家都已经十分困难,但想要完成从学术到产业的转化,这部分企业管理者必须在两个角色上都取得不错的成绩,每一个走出来、活下去的企业,都曾经在混沌中握着拳头鼓励自己。与光谷一同成长起来的光纤光缆行业企业如此,与冯裕才的达梦数据库同属华中科技大学产业集团的其他产学研转化企业也是如此,一同构成武汉经济新版图的生命健康产业、智能制造产业、光电子信息产业等都是如此。光谷的土地给予了他们政策扶植的温床,同一片土地上他人的成就是他们彼此慰藉的动力。

2013年,在德国汉诺威举行的工业博览会上,"工业4.0"的概念被第一次提出,这也意味着一个新的工业时代即将开始。从一个工业时代走向另一个工业时代不是撕挂历,举手间就能完成两个时代的切换,这种过渡是缓慢的、渐进式的,是从一种成熟的技术向另一种更高层次的成熟技术推进。

楚商并非和工业毫不搭边。百余年前的张之洞就以在湖北发展工业而被视为现代湖北工业的奠基人,同样在新中国成立后的计划经济时代,湖北也是以工业企业闻名,但是这些企业形态都是官办、国营的,其本质还是利用湖北的枢纽属性方便地融通来自各地的原材料;湖北的民营经济则更多流于商业流通领域,很少向产业链上游蔓延,即使在改革开放之后仍是如此。

从流通中牟利是一种层层加价的商业模式,这并不符合商业发展的前景,随着互联网时代的兴起,消费者早就意识到剥离掉层层代理的商品才是性价比更优的商品。如果消费者无法从逻辑上意识到这一点,那么更直白的商品价格也会教会他们这一点。这也就意味着,如果现代的楚商仍然延续过去楚商的商业之路,楚商的生命力必然会在未来大打折扣。幸运的是,自工业4.0的概念被提出之后,一些楚商开始有意识地进入工业制造领域,人们可以从他们的业务变化或拓展中明显地感受到转型的痕迹。

UC浏览器的创始人何小鹏是互联网行业出身,在UC公司整体并入阿里巴巴集团3年后,他正式加入小鹏汽车开始进入新能源汽车制造业。再如经常问鼎湖北首富宝座的阎志,2011年,卓尔发展赴港上市时,香港媒体给他的定位便是"中国铺王",显然,商业地产是公众对卓尔主营业务的认知。但2017年和2018年,卓尔相继收购了欧洲最大的轻型飞机制造商之一的捷克领航者公司和著名特技飞机生产厂商德国挑战者特技飞机公司,阎志把卓尔集团从事航空业务的子公司定名为"卓尔航空",并执拗地在武汉的卓尔航空工业园搭建飞机生产线,以此实现卓尔飞机的"本地制造"。襄阳人夏佐全本来就是工业制造企业出身——1995年,王传福创办比亚迪汽车时资金缺乏,夏佐全成了王传福的早期投资者。2010年开始,夏佐全涉足股权投资领域,他的投资标的专注于智能制造、机器人、航空航天等高科技领域。

"实体经济不行了",这是自2007年次贷危机以来最常听到的一句对中国经济的评价。但在实体经济走弱的大背景下,为什么一些楚商愿意把自己的资金或职业生涯押注在工业制造上?很显然,旧式的、粗放式的实体经济不行了,但在工业4.0的赋能下,以智能化为代表的新工业时代会为企业家带来比过去更可观的利润。当楚商进行这类探索时,似乎那个久远的"敢为天下先"的时代精神又回到了他们身上。

中国要在工业4.0时代树立"工业自主权"。所谓"工业自主权"是指在所有重要工业产品的生产制造领域,中国本土企业可以做到技术不求于人。这必然伴随着大量的尝试和淘洗。此时,一个人做了入局者,总比另一个人做了逃避者更值得赞扬鼓励。

"五朵金花"落何家

1995年，武汉中山大道上刚刚建好一年的商场中南商都举办了一次童装模特比赛，夺得冠军的是一个名叫安风的8岁女孩。父母离异后，她随母姓，改名刘亦菲，多年后走上演艺道路。

童年刘亦菲走秀的舞台是一座5层楼的建筑。1994年，这座建筑被改建成为中南商都。

中南商都最大的特点是在武汉率先喊出了"十点利"的口号。这个概念源自杭州，顾名思义，"十点利"是指商场所有商品的经销差价一律被控制在10%的毛利以内。通过划定毛利，商场实现明码标价，免去了消费者四处比价的烦恼。20多年后，小米公司董事长雷军在武汉大学举办的新品发布会上承诺，小米硬件业务的综合税后净利率不会超过5%，便有当年"十点利"的影子。

尽管平价的中南商都开业后在武汉名噪一时，但周边的一些老居民还是愿意喊它70年前刚刚建成时的老名字——"和记蛋厂"。

在武汉的历史上，蛋制品行业有着举足轻重的地位。汉口辟为通商口岸后，各国商人相继来汉办厂，一批鲜蛋加工企业在汉口蔚然兴起。其中，1902年，英国人将和记蛋厂定址德租界内江边的一块地皮，1907年修建起了5层厂房。

新中国成立前,和记蛋厂发展为蛋品行业的巨头企业,有自建的码头、独立的货船,并且在京汉铁路上拥有 10 节车皮,业务辐射湖南、河南、江西等整个华中地区。新中国成立后,经过社会主义工商业改造,和记蛋厂被湖北省商业局接收,改名为湖北省汉口蛋品加工厂,简称"汉口蛋厂"。直到 20 世纪 80 年代早期,汉口蛋厂还保持着不错的经营能力,但随着改革开放的进程,一批老式的国有体制下的企业因无法适应新的商业环境而破产、被兼并或停产,汉口蛋厂也在其列。

与垂垂老矣的汉口蛋厂形成对比的是"两通"起飞战略下武汉商业的大发展。据《汉口商业简史》记载,1991 年,全国评出的百家最大零售商场中,武汉独占 8 家,成为最大赢家。1992 年,武汉中南商业大楼在总经理严规方的带领下进行股份制改造,兼并、接管了一批公有制企业,形成了多元化的中商集团。汉口蛋厂被中商集团兼并,改建为营业面积 1.5 万平方米的中南商都重新营业。

从洋行到公有制企业,再到随着改革大潮并入股份制改造后的商业集团,90 多岁的和记蛋厂大楼凝视着武汉的商业变迁。1997 年,武商集团、汉商集团、中百集团、中商集团、六渡桥百货集团"五朵金花"相继登陆 A 股市场,武汉本土商业达到鼎盛。同一时期,北京王府井、上海华联等国内商业巨头纷纷登陆武汉抢滩设点,家乐福与麦德龙这样的世界零售巨头也开始进入武汉。

武汉的商业企业进入"群狼共舞"的时代。

可是花无百日红,如同和记蛋厂的坎坷历程,迈入新世纪的"五朵金花"也相继走上了各不相同的发展轨迹。

最先凋零的是六渡桥百货集团。

如同前面讲过的困境中匆忙上市的湖北著名企业"活力 28",六渡桥百货集团在上市前已经走到危机边缘。《证券时报》1997 年刊发的一份报告表明,六渡桥百货集团从 1994 年到 1996 年,规模不断扩大,但主营业务百货业的收入和利润双双下降。造成这种局面的原因,一方面来自汉口解放大道、武昌中南路、徐东等新商圈对客源的分流,一方面来自超市、专卖店等新业态的兴起。在上市当年,六渡桥百货集团的员工已经无法正常领到工资。为了盘活六渡桥百货,1998年,江汉区政府将占总股本38.1%的国有股划转给武汉市华中信息技术集团有限公司,后者成为六渡桥百货的第一大股东,上市主体随即改名为华信高新技术股份有限公司。

六渡桥百货遇人不淑。借着六渡桥百货的壳闯入资本市场的华中信息技术集团不断挤占上市公司资金,从1998年至2004年底,共占用上市公司资金超过1.3亿元。上市公司在资金上被集团抽血,同时还要承担集团大额担保所带来的债务。从2001年开始,上市公司连续3年重组,于2005年7月4日正式退市,成为当时武汉30多家上市公司中第一只退市的股票。从此,武汉人再也听不到"声誉满三镇,购物在六门"熟悉的广告语。

温州商人夏宏荣是在六渡桥深陷困境的2002年大胆租下全部面积为2.5万平方米的桥东商城的。桥东商城过去是六渡桥百货的一部分,夏宏荣将它打造为"温州城"美容美发专业市场,以一种集中垂直行业的思路重新把六渡桥一带盘活成了旺铺。

这也算是对六渡桥的一种延续。

六渡桥百货集团的提前退场,让武汉商超企业的"五朵金花"变成了"四大天王"。不能忽视的是,由于几家企业都脱胎于武汉的老国有百货商场,因此实际上它们依然隶属于武汉国资委。为了便于管理这四大商超企业的资产,2008年,武汉市国资委成立武汉商联(集团)股份有限公司(简称"武商联"),武商集团、中百集团和武汉中商集团的股权划拨至武商联旗下;汉商集团则划拨至汉阳区国资办。

这种划拨的方式,又为日后的多起资本之战留下了伏笔。

先来看被划归给汉阳区国资办的汉商集团。

2012年开始，汉商集团进入了阎志的视野，阎志的"卓尔系"在五年间六次举牌汉商集团，将手中的持股比例由5%抬升至2017年9月的30%，所持股比与汉阳国资办刚好比肩。由于"二分天下"的持股比例对于上市公司未来控制权的走势产生了微妙影响，上交所第一时间向卓尔系和汉阳国资办发出了问询函。

汉阳国资办首先回复了上交所，表达了将通过要约收购维持第一大股东地位的决心。汉阳国资办的心理很容易理解：汉商集团是汉阳国资办下辖的唯一一家上市公司，由于盘小绩优，其价位在很长时间内一直处于深沪商业板块首位，眼看着阎志吞入股权，汉阳国资办自然不想坐以待毙，交出控制权。2018年1月，汉阳国资办从其他股东处要约收购了占总股比5.01%的股份，将持股比例拉升到35.01%。

阎志及卓尔的回复比汉阳国资办晚了几天。回复中表示，未来12个月内无意取得上市公司控制权，同时也不会增持汉商集团股份。随后的一年多的时间里，阎志恪守承诺，没有在资本市场上继续对汉商集团的股份下手。

汉商集团在1996年11月8日登陆上海证券交易所，是武汉市首家在上交所上市的公司，也是湖北继鄂武商后第二家上市的商业企业。与武商集团的毛冬声、中商集团的严规方一样，汉商集团的掌门人张宪华也是改革时代涌现的传奇商人。1982年，汉阳商场300多职工举行民主选举，以一人一票的方式选出商场总经理，年仅28岁的张宪华以98%的高票当选，开创了武汉商界民主选举的先河。张宪华掌舵汉商集团多年，集团发展成集零售业、会展业、外贸业、旅游业于一体的商业上市公司，华中地区最大的展馆武汉国际会展中心也在汉商集团的控股之下。

摊开武汉的地图，汉商集团与卓尔的汉口北隔着江汉区遥遥相望。从业务上来看，汉商集团板块下的零售、会展、外贸业务都可以为汉口北作补充；从资本布局上来看，卓尔旗下上市公司众多，唯独缺少一家A股上市公司作为平台。有了这些背景,即使阎志在对上交所问询函的回复中表示一年之内不会增持汉商集团股票,谁都不可能排除他对控股汉商集团的强烈渴望。

张宪华对后辈阎志是认可的。2013年,阎志被选为汉商集团的董事会成员,在股东大会后的发布会上,张宪华毫不掩饰对阎志的赞美。此外,出生1954年的张宪华已经年届花甲,当这个传奇人物从汉商集团退下之后,谁来延续汉商集团的故事也是个重要的问题。从这一点上来看,阎志进一步向汉商集团的控制权发起冲击只是时间问题。

2018年11月,在承诺"按兵不动"的一年期限结束后,阎志开始向二级市场要约收购占汉商集团总股本9.50%的股份。这一收购完成后,阎志及卓尔系持有的汉商集团股份将超过汉阳国资办的35.01%,达到39.50%。

阎志的收购计划是经过精确计算的。汉商集团总股本为2.27亿股,按照国家规定,上市公司总股本在4亿股以下,最低公众持股比例不得低于公司总股本的25%,否则将被退市。阎志此次收购后,汉商集团公众持股比例降低为25.44%,在保证汉商集团上市地位的前提下,可供双方增持的股份只有可怜的0.44%,这让汉阳国资办已经没有反超的增持空间。收购完成后,汉商集团收归卓尔系旗下,阎志于2019年3月当选汉商集团董事长。

市场化下的资本竞逐中,卓尔通过在二级市场公开举牌收购得到上市公司的控制权,过程是透明的、合规的。分析人士认为,相较于将企业的控制权留在国资体系手上,让实业资本通过资本整合进入上市公司,有利于注入市场化机制,激发活力、盘活资源,促进公司提升经营质量。

资本市场上兵戎相见,会议桌上握手言和,在一片共识下,汉商集团完成了时代转身。

自2008年武商联接手武商集团、中百集团和武汉中商集团的股份以来,其面临的一个重要问题便是对三家企业进行重组。从股权上来看,三家是同属武商联系统的"兄弟企业",但从业务来看,三家之间又存在商业竞争。同一股东旗下的兄弟阋墙,既不符合商业利益,也不符合证监会关于同业竞争的相关规定。

想要对三家老牌上市公司进行重组,难度远超一般,重组工作既要平衡不同公司股东之间的利益,还要受到反垄断主管部门的监管和证监会的核准,即使武商联一度信誓旦旦地立下重组时间表,最终的结果也只能是换来一次次食言。

武商集团、中百集团、中商集团,三家企业就像摊在资本长桌上的三根绳子,武商联凭借手中握有的股权,抓住绳子的一端希望把三根绳子拧在一起,从资本市场伸来的手却抓住了绳子的另一头,希望把绳子扯出去——如同汉阳国资办和卓尔系对汉商集团控制权的争夺一样,隶属于武汉国资委的武商联也陷入了上市公司控制权之争。

沈国军是浙江宁波人,本书上一次提到他是讲到他曾在武汉求学、就读于中南财经大学①的经历。1998年,沈国军在浙江创办银泰百货,在多年的发展下,银泰发展成为跨多领域的本土零售巨头之一。2005年,银泰系作为战略投资方进入鄂武商。此后,银泰系持股达18.11%,一跃成为鄂武商第一大股东。为了守住第一大股东地位,当时的武汉国资公司与其他股东结成一致行动人。2011年,银泰系通过二级市场增持向鄂武商的控制权发起冲锋,武商联只得纵横捭阖勉力维持。

除了银泰觊觎鄂武商,中百集团也是资本市场上的香饽饽。同样来自浙江的民营企业新光控股在2012年试图借壳中百集团,未果后,武商联气还没喘匀,2013年,来自福建的民企集团永辉超市又紧接着大举吃入中百集团的股份,开始谋划控制中百集团。直到2019年末,永辉超市与武商联化干戈为玉帛,结成一致行动人,中百集团的控制权之争才告一段落。

---

① 2002年,与中南政法学院共同组建成为现在的中南财经政法大学。

为什么武汉的商业上市公司成了被人扯来扯去的洋娃娃？除了武汉的商业积淀以外，资本瞄准它们的另一个原因是几家企业的股权分散。国资没有取得高比例控股，便给民营资本留下了股权运作的空间，特别是在上层推进国有企业混合所有制改革的大背景下，商业属于市场化程度高的行业，民营资本的强势介入显得更加名正言顺。

也许，如果不是当年的接手方过于竭泽而渔，六渡桥百货也可以成为资本市场上一个让人垂涎的"壳资源"，而不是仅成为武汉人心中的一段回忆。

几家武汉商业上市公司的发展路径展现出了典型的改革时代印迹：在改革初期，只有适应市场经济游戏规则的企业才能脱胎换骨，这种时候，企业家个人的领导力对企业走势的影响尤为重要，武商集团毛冬声、中商集团严规方、中百集团汪爱群、汉商集团张宪华、六渡桥百货盛平源，"五朵金花"的脱颖而出，无一不是在个性鲜明、大胆敢为的掌舵人的带领下实现的，而大刀阔斧改革的他们，身份不过是国有企业的经理人；随着改革的进一步深化，企业走向资本市场，按照现代企业的治理原则，资本力量逐步取代个人领导力，成为左右公众企业未来走向的重要因素。

或许正是意识到这种结构上的制约性，武商联开始尝试新的路径解决旗下商业上市公司的同行业竞争问题。2019年年初，武汉中商发布公告宣布，拟发行股份收购北京居然之家家居新零售连锁集团有限公司100%的股份。

与同样来自黄冈罗田的老乡阎志一口口吃下汉商集团不一样，居然之家董事长汪林朋一鼓作气解决了上市公司的控制权问题。尽管在武汉中商停牌前，公司市值只有17亿元，而居然之家的估值达到363亿元，交易中资产作价约356亿元，但悬殊的市值差距没有成为交易的阻碍。2019年12月26日，居然之家成功借壳武汉中商，正式登陆A股市场，汪林朋的身价超过200亿元。由于重组后，武商联不再控股中商集团，且在武汉中商的持股比例较低,不再属于证监会相关规定明确的存在同业竞争的相关情形,至少在中商集团的战线上,武商联再也不必为了同行业竞争的难题夜不能寐,也不必为了市场上伺机而动的资本侵袭枕戈待旦。

随着居然之家借壳上市,另一个有趣的现象呈现了出来。

居然之家在上市前进行的那轮融资中,最引人注目的股东是阿里巴巴,上市后,阿里巴巴自然也取得了丰厚的回报。但是比起资产增值,阿里巴巴更看重与居然之家实现家居领域的新零售尝试。

再去翻看依然属于武商联旗下的鄂武商的股东名单不难发现,曾经两度谋求控股的银泰系依然安安静静地躺在名单里。2014年,阿里巴巴集团宣布以53.7亿港元入股银泰商业集团占9.9%股份,三年后的2017年,阿里控股银泰商业,并对港交所上市的银泰商业股票实施私有化。根据阿里巴巴的布局,这一举动也是阿里在商业零售转型上的一大尝试。

也就是说,武商联握着武商集团和中商集团的控制权,花费了十年时间都没有将两家企业拧成一股绳,阿里巴巴却潜移默化地通过在居然之家和银泰商业上的布局将二者相继纳入体系之内。居然之家和银泰商业愿意牵手阿里,一部分是因为阿里的财大气粗,但是很显然这不是主要原因。阿里投资或控股的背后最吸引人的地方在于阿里的生态搭建。在零售商苦恼于如何在互联网时代生存的时候,阿里愿意俯身回归线下,做到线上线下的并行发展,这让原本怀疑未来的线下零售商有了可以守望的愿景。

2006年,和记蛋厂的老楼被拆除,这座百年老楼的用料扎实,让拆迁工人印象深刻,仿佛英国人在建造它的时候,没有想到过有一天它也会被拆除。但商业里没有永垂不朽。和记蛋厂可以消失、六渡桥百货可以消失、广埠屯的喧哗和汉正街的荣耀都可以消失,一朵花,只有开成向日葵,总是朝着时代的照射调整方向,才能更久地根植在土地上。

惟慕天地广,花语亦铿锵。

湖北新春光

直到 2019 年,还有武汉人因为老武汉展览馆的拆除而心痛不已。

老武汉展览馆原名武汉中苏友好宫,建成于 1956 年,如同它的名字一样,它是中苏关系蜜月期的见证之一。同一时期,国内还另外建了三座类似风格的展览馆,分别是北京苏联展览馆(现北京展览馆)、上海中苏友好大厦(现上海展览中心)、广州中苏友好大厦(改建为现广州流花展贸中心 5 号馆),四座展览馆都是各自城市的地标性建筑。20 世纪 50 年代中苏交恶后,中苏友好宫被改名为"武汉展览馆"。从建馆到被拆除的 30 多年间,老武汉展览馆举办中外各类展览 500 多次。在文化生活相对匮乏的年代,在这里举办的大型展览是一项轰动全城的活动,因此老武汉人对武汉展览馆有着特殊的感情。

1994 年,武汉市政府认为,经过近四十载的风雨侵蚀,展览馆建筑正常使用受到了影响,因此将武汉展览馆的改造列入日程。同年,武汉市与台湾东联集团签订协议,由后者对武汉展览馆进行改建。在收到东联集团缴纳的 500 万元定金后,武汉市在 1995 年 3 月至 4 月间分两次炸毁了武汉展览馆。根据评估,炸毁前的武汉展览馆价值约为 6 亿元。这次冒险行动让武汉市政府陷入了尴尬,武汉展览馆轰然倒地,台湾东联集团并没有如约开始新的建设。1997 年,受到东南亚金融危机的影响,东联集团从项目中撤资。

曾任武汉市人大常委的物理学教授曾仁端记得,1996年和1997年的市"两会"期间,就会有大型建筑机械驶入武汉展览馆的工地,搞出一些施工的声音,给人感觉开工了;"两会"一结束,施工声也就没了。1998年洪水期间,武汉展览馆的旧址依然是一个留在地上的大坑,由于洪水倒灌,工地成了鱼塘,有人竟钓到了一条两尺多长的鱼。①

1999年末,武汉展览馆拆除了五年半之后,新馆的建设工作才开始动工。2000年,汉商集团以53.1%的股份控股正在建设中的新武汉展览馆;2001年,新馆建成,后改名为"武汉国际会展中心"。随着2018年卓尔集团取得汉商集团控制权,武汉国际会展中心也成为卓尔集团旗下的一分子。

2020年新冠疫情中,武汉国际会展中心被改建为方舱医院,从2月5日起,改建而成的江汉(卓尔武展)方舱医院开始接受新冠肺炎轻症患者,是武汉第一个投入使用的方舱医院。

如果说武汉人心中对老武汉展览馆的"不告而别"念念在怀是因为它承载了一座城市的回忆,那么25年后,因为一场疫情,他们终于可以和武汉国际会展中心达成和解。它在武汉最困难的时候曾经为城市坚守希望。最漫长的冬天过去了,一切坚冰都可以融化。

挽回疫情给湖北造成的经济损失,要依赖企业和企业家的力量。

2020年4月13日,光谷企业长江存储宣布,最新的128层QLC闪存芯片研发成功,这是全球首款128层QLC闪存。疫情期间,长江存储实现了"零感染、不停工",赢得技术突破,为光谷的"芯屏端网"战略产业集群贡献力量。同一天,全省已复工的"四上"②企业44018家,复工率98%;已到岗人员618万人,复岗率87.2%。4月20日,世界500强企业霍尼韦尔,在

---

① 《上亿元的损失和一条两尺多长的鱼》,周其俊,《南方周末》,1999年12月24日。
② 经济统计中的常用概念,指规模以上工业企业、资质等级建筑业企业、限额以上批零住餐企业、国家重点服务业企业等四类规模以上企业。

光谷设立新兴市场中国总部。这是疫情以来,首家在光谷设立独立法人公司的世界500强企业。中国为霍尼韦尔的到来给予了极高的礼遇——李克强总理向新成立的公司致以贺信,并且在5月28日全国"两会"闭幕后的总理记者会上,再度以霍尼韦尔在武汉设立新兴市场总部和创新中心的例子来回答美国记者提出的关于中美关系的问题。

2012年,当湖北迫切地希望向全国工商界展现一个"重视产业、尊重企业家"的新形象时,几名武大校友田源、陈东升、毛振华将他们创办的亚布力中国企业家论坛夏季峰会带到了武汉,让来自全国的著名企业家得以实地感受湖北的招商诚意。2020年8月,武汉从困境中慢慢恢复,几名武大校友再度将"亚布力论坛2020武汉特别峰会"带回武汉。亚布力论坛汇聚了全国260余位商界翘楚、学界精英,集中探讨后疫情时代的经济发展话题,并签下助力湖北、助力武汉恢复经济的倡议书。会议结束后的两周内,平均每天都有知名企业家赴汉洽谈投资。

位于鄂州的花湖机场建设工程也紧锣密鼓地开始复工。按照最新的规划,这座机场将在2021年年底启动试飞。

在机场规划与初期建设阶段,人们更习惯将其称为"顺丰机场"。代表湖北省国资委的湖北交投集团持有其49%的股份,顺丰通过旗下子公司持有其46%的股份。与湖北达成机场建设合作以前,顺丰速运已经拥有了总数达到36架的航空机队,其中包括16架自有货机和20架租赁货机,是国内第一家自建航运队伍的快递公司。中国物流的领军企业顺丰速运看中以物流闻名的传统省份湖北,似乎顺理成章。2014年,双方决定选址武汉东边的鄂州燕矶建设民用运输机场,也就是现在的花湖机场。根据建设目标,鄂州花湖机场定位为专业性货运枢纽机场,建成后将与北上广深等综合性枢纽机场共同组成航空货运枢纽、国际航空货运枢纽规划布局。

从项目获批开始,鄂州花湖机场便被寄予厚望,成为"中国版孟菲斯机场"。1973年,美国联邦快递(FedEx)将其总部搬迁至孟菲斯,随后以孟菲斯机场作为转运中心,二者形成相辅相成的"伴生"关系。当2017年鄂州花湖机场开工建设时,联邦快递每年为孟菲斯地区贡献30%以上的GDP。一直关注该机场建设的湖北资深媒体人戴劲松认为,鄂州花湖机场将成为"一带一路"倡议下"空中丝绸之路"的东侧起点。

湖北媒体《支点》杂志的统计显示,截至2020年底,湖北有114家A股上市公司,除去当年新增的10家上市公司,湖北其余上市公司的总市值较2019年底增长21.1%。也就是说,如果把所有湖北A股上市公司看作一只股票,有投资者在2019年底购买了这只股票,并持有一年,那么到2020年底可以获得21.1%的回报。这超过了上证指数13.87%的涨幅,也会跑赢全国76.6%的股民。

湖北的经济复苏,既要有高层施政者的顶层设计,也要有企业和企业家的大力支持,更要有普通民众的鼎力相助。抱着手机和电脑的网友没有动辄为湖北签下亿级投资意向的经济实力,但是他们可以找到更加熟悉的途径为经济复苏尽一点微薄之力。

2020年3月27日,中央政治局会议明确提出要加快释放国内市场需求,扩大居民消费,并指出要制定专项支持政策,支持湖北经济社会发展。4月1日,中央广播电视总台央视新闻发起"谢谢,你为湖北拼单"的大型公益活动,得到了20余个知名平台的支持。

"活力28",这个在本书中被不断提到的品牌,它是湖北改革开放商业史,甚至是中国改革开放历史的见证者。它崛起于电视广告红利初现的年代;它经历过商业模式变动所带来的不适和市场无情的抛弃,尝试过踏足资本市场的冷暖;它曾经在国外品牌大举进攻中国市场时委身他人并被束之高阁;又成为政商利益纷争中的牺牲者。在2015年破产清算后,它成了湖北本土品牌中的另一个"老古董",但它的卷土重来让它再度成为湖北商业的一个"活化石"。

2017年,泰国安宝集团和湖北荆州市达成协议,双方投资10亿元重建

"活力28"品牌,由曾在国际著名快消公司宝洁和利洁时供职15年的李健飞出任CEO。新成立的活力二八家化有限公司明白,作为一个诞生于20世纪80年代的老品牌,依靠情怀去激活那些"活力28"鼎盛年代的消费者是不现实的,因此如何打入年轻市场才是"活力28"存活下去的关键所在。在2020年"活力28"不断地出现在主播"带货"的商品名单上,这是它的新尝试。当然,1991年,"活力28"品牌创始人向银行贷款在央视做广告,用现在的话讲是踩上了时代的"风口",借助网络直播带货能够增加品牌曝光度,但是这股风还会吹多久,还能不能托举"活力28"再度起飞,需要交给时间来研判。

与"活力28"一样背着"复古"标签闯荡市场的是"二厂汽水"。武汉人熟悉的汉口二厂汽水最早可以追溯到1904年,英国人在汉口创立和利冰厂,将制冰技术带到武汉,和利冰厂同时也生产汽水。新中国公私合营中,和利冰厂改制为国营武汉饮料二厂,汽水品牌变成滨江牌,但人们更习惯叫它"二厂汽水"。在中国软饮料遍地开花的年代,北京有"北冰洋"、天津有"山海关"、沈阳有"八王寺"、上海有"正广和"、广州有"亚洲沙示"、青岛有"崂山可乐"、重庆有"天府可乐"、武汉有"滨江",它们被称为中国汽水"八雄"。但随着改革开放后可口可乐和百事可乐闯入中国市场,地方性汽水厂不得不与两大国际品牌合作,本土品牌的汽水渐渐在市场上踪迹难寻,滨江牌汽水也在千禧年前后停产。

2016年,一群武汉的年轻人试图复活武汉老汽水。他们不是滨江汽水的嫡系继承者,因此将滨江汽水的"外号"——"二厂汽水"注册为商标。虽然从新"二厂汽水"的包装设计上还能看到复古的痕迹,但无论是口味还是营销方式,年轻的管理者们选择拥抱互联网。呼应当代重视饮食健康的需求,他们推出了零糖零卡的汽水;针对互联网上的"吸猫文化",他们将卡通猫的头像印在包装上。为了制造事件营销的话题,"二厂汽水"的瓶标用上了变温油墨，当这些瓶子被放入冰箱或者被焙热，就会在瓶身图案上显示出变化，可能是卡通猫头像上的小皇冠，也可能是一段表达爱意的话。这样的设计让汽水有了自传播的驱动力，迅速成为一款"网红"汽水。公开资料显示，新汉口二厂汽水在2018年的销售额为9000万元，2019年达到了3亿元。作为滨江牌汽水精神上的继承者，"二厂汽水"甚至将市场延伸到了它的"榜样"难以攻略的城市，在成都、杭州、上海这些时尚元素被消费者追捧的城市，"二厂汽水"成了冰柜里的抢手货。

在湖北的历史上，许多曾经辉煌一时的品牌最终成为时代遗珠，在这些品牌的价值被公众的记忆彻底抛弃之前，至少"二厂汽水"的案例告诉人们，唤醒沉睡的品牌并不是一场童话。

在很长的一段时期内，为了应对外向型经济模式发展受阻的冲击，中国将重视"建设国内大循环为主体，国内国际双循环相互促进的新发展格局"，这是中国在"十三五"规划以"供给侧结构性改革"为主线的延伸。如果内循环成为未来中国经济实现发展的重要倚仗，湖北居中的地理位置和发达的交通枢纽设施将让它成为经济支点地区。事实上，当20世纪90年代开始，湖北工业雄风不再、掉队于东南沿海省份时，湖北的地理位置已经注定使它无法从大势所趋的国际化进程中分得更多的好处。想要重振湖北，最为可行的道路几乎只有一个——通过大力发展生产力，让国内的经济体量随之增长，国内自循环的经济系统蓬勃运转的前提下，湖北的中枢地位将再度受到重视。如果"内循环"成为未来一个阶段内的经济重点，无疑会加快湖北复兴的进程。

2021年3月全国人大表决通过的"十四五"规划中，长江中游城市群的战略地位有所加强，与京津冀、长三角、珠三角、成渝共同成为我国城镇化空间格局中第一层次的城市群。这为湖北及周边省份的未来发展带来了更多的想象力。

楚文化相信苦难的给养，相信至死不屈的意志，相信在荆棘的磨砺下可以淬炼出他们下一次一鸣惊人的气血。在那个无法让人忘却的2020年，5900万人湖北人曾经在磨难中坚守春天。这样的坚守配得上一个他们所期待的未来。